Qi-Management – Die Kata der Manager

Jürgen K. A. Gottschalck ·
Alfons Heinz-Trossen

Qi-Management – Die Kata der Manager

Wie Erfolgstechniken aus asiatischen
Philosophien, Kampfkünsten und der
modernen Stressforschung Ihr
Unternehmen verändern

 Springer Gabler

Jürgen K. A. Gottschalck
Guldental, Deutschland

Alfons Heinz-Trossen
Stromberg Schindeldorf, Deutschland

ISBN 978-3-642-41303-2   ISBN 978-3-642-41304-9 (eBook)
DOI 10.1007/978-3-642-41304-9

Die Deutsche Nationalbibliothek verzeichnet diese Publikation in der Deutschen Nationalbi-
bliografie; detaillierte bibliografische Daten sind im Internet über http://dnb.d-nb.de abruf-
bar.

Springer Gabler
© Springer-Verlag Berlin Heidelberg 2014
Springer Gabler ist eine Marke von Springer DE. Springer DE ist Teil der Fachverlagsgruppe
Springer Science+Business Media
www.springer-gabler.de

Vorwort

Machen Sie Ihr Bücherregal leer, denn sie haben den ultimativen Ratgeber für alle Fragen des privaten und beruflichen Lebens gefunden! Wenn Sie dieses Buch durchgearbeitet haben, sind Sie fit für philosophische Diskussionen, den Transfer asiatischer Erfolgsrezepte, Krisenintervention und können natürlich ihre persönlichen Herausforderungen ohne jede Hilfe meistern! Wie, Sie wollen das nicht glauben?

Sie haben Recht, wir haben etwas übertrieben. Dieses Buch über das Qi-Management deckt allerdings ein sehr breites Anwendungsfeld ab und kann Ihnen, wenn Sie sich darauf einlassen, ein nützlicher Weggefährte sein.

Wir haben „fragmentarische Ansätze" untersucht, wie einerseits reines westliches, technisch orientiertes, eher „kopflastiges" Vorgehen, andererseits die fernöstlichen, eher intuitiven, „kollektiven" Arbeitsansätze und die Erkenntnisse mit unseren eigenen langjährigen Erfahrungen kombiniert. Entstanden ist ein ganzheitlicher Ansatz: Qi-Management – Die Kata der Manager.

Sie finden zunächst in einer kompakten Form, einen Einblick in die asiatische Philosophie und Kampfkunst. In einem „Vier-Ebenen–Modell" führen wir dann Wirkkomponenten vom Individuum bis zur Supply Chain zusammen. Einige der vorgestellten Werkzeuge haben wir neu entwickelt, andere bewährte Bausteine für Sie als Empfehlung ausgewählt. Im Sinne der Ganzheitlichkeit haben wir uns einerseits auf Ansätze zur Nutzung und Gewinnung Ihres persönlichen Qi (positive Energie), in Ihrer Position als Managerin oder Manager konzentriert, andererseits aber auch die Wechselwirkung Individuum – Team – Unternehmen - Supply Chain thematisiert. Die Beziehungen zwischen diesen Elementen werden ganz wesentlich über „die Kommunikation" definiert.

Wir haben daher im dritten Teil interessantes Hintergrundwissen und Hinweise für die *„erfolgreiche Kommunikation"* erarbeitet. Man kann über ungeschicktes Agieren viele tolle Ideen torpedieren und wundert sich im Nachhinein, wieso die Ideen scheitern konnten. Durch geschicktes Kommunizieren aber, kann der Energiefluss

im Team oder Unternehmen gefördert werden. Das führt zu gesteigerter Motivation, fördert das Engagement und bringt auf eine gesunde Weise mehr Erfolg.

Dieses Buch soll für Sie Anregung und interessanter Lesestoff sein, darüber hinaus aber auch ein Nachschlagewerk. Wir freuen uns jetzt schon auf Ihre Erfah-
rungsberichte, die wir sehr gerne für die Leser sammeln, analysieren und dann in
kompakter Form wieder bereitstellen werden.

Im Rahmen der mehrjährigen Forschung haben wir uns mit einer Vielzahl von
Experten unterhalten, die bereitwillig ihre Erfahrungen mit uns geteilt haben. Bei
all diesen Personen möchten wir uns pauschal bedanken. Eine ganze Reihe von
Studenten der Hochschule Pforzheim sind Detailfragen im Rahmen ihrer These
oder in Praxisprojekten nachgegangen. Dies war sehr wertvoll und hat zahlreiche
neue Erkenntnisse hervorgebracht. Als konstruktiv kritische Lektorin hat uns Ni-
cole Gottschalck M.A. begleitet, die darüber hinaus interessante, wissenschaftliche Anregungen eingebracht hat. Frau Dr. rer. pol. Anja Schütte-Kraft gab uns mit
Ihrer intensiven überaus hilfreichen Durchsicht des Manuskriptes wichtige letzte
Anregungen. Uschi und Tanja Gottschalck haben uns insbesondere in der
Schlussphase der Produktion tatkräftig unterstützt.

Inhalt

Teil I
Bausteine und Synthese

1. Was ist Qi-Management und was bewirkt es?

1.1 Methodik des Qi-Management

Nachhaltige und deutliche Steigerung der Qualität der Arbeitsergebnisse. Motivierte, kritikfähige Mitarbeiter[1], die Spaß an kreativen Problemlösungen entwickeln und Herausforderungen suchen. Bis zu 50 % reduzierte Krankenstände. Supply Chains, die ihre Energie nicht für interne Grabenkämpfe verschwenden, sondern sich tatsächlich auf die Optimierung der *Wertschöpfung* konzentrieren. Klingt das nach Musik in Ihren Ohren? Wunschdenken, werden Sie jetzt vielleicht sagen. Ambitioniert, aber nicht unerreichbar, erwidern wir an dieser Stelle. Wir haben lange Zeit beobachtet, hinterfragt und dann ein Modell entwickelt, das fernöstliche und westliche Erfolgstechniken im Management kombiniert und konkrete methodische und praktische Hilfestellungen bietet:

Qi-Management, die Kata der Manager

Warum das „Lehrgeld" nochmals bezahlen?

Bewährtes bewusst übernehmen und die eigene Energie, das Qi, in kreatives Denken fließen lassen! Das macht Spaß und ist sinnvoller, als das „Rad" zum x-ten Male neu erfinden zu wollen!

Das Qi-Management ist ein Meta Modell[2], das besser wirkt, als die willkürliche, planlose Kombination erfolgsversprechender Methoden. Es stellt nicht den Anspruch, auf alle Fragen eine Antwort zu liefern. Über ein besseres Verständnis ganzheitlicher Zusammenhänge wird es dem Anwender aber einfacher, sich mit anspruchsvollen Fragestellungen zu befassen. Eine Unterteilung des komplexen Systems Lebensumfeld und -umwelt in 4 Ebenen erleichtert die Orientierung und die Auswahl geeigneter Werkzeuge.

---

[1] Aus Gründen der Lesbarkeit haben wir auf die Doppelnennung männlich/weiblich verzichtet und die männlich Form gewählt.
[2] Ein Meta Modell beschreibt den Vorgang der Modellerstellung und liefert eine „Anleitung" mit seiner Modellierungsmethode.

J.K.A. Gottschalck, A. Heinz-Trossen, *Qi-Management – Die Kata der Manager*, DOI 10.1007/978-3-642-41304-9_1, © Springer-Verlag Berlin Heidelberg 2014

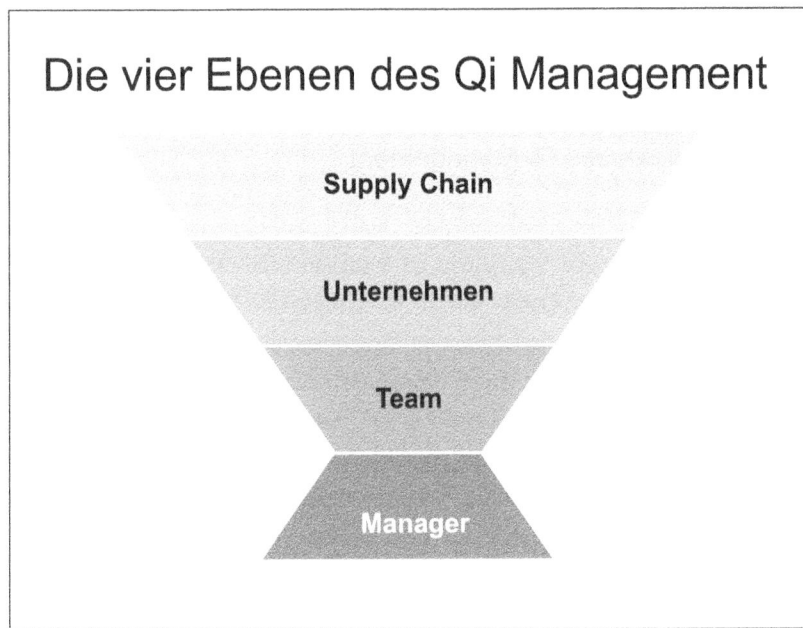

Abb. 1: Das vier Ebenen Modell des Qi-Management

- Ebene 1 – der Manager (Individuum)
- Ebene 2 – das Team (Gruppe)
- Ebene 3 – die Organisationseinheit
  (zusammengehörige Reihe von Teams, beispielsweise ein Unternehmen)
- Ebene 4 – die Supply Chain (Kette miteinander arbeitender Unternehmen).

Darüber hinaus soll Ihnen dieses Buch zu einem besseren Verständnis der Wirkzusammenhänge des populären „lean management" verhelfen. Mit „beyond lean", der Weiterentwicklung dieser Managementstrategie, stellen wir die Frage, wie sich Erfolg nachhaltig gestalten lässt, wenn er sich denn einmal eingestellt hat. Das hier vermittelte Wissen beruht auf der Verknüpfung von Erkenntnissen aus unterschiedlichsten Bereichen.

Ihnen wird bald auffallen, dass wir einem Akteur ganz besondere Aufmerksamkeit schenken. Der Manager[3] ist nach unserer Erfahrung der elementare Erfolgsfaktor.

---

[3] Natürlich ist hier nicht ein einzelner Manager gemeint, sondern die ganze Gruppe derer, die sich als Manager, „verantwortliche Macher" fühlen.

Er kann Treiber und Hemmschuh sein. Die beste Methode, das cleverste Konzept scheitert, wenn die Umsetzung nicht entsprechend organisiert, „gemanagt" wird. Daher werden wir vertieft auf die Rolle des Managers und sein persönliches Qi-Management eingehen. In diesem Zusammenhang wird auch dem Thema Kommunikation ein besonderer Raum gewidmet.

Das Vier-Ebenen-Modell des Qi-Management haben wir Ihnen bereits vorgestellt. Daneben basiert unser Konzept auf den Wegen der Wissensnutzung erfolgreicher Kampfsportsysteme mit den Bausteinen

- *Kihon* – Grundtechniken,
- *Kata* – zielorientierte Kombination von Grundtechniken
- *Bunkai* – Anwendungserfahrungen.

Auf diese für viele „Nichtkampfkünstler" unbekannten Begriffe werden wir an anderer Stelle genauer eingehen.[4] Ein Missverständnis, welches auch in der gegenwärtigen Managementliteratur zu finden ist, möchten wir aber sofort klären. Kata ist ein japanischer Begriff und wird nur im Singular verwendet! Wenn wir unser Buch auch Qi-Management – die Kata der Manager getauft haben, so bedeutet das natürlich nicht, dass wir für die Vielfalt der Managementaufgaben nur eine Kata, einen Prozess, als sinnvoll erachten. Genauso wenig wird ein Automobilhersteller mit nur einem Prozess jemals ein Auto produzieren. So einfach ist es nicht.

Die Kunst ist es, Energie effizient einzusetzen und zu standardisieren, wo es der Kunde nicht als negativ bewertet und wo die Kreativität der Mitarbeiter nicht zu stark eingeschränkt wird, oder gar technisch innovative Lösungen blockiert werden. Also möglichst oft standardisierte Grundtechniken (Kihon) einsetzten, die durch geschickte Kombination zu einer neuen Verhaltensform (Kata) führen.[5] Das hat sich oft bewährt und Sie werden erkennen, dass es auch in Ihrem Umfeld derart „pfiffige" Lösungen gibt.

---

[4] Siehe Kapitel 4.2
[5] Später in Kapitel 5.2.3 werden wir Beispiele geben, wie dieses Verfahren in Unternehmen bereits praktisch eingesetzt wird, weiterhin werden wir auf die Begriffe Kihon und Kata ausführlich eingehen.

1.1.1 Analogieschluss: Neues Wissen entwickeln

„Jedes Existierende ist ein Analogon alles Existierenden;

Daher erscheint uns das Dasein immer zu gleicher

Zeit als gesondert und verknüpft.

Folgt man der Analogie zu sehr, so fällt alles als identisch zusammen;

meidet man sie, so zerstreut sich alles ins Unendliche"[6]

(Johann Wolfgang Goethe)

Wir haben für die Entwicklung und die praktische Anwendung des Qi-Management als wichtigen methodischen Baustein den Analogieschluss ausgewählt. Wie funktioniert diese Methode?

Analogien und analoges Denken spielen in den Wissenschaften und der Lernforschung eine zunehmend wichtige Rolle. Die besondere Bedeutung von Analogien wird dabei in der Verwendung von vorhandenem Wissen zur Konstruktion von neuem Wissen gesehen.[7] Dies ist nach unseren Erfahrungen ein nachhaltig erfolgreicher Weg.

Wie genau funktioniert nun ein Analogieschluss? Vereinfacht ausgedrückt handelt es sich dabei um eine Schlussfolgerung, die aufgrund einer Ähnlichkeit (Analogie) zwischen zwei Beobachtungsobjekten gezogen wird. Die Raffinesse der Schlussfolgerung liegt darin, die Einzelelemente einander zuzuordnen. Die Herausforderung ist es, zu erkennen, dass scheinbar zusammenhanglose Beobachtungsobjekte sehr wohl ähnlich funktionieren und daher die Erfahrungen aus dem einen in den anderen Bereich übertragen werden können. Wie so etwas aussehen kann, zeigen zwei zufällig ausgewählte Beispiele. Ein führendes Handwerksunternehmen hat beispielsweise nach Parallelitäten zwischen den Anforderungen an eine erfolgreiche Baustellenorganisation und den bewährten Methoden in der Automobilproduktion gesucht. Und es hat deutliche Verbesserungen erreicht! Ein bedeu-

---

[6] Vgl. Hoops, (1992), S.1
[7] Vgl. Hoops, (1992), S.1

tender Motorenhersteller setzt unsere Qi-Matrix mit den Kampfkunstbausteinen Kata-Kihon-Bunkai erfolgreich im Rahmen der Arbeitsorganisation ein[8].

Welche Schritte sind zu gehen? Der Prozess startet mit der Zielbildung für das Untersuchungsobjekt.[9] Was möchte ich oder was möchten wir erreichen? Dann folgt die Definition der Basis, des Ausgangsmodells, von dem man lernen möchte. Der dritte, sehr anspruchsvolle Schritt ist die Formulierung von Analogieschlüssen und die Hypothesenbildung, also das Übertragen von Erfahrungen mit dem Ausgangsmodell auf uns oder unser Unternehmen.[10]

Wenn wir Analogien zwischen Fernost und West in diesem Buch aufzeigen und von asiatischen Philosophien und Kampfkünsten schreiben, so sind insbesondere die fernöstlichen Teile Asiens gemeint, vor allem Japan, aber auch China. Aus diesen Ländern stammen die am stärksten wahrgenommenen „neuen" Managementtechniken, wie zum Beispiel das TPS - Toyota Produktionssystem[11], Kaizen[12] oder auch das Feng Shui. Bei Letzterem handelt es sich um ein mögliches Werkzeug zur optimalen Gestaltung von Büros oder Produktionsbereichen unter Gesichtspunkten des Qi Flusses.

An dieser Stelle muss auch betont werden, dass nicht jede asiatische Innovation als Allheilmittel für kränkelnde europäische Unternehmen herhalten kann. Asien ist eine „ganz reale Gegend" auf diesem Erdball und nicht das Land „Fantasia". Die Rahmenbedingungen sind dort, historisch bedingt, schlicht und ergreifend anders und nicht alles, was dort erfolgreich eingesetzt wird, können wir einfach übertragen. Umgekehrt gilt das natürlich auch. Viele Dinge wurden und werden von den

---

[8] Siehe Kapitel 5.2.3
[9] Beispielsweise das Team, der Prozess, das Unternehmen, also das Objekt, welches wir weiterentwickeln wollen.
[10] Vgl. Hoops, (1992), S. 27ff.
[11] Das TPS - Toyota Produktionssystem - ist der eigentliche Ursprung und immer noch Benchmark für die Umsetzung des Lean Management.
[12] Kaizen setzt sich aus den japanischen Begriffen „Kai" (ändern) sowie „Zen" (gut) zusammen. Kaizen bedeutet konsequentes Innovationsmanagement oder einfach Verbesserung. Es stellt einen permanenten Verbesserungsprozess dar. Kaizen bedeutet nicht nur Produktverbesserung, sondern Verbesserung aller betrieblichen Prozesse; Vgl. Gabler Wirtschaftslexikon, (2012) (URL1)

Asiaten bei uns gesehen, kopiert und dann in heimischen Unternehmen eingesetzt und – Überraschung! Das funktioniert auch nicht immer gut.

Viele Dinge können wir sicher voneinander lernen, sollten aber verstehen, wann und warum sie funktionieren. Auf dieser Erkenntnis aufbauend haben wir hier essentielles Wissen zusammengestellt.

> **Die Kata der Manager ist eine Methode, um eine ganzheitliche Verbesserung der Erschließung und Nutzung von Qi-Potentialen zu erreichen.**
>
> **Mit dieser Methode wird u. a. durch die Verknüpfung von Erfahrungen und ganzheitlichen Anwendungstechniken aus vermeintlich nicht in Zusammenhang stehenden Bereichen die Grundlage für eine nachhaltige Verbesserung der gesamten Weiterentwicklungen geschaffen.**

1.1.2   Ganzheitlichkeit: Alternative Sichtweisen

„Sie müssen das Problem ganzheitlich angehen".
„Unsere Strategie ist ganzheitlich aufgebaut"
„Unter ganzheitlichem Blickwinkel betrachtet, müssen wir....."

Es gibt einen Begriff in der Managementlehre, der oft verwendet, aber selten in seiner ganzen Tragweite definiert und offen angesprochen wird: Die Ganzheitlichkeit! Wenn etwas komplex ist und einfache, lineare Methoden scheitern, wird sehr oft eine ganzheitliche Sichtweise oder eine ganzheitliche Vorgehensweise empfohlen. In der asiatischen Philosophie und der Lehre vom Qi, auf die wir eingehen, findet man interessante Denkanstöße zu genau diesem Punkt.

Aber was ist Ganzheitlichkeit überhaupt? Aus mehr oder weniger philosophischer Sicht lässt sich Ganzheit aus drei Blickwinkeln beschreiben: *Der Form der Betrachtung, der Zeit und dem Betrachtungsniveau.*

A. Die Ganzheit als Form der Betrachtung

Die Ganzheitlichkeit als Form der Betrachtung bedeutet für uns eine umfassende, vorausschauende Berücksichtigung möglichst vieler Aspekte und Zusammenhänge. Dies wird abgerundet durch die Einbeziehung der Vergangenheit, die sowohl auf die Gegenwart als auch auf die Zukunft Einfluss hat.

Betrachtungsgegenstände können dabei sein:

- erkennbare Ursprünge
- Ziele
- Eigenschaften
- Direkte, indirekte und Querbeziehungen der Systemelemente zueinander
- Regeln
- Rahmenbedingungen
- Folgen, Reaktionen und Wechselwirkungen.

B. Die Ganzheit als zeitliche Entwicklung

Die Ganzheit kann auch in der aufbauenden, zeitlichen Entwicklung als Kontinuität erkannt werden. Hier zum Beispiel die Metamorphose von einer Raupe zu einem Schmetterling und die Ganzheit, die sich hier als „Zyklus des Werden" darstellt. Ein interessanter Aspekt, den man auch in der chinesischen Philosophie findet.

C. Die Ganzheit als etwas Neues auf höherem Betrachtungsniveau

Bereits Aristoteles verwies darauf, dass das Ganze mehr als die Summe seiner Teile ist. Das bedeutet, dass durch die Integration einzelner Elemente zusätzliche Leistungspotentiale – Synergien – erschlossen werden (können), die als Ganzes mehr ergeben, als die bloße Summe der Elemente. Platon erklärte es ähnlich, indem er sagte, dass der Wagen mehr ist, als die Summe seiner Teile.[13]

Wir verstehen unter Ganzheitlichkeit oder eine ganzheitliche Vorgehensweise eine allgemeine geistige Grundhaltung. Sie steht für planmäßiges und folgerichtiges Vorgehen, Forschen, Handeln und die Art und Weise wie man achtsam auf dem Weg zur nachhaltigen Zielerreichung agiert. Hierbei sollen möglichst viele relevante Einflussgrößen berücksichtigt werden, wohlwissend dass eine vollständige Verfügbarkeit von Daten und Verknüpfungen praktisch nicht erreichbar ist.

---

[13] Vgl. Regenbogen / Meyer, (2005), S.236

Lässt man sich auf diese Definition ein, verliert der überladene Begriff Ganzheit-lichkeit seinen Schrecken und das permanente Streben nach einer schrittweisen Verbesserung ergibt Sinn. Stellen Sie sich etwa folgende Situation vor: Sie haben am Ende eines Projektes einen guten Job gemacht und an alle eingeplanten Fak-toren gedacht. Dann passiert etwas Unvorhersehbares, im wahrsten Sinne des Wortes und Sie müssen Ihre Lösungsstrategie an die neuen Umstände anpassen. Ein Grund, frustriert das Handtuch zu werfen? Mitnichten, denn was nun folgt, ist nicht mehr und nicht weniger als die Weiterentwicklung Ihrer alten Lösung. Das ist im Grunde ganz normal, denn ganzheitlich betrachtet gibt es wirklich unendlich viele Möglichkeiten zur Verbesserung. Wir empfehlen daher, das „Ganze", die Vielzahl der Entwicklungsalternativen im Blick zu haben, sich aber nicht im „Detailwirrwar" zu verlieren. Das würde Sie paralysieren. Mit dieser Einstellung ist es möglich, viele kleinere Erfolge auf dem Weg zur Lösungsfindung entsprechend zu würdigen und sich auch auf jeden nächsten Schritt zu freuen.

Nicht nur die alten Griechen um Aristoteles und Plato wussten mit dem Begriff Ganzheitlichkeit etwas anzufangen. In der asiatischen Philosophie ist dieses Prin-zip geradezu elementar. Tatsächlich beherrschen Überlegungen über das Zu-sammenspiel der Kräfte und den Fluss des Qi die meisten philosophischen Lehren aus Fernost. Es muss an dieser Stelle jedoch betont werden, dass zwischen west-lichen und fernöstlichen Auslegungen von Ganzheitlichkeit Unterschiede be-stehen. Derselbe Begriff hat hier unterschiedliche Dimensionen. Umso interessan-ter ist es unseres Erachtens, in diesem Zusammenhang in die philosophischen „Schatzkisten" Asiens zu schauen. Welche Ebenen sind in beiden Kulturkreisen bekannt? Wie lässt sich Wissen um ganzheitliche Prozesse effizient transferieren? Wo sind Analogieschlüsse möglich und sinnvoll? Sie ahnen es: Die ganzheitliche Sichtweise ist zentral für das Qi-Management.

Bleiben wir noch für einen kurzen Moment beim Begriff des Qi. Detaillierter werden Sie dann in Kapitel 2 informiert. Klar ist, dass aus westlicher Sicht ein generelles Umdenken notwendig ist, um die chinesische Kultur besser zu verstehen. Dr. Med. Georg König[14] verglich die asiatische und westliche Kultur mit den beiden mensch-lichen Großhirnhälften. Seiner Ansicht nach entwickeln westliches Denken und die

---

[14] Ehrenpräsident der ÖWÄA (Österreichische Wissenschaftliche Ärztegesellschaft für Akupunk-tur), Arzt für HNO und Spezialist für Akupunktur

linke Hirnhälfte eher das logische, mathematische, analytische und abstrakte Denken. Ostasiatisches Denken und die rechte Hirnhälfte geben dagegen vielmehr der Intuition, der Bildhaftigkeit und der Erfassung von Gestalt und Raum den Vorzug. Dabei bestand Georg König darauf – und das ist wesentlich –, dass der Unterschied nicht grundsätzlich sei, sondern „graduell anerzogen, erlernt und von angeborenen Begabungen geprägt. So kann jeder eine andere Denkungsart bevorzugen".[15]

Gelingt es nun, und das ist das Ziel des Qi-Management, diese beiden „Gehirnhälften" sinnvoll zu verknüpfen, entsteht neues Wissen.

Selbstverständlich ist eine derart verallgemeinernde Sichtweise der vielfältigen asiatischen und westlichen Kulturen nur oberflächlicher Natur und dient ausschließlich dem allgemeinen Verständnis. Die traditionelle fernöstliche Kultur erfasst den Lauf der Dinge in einem ganzheitlichen Prinzip und betrachtet die Reaktion des Einzelnen auf die Einflüsse der Umwelt und das Verhältnis der einzelnen Elemente zueinander.[16] Zudem besteht zwischen der ganzheitlichen Denkweise und dem „existenziellen Grundbedürfnis nach Harmonie" eine enge Verknüpfung.[17] Gleiches gilt für ganz andere Ansätze, die ebenfalls die Ganzheitlichkeit betreffen. Es lohnt sich tatsächlich, diese Ideen einmal in Ruhe zu durchdenken. Wir haben beispielsweise erstaunliche Verbindungen asiatischer, daoistischer Sichtweisen zu den Thesen des französischen Mathematikers Laplace und zu denen des Quantenphysikers Werner Heisenberg gefunden. Hierzu später mehr

1.2   Wie geht es weiter – „beyond lean"?

„Das Thema" in fast allen Bereichen der Wirtschaft ist seit ca. 20 Jahren „Lean". Aufgekommen ist der Begriff „Lean Produktion" in Zusammenhang mit der MIT Studie zum Erfolg der japanischen Automobilindustrie in den 90er Jahren. Lean Produktion wurde quasi als Synonym für das Toyota Produktionssystem verwendet. Aus „Lean Produktion" wurde das „Lean Management" weiterentwickelt. Es ist

---

[15] Vgl. Koch/Kupka, (1996), S.5
[16] Vgl. Koch/Kupka, (1996), S.8
[17] Auf das Thema der asiatischen Philosophie gehen wir in Kapitel 2 genauer ein.

nicht überraschend, dass Japan daher schon seit langer Zeit eine Pilgerstätte für Hilfesuchende in Sachen erfolgreiches Management ist. Oft haben sich die Ratsuchenden hinterher gewundert, warum die mitgebrachten Lösungsstrategien im heimischen Umfeld nicht wie erhofft funktioniert haben. Sie haben nur gesehen, sich den Ablauf einzelner Kihon oder Kata gemerkt, aber selten die jeweilige Bunkai erlernt oder erkannt.

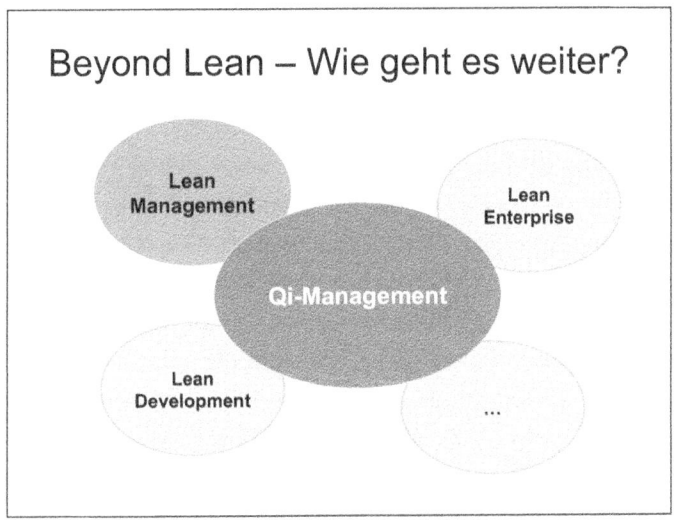

Abb. 2: Beyond Lean – wie geht es weiter?

Die Volksrepublik China hat sich zu einer der größten Volkswirtschaften der Welt entwickelt. Für den Ansatz, die asiatischen Erfahrungen auf unser Umfeld zu übertragen, ist es notwendig zu fragen: „Warum hat was wie funktioniert?" Wie hat die asiatische Philosophie diese Nationen geprägt und den Erfolg der Managementtechniken beeinflusst? Erst aus dem Verstehen ergeben sich brauchbare Empfehlungen, was bei der Anwendung asiatischer Methoden im westlichen Management zu beachten ist. Dies ist ein Ansatz für praktizierte Ganzheitlichkeit!

Vor dem Hintergrund der unterschiedlichen kulturellen Entwicklung der asiatischen und der westlichen Welt sind verschiedene Verhaltens- und Arbeitsweisen entstanden. Mit dem Erfolg der Asiaten wächst das westliche Interesse an der Vorgehensweise und an dem Führungsverhalten der asiatischen Manager, das wesentlich auf den Grundlagen der chinesischen Philosophie beruht.

Die Analyse dieses Verhaltens beginnt bei den Anfängen der chinesischen Philosophiegeschichte, die hauptsächlich durch zwei große Philosophen geprägt wurde, Konfuzius und Laotse. Diese vermitteln eine Lebenseinstellung, die in Asien
auch aktuell weit verbreitet ist. Der Fokus liegt dabei auf Werten, Verhaltensweisen, Moral und Harmonie, die helfen sollen, ein erfülltes Leben zu führen. Überlagert wird dies durch den aktuellen politischen Zeitgeist in China bei dem der Einzelne oft nichts gilt und sich unbedingt und vor allem formell zum Wohle der
Allgemeinheit einzubringen hat. Aber zurück zum allgemeinen Geschäftsleben.
Hier wird eine innere Ausgeglichenheit angestrebt, die vor allem stressgeplagten
Managern sowohl kurz als auch langfristig den Berufsalltag erleichtern soll. Die
Umsetzung dieser Prinzipien ist Teil des Qi-Management.

Abb.3: Das chinesische Zeichen für Qi

Ein übergeordnetes Ziel ist es, einen ausgeglichenen Energiefluss, des *Qi*, im gesamten Unternehmen zu schaffen, der sich zuerst positiv auf die einzelnen Mitarbeiter und in der Summe auf die Leistungsfähigkeit des Unternehmens auswirkt.
Was aber genau steht eigentlich hinter dem mysteriösen Begriff *Qi*?

Der Begriff Qi (auch bekannt als „Chi" oder „Ch'i" oder „Ki") ist nicht einfach zu definieren. Es gibt eine Reihe von Bedeutungen, die auf den ersten Blick sehr unterschiedlich erscheinen.[18] Beispielsweise der ein- und austretende Atem, die Lebensenergie des Körpers oder allgemein die Energie. Diese kleine Auswahl
unterschiedlicher Interpretationen lässt erkennen, dass die Bedeutung des Begriffs

---

[18] Vgl. Kubny (2002), S.4

Qi für uns westlich geprägte Menschen nicht sofort verständlich ist.[19] Mit den In-formationen zur chinesischen Philosophie möchten wir dem Leser den Anstoß zu eigenen Gedanken geben.

Nach chinesischer Vorstellung besteht das Universum aus einem Energiefeld, das uns umgibt, wobei alles Leben – die menschliche Kultur bis hin zum kleinsten Teil-chen – von Qi erzeugt und erhalten wird.[20] Über die Existenz eines solchen Ener-giefeldes sind sich auch westliche Wissenschaftler zunehmend einig. Eine hieraus abgeleitete elementare These prägt unser Qi-Management auf der persönlichen Ebene.[21]

Die Beherrschung des Energieflusses entlang der Qi-Meridiane macht Körper und Geist gesund und verhilft zum Glück, ohne dabei Anderen zu schaden.

Analog dieser Denkweisen sieht man den einzelnen Menschen nicht als isolierten Bestandteil des Universums, sondern vielmehr als einen integralen Bestandteil des Ganzen. Sozusagen ein Mikrokosmos im Makrokosmos. Das Qi hat im chine-sischen Alltag eine elementare Bedeutung, wie z. B. in der Medizin, der Kunst, der Philosophie, der Wissenschaft, der Magie und den verschiedenen Systemen der Kampfkünste. Wesentlich ist, dass das Qi nicht isoliert betrachtet werden darf, sondern stets im Gesamtzusammenhang zu sehen ist.

Wie kann man derart komplexe Zusammenhänge nun so weit verstehen, dass man sie mit einer zufriedenstellenden Qualität managen kann? Mit der geschick-ten Kombination von neuen Ideen und Erfahrungen.

In unserem Qi-Management werden bewährte Elemente aus den unterschied-lichsten Bereichen verknüpft zu einem flexiblen Meta Modell. Aus der Balanced Score Card (BSC), dem Supply Chain Management (SCM), dem Pareto Prinzip, asiatischen Philosophien, Kampfkünsten, Meditationstechniken, der modernen Stressforschung und unseren eigenen, umfangreichen Erfahrungen aus Coaching,

---

[19] Wir gehen daher auf diesen mystischen Begriff in Kapitel 2.2 genauer ein.
[20] Vgl. Page (1997), S.8f.
[21] Mehr dazu in Teil II.

Supervision, Krisenintervention und Kommunikationstraining werden Bausteine anwendungsorientiert kombiniert. Qi-Management, das Energiemanagement asiatischer Prägung wirkt, wie sie erkennen werden, auf allen Ebenen. Das Qi, der asiatische Begriff für Energie in seinen vielfältigen Dimensionen, ist nicht in Euro messbar. Was man nicht messen kann, lässt sich kaum managen, möchte man meinen. Im Werkzeugmix des Qi-Management findet man jedoch einen Lösungsansatz für dieses Dilemma, den „Qi-Status". Eine Kombination aus *Pareto Prinzip*[22], physikalischen Gesetzen, der klassischen Vektorrechnung und der *Balanced Score Card (BSC)* verbessert die Entscheidungsgrundlagen. Wie schon Paracelsius sagte: „Nicht alles ist Gift was Gift ist, die Dosis macht das".[23] Im Qi-Management Werkzeugkasten macht es die kreative Verknüpfung!

Im Folgenden haben wir für Sie, ohne den Anspruch auf Vollständigkeit, einen Überblick der einflussreichsten traditionellen chinesischen Philosophien zusammengestellt, die geschichtlichen Hintergründe ihrer Entstehung, die Übereinstimmungen und die Gegensätze. Warum? Um Ihnen eine Basis für Ihre Entscheidung zu bieten, Erfahrungen in bestimmten Situationen anzuwenden, oder diese als ungeeignet zu identifizieren.

Die Experten können die folgenden Seiten querlesen, allen anderen möchten wir empfehlen, sich die Zeit zum Lesen und – ganz wichtig – zum gelassenen Nachdenken zu nehmen. Ab Kapitel 6 sollten auch die Experten wieder genau lesen. Sollten sie dann Verständnisfragen haben, können sie zurückblättern.

---

[22] Pareto Prinzip auch als 80/20 Regel bekannt,
Balanced Score Card = modernes Kennzahlensystem
[23] Ein Zitat, welches auf Paracelsus (1493–1541) zurückgeführt wird.

2. Asiatische Philosophien und der Begriff des Qi

Dieses Kapitel beschäftigt sich mit den bedeutendsten Strömungen der chinesischen Philosophie, deren historischem Hintergrund und der Lehre von der Energie Qi.

Das Ziel der chinesischen Philosophie ist es, eine Anleitung zum richtigen Verhalten und Handeln geben zu können, wobei der Fokus auf dem menschlichen Leben und dessen richtiger Gestaltung liegt. Hierbei sollen das Wissen und das Handeln eine Einheit bilden.[24]

Eine vollständige Betrachtung der vielfältigen asiatischen Denkansätze würde den Rahmen dieses Buches sprengen. Daher gehen wir nur kurz auf die in unseren Augen wichtigsten chinesischen Philosophen ein: Konfuzius und Laotse. Diese beiden prägten die Menschheit und tun dies bis heute durch ihre als Konfuzianismus und Daoismus bekannten Lehren. Der Ausspruch „Konfuzius sagt…" beispielsweise wird auch Ihnen wahrscheinlich bekannt sein. In der Managementliteratur findet man immer wieder Veröffentlichungen, die Managern das Verhalten nach Konfuzius oder Laotse empfehlen. Grund genug, etwas mehr über diese beiden Herren zu erfahren.

Besondere Beachtung findet in diesem Kapitel darüber hinaus der Zen-Buddhismus, da er vor allem die japanische Kultur maßgeblich beeinflusste. Will man ganzheitliche, japanische Managementstrategien verstehen, sollte man sich also auch mit dieser Philosophie auseinandersetzen.

2.1 Geschichte und Entstehung

A. Chinesische Philosophie

Die erste Periode der chinesischen Philosophiegeschichte umfasste den Zeitraum vom 8. Jh.v.Chr. bis zum 3.Jh.v.Chr. und wird als „Frühlings- und Herbstzeit" oder

---

[24] Für eine ausführlichere Lektüre, der in Kapitel 2.1 zusammenfassend dargestellten Geschichte asiatischer Philosophien verweisen wir auf Gan (1997).

J.K.A. Gottschalck, A. Heinz-Trossen, *Qi-Management – Die Kata der Manager*, DOI 10.1007/978-3-642-41304-9_2, © Springer-Verlag Berlin Heidelberg 2014

„Zeit der Streitenden Mächte" bezeichnet. In dieser bedeutenden Epoche lebten auch ein gewisser Konfuzius und ein Laotse. Die zweite Periode der chinesischen Philosophie reichte etwa von 206 v. Chr. bis 960 n. Chr. und gilt als Phase der „frühen feudalen Gesellschaft". Bedingt durch staatliche Förderung bei gleichzeitiger Bannung anderer Denkschulen etablierte sich der Konfuzianismus in dieser Epoche nachhaltig als einflussreichste philosophische Strömung der chinesischen Kultur und wissenschaftlichen Denkweise.

Eine Besonderheit der Lehrweise des Konfuzius bestand darin, dass er je nach Kenntnisstand und Charakter des Schülers auf ein und dieselbe Frage unterschiedliche Antworten gab.

Daran ist zu erkennen, wie wichtig bei den sogenannten „Weisheiten des Konfuzius" der jeweilige Kontext der Aussage ist. Seine Aussprüche sind immer als „Antworten auf konkrete Probleme" zu verstehen. Offensichtlich war Konfuzius eine Person, die auf der Basis seines Grundwissens und seiner Erfahrungen „ganzheitliche Überlegungen" anstellte und gerade nicht stereotyp einmal erfolgreiche Ratschläge wiederholte. Er erkannte, dass jeder Mensch mit seinen ganz eigenen Talenten auf individuell angepassten Wegen zur maximalen Ressourcenentwicklung gelangen kann. Konfuzius berücksichtige also immer die aktuelle Situation! Ein frühzeitlicher Anwender unseres Qi-Managements.

Ganz im Sinne konstanter Weiterentwicklung erfuhren auch die Lehren des Konfuzius eine Veränderung. In der dritten Periode der chinesischen Philosophie, die in das Zeitalter der „spätere feudale Gesellschaft" (960 n. Chr. bis 1911 n. Chr.) fällt, entstand der „Neo-Konfuzianismus". Die bestehenden Lehren wurden in dieser Zeit nicht nur durch die Ideen-, Bewusstseins- und empirische Schule ergänzt, sondern von einer bis dahin eher praktisch ausgerichteten Philosophie in spekulative Theorien verwandelt. Wir halten uns an die eher pragmatischen Ansätze des „Originals".

Das zentrale Element der Thesen des Konfuzius war das allgegenwärtige "Chaos", das im Gegensatz zu einem natürlichen Streben nach Harmonie stand. Da er davon ausging, dass alles im Universum um Gleichgewicht bemüht ist, musste es quasi zwangsläufig „ordnende Thesen" geben. In den weltlichen Ansichten des Konfuzianismus herrscht also das Prinzip „Ordnung". Ohne Regeln und Gesetze, die dem Chaos entgegenstehen, kann der Mensch nicht glücklich werden.

Im Gegensatz dazu liegt der Fokus des von Laotse entwickelten und stark von religiösen Ansichten geprägten Daoismus auf der „Freiheit" oder dem freien „Lauf der Dinge". Konfuzianer sehen eine hierarchische Ordnung der Welt durch den Menschen vor, während die Daoisten von natürlicher Gleichwertigkeit und einer kosmischen Einheit ausgehen, zu denen auch die Menschen gehören.

„Dao", der "Weg", ist das oberste Prinzip, das alle Dinge erzeugt und erhält. Alles beginnt mit dem „Dao" und alles kehrt wieder zu ihm zurück im unendlichen Zusammenspiel sich ausgleichender Gegensätze. Tatsächlich handelt es sich bei dem in der westlichen Modekultur sehr populären Yin-Yang Symbol nicht um eine Designinnovation, sondern um eine Allegorie eben dieses Grundsatzes. In der natürlichen Harmonie der Natur gleichen sich „Yin", das Schattige oder auch Passiv-Weibliche und „Yang", das Sonnigen oder auch Aktiv-Männliche, beständig aus.

Damit der Mensch innere Ausgeglichenheit erlangen kann, soll er also gemäß Laotse danach streben, den Dao und somit das Zusammenspiel gegensätzlicher Kräfte zu verstehen. Wichtig ist, diesen natürlichen Fluss nicht zu unterbrechen, still zu bleiben, nicht zu wirken und nicht einzugreifen. Klingt Ihnen das nach Anarchie und Laissez-faire? Dann liegen Sie damit gar nicht mal so falsch. Das heißt natürlich nicht, dass Sie die Hände in den Schoß legen und Ihre Projekte den Bach runter gehen lassen sollen. Achten Sie jedoch stets darauf, Prozesse nicht zu überregulieren. Zu viel Ordnung ist ebenso schädlich wie zu wenig! Wenn Sie einem Puppenspieler gleich die permanente Kontrolle über alle Arbeitsabläufe Ihrer Mitarbeiter halten wollen, wird sich auch ohne Ihr Einwirken nie etwas bewegen! Positive Synergieeffekte würden im Keim erstickt und Sie allein müssten als Motor fungieren. Ein Getriebeschaden wäre vorprogrammiert – so viel können wir Ihnen versprechen.

Fassen wir die chinesischen Philosophien zusammen und übertragen sie auf unser Qi-Management, so ist es nach Konfuzius sinnvoll, sich als Manager auf die Schaffung der Rahmenbedingungen (Ordnung) für eine erfolgreiche Entwicklung des Einzelnen, des Teams, des Unternehmens und der Supply Chain zu konzentrieren. Wichtig ist, den Lehren von Laotse folgend, jedoch auch, dabei nicht bei jeder „Kleinigkeit" den Fluss der Weiterentwicklung (Dao) durch Eingriffe zu stören.

B. Japanische Philosophie

Die Wurzeln des japanischen Zen-Buddhismus liegen nicht im Land der aufgehenden Sonne, sondern in Indien. Buddha („Der Erleuchtete") lehrte, dass alles menschliche Dasein leidvoll ist, weil die Menschen nach Macht, Besitz und Genuss streben. Sie können ihr „Ich" nicht beherrschen und sind aus diesem Grund unwissend über den wahren Zustand der Welt. Nach Buddha kann Leid überwunden werden, wenn nur die „rechte Mitte" gefunden wird, also durch einen maßvollen, harmonischen Umgang mit sich, mit anderen und der natürlichen Umwelt.

Über den Weg durch China, wo der Buddhismus entscheidende Impulse von den Traditionen des geistesverwandten Daoismus von Laotse erhielt, gelangte er etwa um 1100 n. Chr. nach Japan. Zwischen 1100 und 1500 n. Chr. entwickelt sich Zen zur „Religion der Samurai", der japanischen Kriegerkaste. Er lieferte damit den ideellen Bezugsrahmen für den „Weg des Kriegers"(Bu-shi-do), einen Kodex, der schriftlich formulierte Verhaltensrichtlinien enthält. Auch wenn die Samurai häufig als „japanische Ritter" tituliert werden, waren sie weitaus mehr als nur Krieger und Vasallen im Dienste eines Lehnsherrn, sondern auch Erzieher der Gesellschaft. Der Führungsstil, den sie in ihrer Verantwortung für ganze Dörfer und deren Bewohner annahmen, wurde im Wesentlichen durch den Zen-Buddhismus geprägt.

Beeinflusst durch das Streben zur „rechten Mitte" gewannen viele Samurai die Einsicht, dass es gewinnbringender war, Konflikte tunlichst zu vermeiden, und kriegerische Auseinandersetzungen auf ein Mindestmaß zu reduzieren. Diese Haltung der Konfliktvermeidung und das Streben nach sozialer Harmonie fand mit dem Untergang der Samurai im 19. Jahrhundert[25] jedoch kein Ende. Bis heute ist die Zen-Philosophie in Japan sehr präsent – auch in der Geschäftswelt.

---

[25] Im Jahre 1853 laufen amerikanische Kriegsschiffe in der Bucht von Edo ein. Sie haben den Auftrag, Handels-Konzessionen und die Öffnung der Häfen durchzusetzen. Im Vertrag von Kanagawa werden erste Handelsbeziehungen vereinbart. Im Jahre 1867 endet das Tokugawa-Shōgunat. Die einst so mächtigen Samurai verlieren ihren Status und alle Privilegien. Ohne Verfasser (URL 2)

Der Erfolg vieler japanischer Unternehmen zeigt, dass sich die gleichermaßen sozialverträglichen wie auch effektiven Führungsmethoden der Samurai im 21. Jahrhundert bewähren können. Lassen sich auch hier Analogieschlüsse für den Westen ziehen? Können Europäer „führen wie ein Samurai"?

In der Praxis der Zen-Philosophie gibt es drei Techniken, die den Weg zu einer unverfälschten Einsicht in die letzte Wahrheit der Dinge, die „Erleuchtung" (jap. Satori), bahnen sollen:

C. Mondo, Koan und Zazen.

Unter dem Mondo versteht man ein Zwiegespräch zwischen Schüler und Meister, in dem der Meister seine Schüler sowohl psychisch als auch physisch aus ihrem intellektuellen Gleichgewicht zu bringen versucht, um eine spontane Reaktion hervorzulocken. Auf das Qi-Management übertragen bedeutet dies natürlich nicht, dass Sie als Manager Ihre Teammitglieder mit „Schlägen" auf einen Konzentrationsmangel aufmerksam machen sollen. Ein verbales „Wachrütteln" reicht völlig aus.

Das Koan ist eine Art Rätselaufgabe, die weder das „entweder" noch das „oder" als einzig richtige Lösung zulässt. Der Schüler steht also vor dem Dilemma, eine Problemstellung nicht durch rationales Denken lösen zu können.[26] Koans zielen also darauf ab, intuitives Handeln entgegen festgefahrener Denkschemen zu schulen.

Zazen bedeutet wörtlich „Sitzen in Versenkung". Dabei wird eine bestimmte Körperposition eingenommen, meist die aus dem indischen Yoga stammende Lotusstellung, die helfen soll, Geist und Atmung in ein Gleichgewicht zu bringen. Im Grunde ist es jedoch egal, in welcher Haltung Sie in sich gehen wollen. Konditionieren Sie Ihren Körper auf Entspannung! So können Sie mit einem kurzen Zazen, auch ohne Yogastellungen und komplizierte Körperverrenkungen, innere Ruhe und Gelassenheit vor wichtigen Terminen finden.

---

[26] Vgl. Watts (1986), S.60

Satori bedeutet, nach Auffassung des Zen, dass Selbstverwirklichung paradoxer-
weise durch den Verzicht auf selbstbezügliches Handeln und die vollkommene
Hingabe an eine „Sache" erzeugt wird. Satori als Endziel der persönlichen Reifung
stellt sich gerade dann ein, wenn die Absichtslosigkeit des Handelns ihren Höhe-
punkt erreicht. Dem Satori geht im Allgemeinen eine lange Zeit intensiver Übung
und Konzentration voraus, bevor es plötzlich - durch beliebige Anlässe - ausgelöst
wird. Von manchen Zen-Meistern wird erzählt, dass sie nach vielen Jahren be-
ständiger Meditation im Kloster zu einem Zeitpunkt den Zugang gefunden haben,
wo sie die Suche nach Satori bereits aufgegeben und das Kloster resigniert verlassen hatten. Analoges wird von bedeutenden Kampfkunstmeistern berichtet.
Sensei Uyeshiba zum Beispiel der Begründer der gewaltlosen Selbstverteidigung
des Aikido, erlebte Satori aussagegemäß nach etlichen Jahren der aufmerksamen
und regelmäßigen Praktizierung des Budo, als er sich nach einem Duell in einem
Garten das Gesicht wusch.[27]

2.2   Die Lehre von der *mystischen* Energie Qi

Der chinesische Begriff Qì, auch als Ch'i oder Chi, in Japan als Ki (jap.気) und in
Korea als Gi bekannt, erschließt sich uns aus dem westlichen Kulturkreis nicht
ohne Weiteres. Daneben gibt es eine ganze Reihe von weiteren Bedeutungen, die
auf den ersten Blick sehr unterschiedlich erscheinen:[28]

- Ähnlich einem der drei physikalischen Zustände, wie Gas. Das, was keinen
  festen Körper hat und in der Lage ist, sich zu sammeln und zu verstreuen,
  ist Qi.
- Es ist die Erscheinung der Natur zwischen Himmel und Erde, und bezeich-
  net die Qualitäten Yin, Yang, Wind, Regen, Dunkelheit und Helligkeit…
- Nach moderner daoistischer Auffassung auch die Tätigkeit des neurohor-
  monalen Systems
- Der ein- und austretende Atem…
- Die Lebenskraft des Körpers…
- Energie

---

[27] Vgl. Trevisan (1991), S.18
[28] Vgl. Kubny (2002), S.4

Die unterschiedlichen Interpretationen lassen schnell erkennen, dass die Bedeutung des Begriffs Qi nicht eindeutig definiert ist. In der asiatischen Philosophie stellt die Existenz des Qi in jedem Fall einen Erklärungsansatz dar, um die Funktionsweise des Universums zu beschreiben. In der Konzeption des Qi-Management verfolgen wir den Ansatz, der Qi als alles durchfließende Energie begreift. Um Ihnen die Bedeutung dieses Aspekts greifbar zu machen, beleuchten wir im Folgenden die geheimnisvolle Kraft Qi zunächst etwas genauer. Hier haben wir den Schwerpunkt auf das Qi des Menschen gelegt, deshalb beschäftigen wir uns im Teil II vertieft mit dem persönlichen Qi-Management.

Wie bereits erläutert, wird nach chinesischer Vorstellung alles Leben von Qi erzeugt und erhalten. Eine sehr treffende Beschreibung der Komplexität dieses Energieflusses wurde von Michael Page formuliert. Er sagt, dass Qi einem Diamanten gleicht: „Jede Seite reflektiert ein anderes Licht, und doch kommen alle Strahlen von einer gemeinsamen Mitte heraus."[29] Die gemeinsame Mitte bezieht sich dabei auf die kosmische Lebenskraft in ihrer ganzen Vielfalt.

Tatsächlich hat das Qi, verstanden als energetisches Prinzip, sehr unterschiedliche Ausprägungen. So spricht man u. a. vom Qi der Erde oder dem Qi des Himmels. Dies ist z. B. für das Fengshui relevant. Die alten Daoisten bezeichnen die persönliche Lebenskraft als „Wei-chi". Nach ihrer traditionellen Sicht ist sie die unsichtbar schützende und abwehrende „Körperenergie", die den Körper ganz durchdringt. Sie zirkuliert durch das ganze Meridiansystem und um alle Organe, Muskeln und Knochen.

Die daoistischen Praktiken der Meditation, Medizin, und Kampfkunst basieren seit jeher auf dieser Vorstellung. Darin stellt der Mensch einen Mikrokosmos dar, der das makrokosmische Universum widerspiegelt. Zwischen diesen beiden Polen gibt es permanente Wechselwirkungen.[30] Ergo kann der Mensch nicht als einzelner, isolierter Bestandteil des Universums gesehen werden, sondern vielmehr als integraler Bestandteil des Ganzen. Kurzum: Er ist ein Mikrokosmos im Makrokosmos.

---

[29] Vgl. Page (1997), S.11f.
[30] Vgl. Page (1997), S.21f.

Persönliches Qi kann in einer schwachen oder starken Form vorhanden sein, abhängig von verschiedenen Faktoren im Leben eines Menschen.[31] Unser Ziel sollte daher sein, das schwache Qi in ein starkes Qi umzuwandeln, um so die Prozesse im Körper und die Funktionen des Geistes zu stärken und Körper und Geist in Einklang zu bringen. Diese Einschätzung spiegelt jahrhundertalte Erfahrungen wieder. So weit so gut. Aber wie lässt sich so etwas bewerkstelligen? Zum Beispiel durch Atemübungen. In der Meditation, sowie in den Kampfkünsten, aber auch im Stressmanagement, haben diese eine ganz besondere Bedeutung. Sie werden daher von uns als persönlich wertvolle Kihon, als Ihre Grundtechniken im Qi-Management empfohlen.

Folgendes Zitat zur Bedeutung des Atmens soll Sie dafür sensibilisieren, dass es dabei um mehr geht als den Austausch von Sauerstoff und Kohlenstoffdioxid:

> *„Atme immer mit dem Körper, und mit konzentriertem Geist.*
> *Ist der Atem stark, sind auch Körper und Geist stark.*
> *Ist der Atem schwach, sind auch Körper und Seele schwach.*
> *Ist der Atem tief ist deine Einsicht tief.*
> *Fließt der Atem, sind Körper und Geist beweglich.*
> *Ist der Atem leicht, sind Körper und Geist leicht.*
> *Wo es keinen Atem gibt, sterben Körper und Geist."*[32]

<u>Woher kommt das Qi?</u>

Dem Buch „I Ging" zu Folge ist der Ursprung allen Seins das „Wu Ji", die Leere. Alles entspringt aus dem Nichts und kehrt dorthin wieder zurück.[33] Im Daoismus wird „Wu Ji" daher als leerer Kreis symbolisiert. Hierbei wird das Fehlen einer Schöpfungs- oder Urknalltheorie in Asien deutlich. Der Anfang allen Seins erklärt sich „einfach" durch die Akzeptanz des mystischen „Wu Ji", der Leere aus der alles entstanden ist.

---

[31] Vgl. Page (1997), S.17
[32] Vgl. Yon (2004), S.9
[33] Vgl. Ritz, (2004), S.12

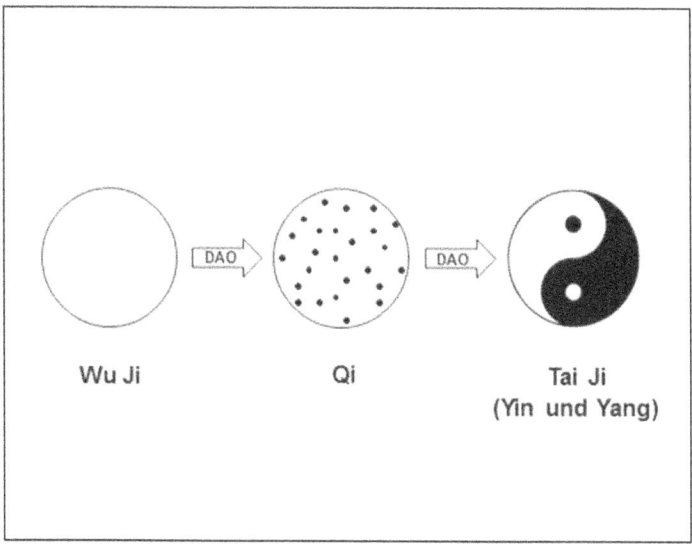

Wu Ji   Qi   Tai Ji
                                        (Yin und Yang)

Abb. 4: Die elementare Rolle des Qi

Vom „Wu Ji", der anfänglichen Leere ausgehend, wirkt das Dao in der Welt. Das Dao ist „der ideale Weg" zur optimalen Ordnung zwischen Himmel, Natur und Mensch.[34] Aus diesen Gesetzmäßigkeiten des Dao ergeben sich zahlreiche Ausprägungen des Qi. Nach dem I Ging[35] polarisiert sich das Qi in zwei „Gruppen von Elementen": Yin und Yang, die als Gesamtheit mit Tai Ji bezeichnet werden.[36] Yin und Yang stehen in diesem Zusammenhang für die zwei Polaritäten aller Erscheinungen und alles wird durch ihre Wechselwirkung bestimmt, wobei die beiden Polaritäten untrennbar zusammen gehören. Dieses Prinzip bildet nach daoistischer Auffassung eine entscheidende Grundlage für das Gleichgewicht in der Natur, im Kosmos und natürlich im Menschen. Yin und Yang sind zwei zueinander im Gleichgewicht stehende und sich ständig verändernde Elemente.[37]

---

[34] Vgl. Möller, H.G., (2001), S.30
[35] Das I Ging oder Yì Jīng (chinesisch 易經 / 易经) ist sinngemäß übersetzt das „Buch der Wandlungen". Es ist eine Sammlung von Strichzeichnungen und zugeordneten Sprüchen. Es ist vermutlich ca. 4500 Jahre alt und zählt zu den ältesten, der klassische chinesische Text.
[36] Vgl. Ritz, (2004), S.13
[37] Vgl. Gan (1997), S.36f.

Yin	Yang
Weiblich	Männlich
Statisch	Dynamisch
Negativ	Positiv
Dunkelheit	Helligkeit
Kälte	Hitze
Das Dunkle, die Nacht	Das Helle, der Tag
Passivität	Aktivität

Tabelle 1: Beispiele für Yin und Yang

Würden sich Yin und Yang trennen, so würde nach diesem Ansatz das Universum zusammenfallen.[38] Weniger drastisch formuliert folgt nach dieser Logik etwa, dass Wärme nur gespürt werden kann, wenn es die Kälte als zugehörigen Gegenpol gibt. Wenn Sie nie Stress empfinden, werden Sie nie Entspannung fühlen. Wenn Sie nie die „natürliche Hektik" in einem Projekt erlebt haben, können Sie die Ruhe von Routinetätigkeiten nicht schätzen lernen und umgekehrt.

Zusammenfassend lässt sich sagen, dass sowohl die Konfuzianer als auch die Daoisten und die Anhänger der Zen-Philosophie an die Existenz des Qi glauben. Aber nicht nur in Asien ist die Vorstellung von der kosmischen Energie zu Hause. Sie findet sich auch in erstaunlicher Analogie in bedeutenden westlichen wissenschaftlichen Ansätzen wieder.[39] Denken Sie beispielsweise an Begriffe wie „Gottesteilchen" oder „Dunkle Materie". Im Grunde handelt es sich dabei um Synonyme für Qi. Gebündelt lassen sich die Wirkungen rund um das Qi folgendermaßen darstellen:

---

[38] Vgl. Ritz, (2004), S.13
[39] Vgl. Page (1997), S.38ff.

Kernaussagen asiatischer Philosophie

- Der Mensch ist ein integraler Bestandteil des Ganzen.

- Alles befindet sich in einem stetigen Zustand des „Fließens" und in stetigem Wandel.

- Das „Fließen" ist nicht ungeordnet, sondern bestimmten Gesetzmäßigkeiten unterworfen:

  - **Gesetz der Harmonie**

  - **Gesetz der Zyklen**

  - **Gesetz von Ursache und Wirkung**

- Je mehr Einflussfaktoren verstanden sind, desto eindeutiger sind bestimmte Gesetzmäßigkeiten ableitbar:

  Die Welt ist ein nach bestimmten Gesetzen ablaufendes Ganzes.

  Dessen Elemente und Formen entstehen aus der permanenten Wandlung der

  polaren Urkräfte.

Abb. 5: Kernaussagen der asiatischen Philosophie

2.3   Qi – Ein Novum für den Westen?

2.3.1   Laplace und sein Dämon

Pierre-Simon (Marquis de) Laplace († 1827, Paris) war ein französischer Mathematiker, Physiker und Astronom. Er beschäftigte sich unter anderem mit der Wahrscheinlichkeitstheorie und Differentialgleichungen.[40] Obwohl er sich intensiv mit der Forschungen in der Physik beschäftige, sind die mathematischen Verfahren bekannter, die Laplace entwickelt und angewandt hat.

Die wichtigsten sind der Laplace'sche Entwicklungssatz, der Laplace-Operator, die Laplace-Gleichung sowie die Laplace-Transformation. Begriffe, die vielen Lesern aus dem Mathematikunterricht bekannt sind. Für unser Betrachtungsfeld sind seine Überzeugung vom Determinismus und seine Schlüsse daraus interessant. Nach

---

[40] Ohne Verfasser (URL3)

Laplace ist das Universum determiniert, d. h. alle Elemente sind nach gewissen Regeln miteinander verbunden. Diese Regeln wirken auch im Zeitverlauf. Die Vergangenheit wirkt auf das „Jetzt" und dieses wiederum bestimmt die Entwicklungen der Zukunft. Wie die asiatischen Philosophen geht auch Laplace von einer „Mikrokosmos im Makrokosmos-Idee" aus.

Was könnte sich hieraus ergeben?

Wäre ein Mensch in der Lage, alle Gesetze, ihre Verknüpfungen untereinander und alle Elemente zu verstehen, wäre er logischerweise in der Lage, auch die unterschiedlichsten Möglichkeiten für die Entwicklungspfade der Zukunft zu bestimmen. Er könnte also seine Handlungen so steuern, dass sich die aus seiner Sicht wünschenswerteste Zukunft tatsächlich einstellt. Einen solchen Übermenschen würde man als „Laplace'sche Dämon" bezeichnen. Er wäre die Manifestation einer Erkenntnis- und wissenschaftstheoretischen Auffassung, nach der es grundsätzlich möglich ist, unter der Kenntnis sämtlicher Naturgesetze und aller Initialbedingungen jeden vergangenen und jeden zukünftigen Zustand zu berechnen. Mit dieser Aussage wäre es theoretisch möglich, eine Weltformel aufzustellen.

Einen solchen Übermenschen gibt es jedoch nicht. Der Dämon müsste „allwissend" sein. Sein Gehirn müsste unzählige Informationen in einer unendlich kleinen Zeitspanne verarbeiten können, denn wenn dieser Zeitspanne nicht „quasi null" wäre, müsste er ja aufgrund der Veränderungen des Universums seine Berechnungen mit den dann aktuelleren Daten gleich wiederholen. Ein umgangssprachlicher „Teufelskreis".

Aus diesem Paradoxon lassen sich für unsere Überlegungen zum Qi-Management zwei wichtige Aspekte ableiten. Zunächst wird, von der mathematischen Seite kommend, auf eine anzunehmende, aber unterschiedlich geartete Wechselwirkung zwischen Elementen und Gesetzen hingewiesen. Weder ein Manager, ein Team, ein Unternehmen oder eine Unternehmensgruppe (Supply Chain), können ohne die Berücksichtigung der Wechselwirkungen, einfach isoliert, optimiert werden. Weiterhin kann man für den Umgang mit Daten und Fakten schließen, dass eine genaue Analyse nur dann sinnvoll ist, wenn die Analysezeit deutlich kürzer ist als die Zeitspanne für die Gültigkeit der verwendeten Daten und Fakten. Das wird im

Eifer der detaillierten Analysen und 3D Darstellungsmöglichkeiten gelegentlich vernachlässigt!

Wenn die notwendigen Bedingungen für eine vollständige Analyse nicht gegeben sind, findet man nach unseren Erfahrungen mit einem Werkzeugset wie beispielsweise qualifizierten Schätzungen, der ABC Analyse, dem Pareto Prinzip, der Berücksichtigung von Fehlerwahrscheinlichkeiten oder Szenariotechniken bessere Entscheidungen.

2.3.2 Von Newton über Einstein zur Quantenphysik

Isaac Newton ist der Verfasser der Philosophiae Naturalis Principia Mathematica, in denen er mit seinem Gravitationsgesetz die universelle Gravitation und die Bewegungsgesetze beschrieb und damit den Grundstein für die klassische Mechanik legte.[41] Mithilfe dieser Gesetze wären alle physikalischen Phänomene erklärbar, von den Umlaufbahnen der Planeten bis hin zur Beschleunigung eines Autos. Newton war der festen Überzeugung, dass Gott eine geordnete Welt erschaffen und mit bestimmten unveränderlichen Gesetzen ausgestattet hatte. Die Gesellschaftsordnung schien für ihn ein Spiegelbild des Kosmos zu sein. Auch bei Newton finden wir die Wechselwirkungen und die Überzeugung von „Ur-Elementen" und von existierenden Grundgesetzten wieder.

Albert Einstein war ein theoretischer Physiker. Seine Forschungen zur Struktur von Raum und Zeit sowie dem Wesen der Gravitation veränderten maßgeblich das physikalische Weltbild.[1] Einsteins Hauptwerk, die Relativitätstheorie, machte ihn weltberühmt. Der Begründer der Quantenphysik wies nach, dass Position, Geschwindigkeit und Beschleunigung, die Newton als absolut ansah, in Wirklichkeit nur relative Begriffe sind. Er belegte auch, dass sogar die Zeit ein relativer Begriff ist.

Isaac Newton nahm an, dass alle Materie einen bestimmten Standort in Raum und Zeit hat. Einstein aber hat aufgezeigt das alles relativ ist, dass hiernach Materie weder einen absoluten Standort noch ein absolutes Alter hat. Dies führte zur Ent-

---

[41] Einhundert führende Physiker wählten ihn deshalb 1999 zum größten Physiker aller Zeiten.

wicklung der speziellen Relativitätstheorie, die sich mit der Abgabe und Aufnahme von Energie durch Materie beschäftigt.
Energie ist die gängigste Umschreibung für das Qi, wie es in der asiatischen Philosophie verstanden wird!

Im Jahre 1964 postulierte der Caltech-Physiker Murray Gell-Mann die Existenz der Quarks. Für diese Schematisierung des sogenannten hadronischen „Teilchen-Zoos" erhielt er 1969 den Nobelpreis für Physik. Quarks sind die elementaren Bestandteile (Elementarteilchen), aus denen entsprechend des aktuellen Stands der Physik die Hadronen (z. B. die Atomkern-Bausteine Protonen und Neutronen) bestehen. Man könnte sie als „Urteilchen" bezeichnen, aus denen alle Materie besteht.

Der Quantenphysik folgend existiert Materie eigentlich nicht. Sie ist Energie! Was die klassische Physik nach Newton für Materie hielt, ist nach der Forschungsmeinung nur eine Zusammensetzung von Materieelementen, die aus Atomen bestehen, die wiederum aus den Quarks und Leptonen bestehen, welche reine Energie darstellen. Entsprechend dieser Erkenntnisse ist Materie in Wirklichkeit Energie.

Energie ist die gängigste Umschreibung für das Qi, wie es in der asiatischen Philosophie verstanden wird! Und so schließt sich der Kreis!

Auch in der Physik finden wir also immer wieder die Grundgedanken rund um das Qi: Es ist ein Grundbaustein mit unterschiedlichen Ausprägungen, aus dem sich die Elemente zusammensetzten. Die Kunst ist es auch hier, bestimmte Verhaltensgesetze zu erkennen.

Fassen wir abschließend unsere bisherigen Erkenntnisse zusammen:

- Asiatische Religionen und Philosophien bauen auf dem Glauben auf, dass das Universum aus Energie, Qi besteht.

- Ähnliche Gedanken finden sich in der Grundlagenforschung der Quantenphysik. Vereinfacht gesagt geht man hier davon aus, dass alles aus Teilchen besteht, die durch subatomare Energie zusammengehalten werden.

- Die Idee von Wechselwirkungen zwischen allen Elementen vor allem im Zeitverlauf, also eine dynamische Auffassung der Welt, wird besonders von Daoisten vertreten. Dao bedeutet „der Weg" und Qi ist die Energie, die ständig im Fluss und in Wandlung ist.

- Das „I Ging", ein Grundlagenwerk, lehrt schon seit Jahrhunderten, dass es das Ziel menschlichen Handelns sein muss, zwischen gegensätzlichen, aber verwandten Naturkräften (Yin und Yang) ein beständiges Gleichgewicht anzustreben.

So gesehen liegen Analogien manchmal an Stellen vor, an denen man sie überhaupt nicht vermutet hätte. Sie sehen: Konfuzius und Einstein haben eine Menge gemeinsam, auch wenn sie sich dem Qi aus völlig unterschiedlichen Kontexten genähert haben.

Nun könnte man auf den Gedanken kommen, da es ja grundsätzliche Übereinstimmungen gibt, dass es nicht so schwer sein dürfte, erfolgreiche asiatische Ansätze und Philosophien auf unser westliches Umfeld eins zu eins zu übertragen. Wenn es so einfach wäre! Dann gäbe es dieses Buch wahrscheinlich nicht und Sie könnten sich getrost aus der bereits erwähnten „Schatzkiste" asiatischer Philosophie bedienen. So leicht ist es aber eben nicht.

3. Asiatische Philosophien im westlichen Management – Quo Vadis?

3.1 Kulturschock im Management?

Jede Kultur hat ihre Besonderheiten und ihre Charakteristika. Diese ganz speziellen Eigenheiten prägen die Angehörigen einer Kultur. Sie beeinflussen das Wahrnehmen, das Denken, die Wertorientierung und das Handeln der Menschen. Einer allgemein anerkannten Definition nach Kluckhohn zufolge besteht Kultur

> „[...] aus musterhaften Wegen zu Denken, zu Fühlen und zu Reagieren und wird hauptsächlich über Symbole angeeignet und übertragen (...); der wesentliche Kern der Kultur besteht aus traditionellen (historisch überlieferten) Vorstellungen und insbesondere den dazugehörigen Werten."[42]

Verhaltensmuster lassen sich jedoch nicht ausschließlich auf das kulturelle Umfeld zurückführen. Das Handeln von Individuen und gesellschaftlichen Kollektiven wird gleichermaßen durch zusätzliche, von außen und von innen wirkende Faktoren beeinflusst. Im Zeitalter einer zunehmend vernetzen Welt mit globalen Informationsströmen nehmen vor allem äußere Einflüsse aus fremden Kulturkreisen zu.[43]

Spätestens seil den 90er Jahren gewannen fernöstliche Grundpositionen zunehmend an Bedeutung. Ausgelöst wurde dieser „Asia-Boom" durch Jahrzehnte des Einflusses der Kaizen-Lehren im industriellen Bereich, durch die zunehmende Akzeptanz der „Traditionellen Chinesischen Medizin" (TCM), das Feng Shui, das Angebot asiatischer Kampfkünste in vielen Sportstudios sowie Vereinen und natürlich den Tourismus.

Sowohl im beruflichen als auch im privaten Bereich sollten Sie daher genau darauf achten, mit wem Sie zusammenarbeiten. Interkulturelle Kompetenzen lautet hier das Stichwort. Dies gilt übrigens nicht allein für den Umgang mit den Angehörigen fremder Kulturen, sondern auch für die Zusammenarbeit mit Kollegen und Ange-

---

[42] Vgl. Nippa (2004), S.53
[43] Vgl. Nippa (2004), S.54

J.K.A. Gottschalck, A. Heinz-Trossen, *Qi-Management – Die Kata der Manager*, DOI 10.1007/978-3-642-41304-9_3, © Springer-Verlag Berlin Heidelberg 2014

stellten. In einem Projekt, bei dem Sie asiatische Methoden, wie z. B. Kaizen einsetzen möchten, können Sie es mit Anfängern aus dem „Tal der Ahnungslosen" und auch mit sehr erfahrenen Experten für asiatische Kultur zu tun bekommen. Nutzen Sie die unterschiedlichen Sichtweisen und Erfahrungen aller, beziehen Sie Ihre Mitarbeiter ein! Es geht darum, sich mit positivem Qi zu umgeben. Auf diese Weise generieren Sie nicht nur „neues Wissen", sondern betreiben gleichzeitig innovative Teambildung.

3.2   Anregungen aus dem chinesischen Management[44]

Bei all den vorangestellten Erkenntnissen hat uns stets die Frage beschäftigt, ob und wie die asiatischen Philosophien das westliche Management im allgemeinen beeinflussen? Anhand einiger Beispiele aus China möchten wir Einblicke in die typische Vorgehensweise erfolgreicher asiatischer Unternehmen geben. Diese erheben aufgrund der Komplexität der chinesischen Staats- und Wirtschaftsstruktur keinen Anspruch auf Vollständigkeit. Trotzdem wollen wir an dieser Stelle aufschlussreiche Fälle vorstellen. Wir haben ein erfolgreiches Start-Up, ein Großunternehmen und ein mittelständiges Unternehmen ausgewählt.

In den letzten drei Jahrzehnten nach den Reformen im Jahre 1978, durch die eine Entwicklung zur „sozialistischen Marktwirtschaft" und zu einer Öffnung der Märkte begann, hat sich das chinesische Management verändert. Schrittweise wurden den Unternehmen mehr Unabhängigkeit und reale Entscheidungsfreiheiten gewährt. Viele Staats-, Kollektiv- und Privatunternehmen haben so ihren eigenen, funktionellen und einzigartigen Stil entwickelt. Geprägt von der erlebten Kultur und Landesphilosophien haben die Unternehmen für sich einen „guten Managerweg"[45] gefunden.

---

[44] Vgl. Lin Lan (2011). Die zitierten Gespräche in diesem Kapitel führte die Studentin Lin Lan im Rahmen der Erstellung ihrer Thesis 2011. Teilweise geben wir die Erfahrungen des Zeitzeugen Herr Lan (Vater und Unternehmer) wieder, der teilweise auch als Manager in den beschriebenen Unternehmen tätig war.
[45] Vgl. Lin (Lan (2011) S 6f.

Dabei spielten westliche Management-Techniken und -Prinzipien eine nicht zu unterschätzende Rolle. Tatsächlich haben sich viele asiatische Manager von westlichen Arbeitstechniken inspirieren lassen. Mit zunehmender Beteiligung von Joint Ventures[46] und ausländischen Unternehmen am chinesischen Markt kam es so auch immer häufiger zu Wissens- und Technologietransfers.

Heute versuchen moderne chinesische Unternehmer überwiegend, das traditionelle chinesische Management und das moderne westliche Management zu vereinen. Professor Li Yueqing (Direktor der Executive Education Department, China-Europe International Business School) erinnert sich daran, dass in der Mitte der 80er Jahre Manager aus chinesischen staatlichen Unternehmen zu den Vorlesungen gegangen seien. Diese hätten nur die Auszeichnung *Diplom* bekommen wollen, ohne großen Wissensdurst den neuen Techniken gegenüber. Nur der Staat habe ein großes Interesse daran gehabt, dass *seine* Manager die „westlichen Manager-Techniken" erlernen. Heute wolle sich fast jeder Unternehmer weiterbilden und entwickeln und zu den traditionellen asiatischen auch die westlichen Techniken lernen, so Professor Li Yueqing.

Dies ist im Prinzip gelebtes Qi-Management: *Nicht Alles unkritisch mit scheinbar „innovativ-Besserem" zu ersetzen, sondern sich die Rosinen herauspicken und den eigenen Kuchen aufpeppen.*

So hat es beispielsweise ein erfolgreiches chinesisches Start-up, das "Jingdong Kaufhaus" [47] gemacht. Der CEO, Qiangdong Liu war Student bei der China-Europe International Business School. Als Grund für die Aufnahme seines Studiums nennt er die rasante Entwicklung des Unternehmens im Jahr 2008. „Der Umsatz war von 100 Millionen[48] auf eine Milliarde gestiegen. Es gab plötzlich in allen Abteilungen Probleme", sagte Qiangdong Liu. Das Unternehmen konnte mit der wachsenden Kundennachfrage nicht mehr standhalten. Liu entschied sich, systematisch zusätzlich zu seiner traditionellen Ausbildung, das westlich geprägte

---

[46] spezifische Kooperationsform; die Partnerunternehmen sind jeweils mit Kapital am Joint Venture beteiligt, tragen gemeinsam das finanzielle Risiko der Investition und nehmen Führungsfunktionen im gemeinsamen Unternehmen wahr.
Gabler Wirtschaftslexikon (URL 4) Stichwort: Joint Venture
[47] Jingdong Kaufhaus" (der größere Online-IT-Store in China)
[48] CNY, Renminbi

Management-Wissen zu erlernen, weil er sich in dem westlichen Methodenwissen den Schlüssel für die Beherrschung der wachsenden Komplexität versprach.

Neue Prozesse wurden in die bestehende Unternehmensphilosophie eingepasst, das Personalmanagement systematisch entwickelt und die Ausbildungsprogramme für Mitarbeiter intensiviert. „Danach hat das Unternehmen mit der Entwicklung von einer Milliarde auf mehr als vier Milliarden kaum noch Probleme gehabt.", so Liu. Das Erfolgsrezept war offensichtlich der geschickte Mix aus asiatischen und westlichen Werkzeugen.

In der chinesischen Sprache entspricht der Begriff *Management* dem „Guan Li". Es handelt sich dabei um ein Sinnbild, das ein grundsätzliches Denkmuster asiatischer Manager darstellt: „Guan" bezeichnet auch eine zylindrische Hülle, wie ein Stahl- oder Wasserrohr, die das Wasser innerhalb des Rohrs beschränkt und kontrolliert. „Li" ist die Beschreibung für eine Maserung (z. B. des Rohres) und jede Maserung hat ihre individuelle Eigenschaft. Diese Maserung – oder allgemein die individuellen Randbedingungen – beeinflussen die kreative Entfaltung der Energie, des Qi.

Als Aufgabe des Managements wird daher in China gelehrt, das „Guan" zu erhalten und die Fähigkeiten im „Li" zu entwickeln. Die Mitarbeiter durch „Guan" zu beschränken und gleichzeitig im „Li" zu befreien wird dabei als die eigentliche Herausforderung eines Managers bezeichnet. Der Schlüssel zum Erfolg ist das Gleichgewicht zwischen „Guan" und „Li" zu erreichen, wie es das Yin und Yang Prinzip vorsieht. Wie diese Idee erfolgreich in die Praxis umgesetzt wurde, wird im Folgenden anhand von zwei Beispielen erläutert.

Fallbeispiel Großunternehmen: Haier Group
Haier ist ein multinationales Unternehmen mit über 60.000 Mitarbeitern und eine der führenden Marken von „weißer Ware"[49] weltweit. Im März 2008 wurde Haier zum zweiten Mal als eine der „Chinas Top 10 Global Brands" von der „Financial Times" gewählt. Wie lässt sich dieser Erfolg erklären?

---

[49] Mit „weißer Ware" werden Produkte wie Kühlschränke, Waschmaschinen u.ä. bezeichnet.

In seiner Festrede zum 20. Jahrestag des Unternehmens im Dezember 2004 ging Ruimin Zhang, der charismatische CEO von Haier, auf genau diese Frage ein: „Der Grund für Haiers Erfolg liegt darin, dass Haier die Regelungen des Dao erfasst. Dies ist die Handlungsmaxime des Unternehmens."[50]
Nur: Was genau hat man sich darunter vorzustellen?

Der wichtigste Erfolgsfaktor der Dao-Maxime sind die ausgewogenen Verhältnisse zwischen Nicht-Handeln, „Wu Wei"[51] und Handeln. Nach Zhang ist das Wu Wei zwar unsichtbar, aber die Voraussetzung für den Erfolg.[52]
Betrachtet man das Unternehmen wie einen Menschen, dann sei Wu Wei wie eine menschliche Seele. Nur auf der Grundlage des Kraft freisetzenden Wu Wei könne man sichtbare Ergebnisse erreichen. Das ist nach Zhang die moderne Interpretation dessen, was Laotse im Dao De Jing gesagt hat:

> **„Übe dich im Nichtstun**
> **und alles fügt sich zum Guten."[4]**

Die Betriebserfolge der Haier Group in den 20 Jahren von 1984-2004 sprechen für die Dao-Maxime nach dem Prinzip des ‚Wu Wei'[53]. Im Durchschnitt wurde jeden Monat eine neue Fabrik eröffnet und jeden Tag wurden zwei neue Produkte oder Produktvarianten entwickelt.[54] Haier hat sich zum Innovationsführer entwickelt, offensichtlich geführt durch einen Manager, der die Unternehmensphilosophie verinnerlichte und äußerst glaubhaft vorlebte.

Zhang[55] drückte es so aus, dass er „immer zwei Auffassungen im Herz habe". Die erste: „Die unsichtbare Sache (Unternehmenskultur) ist immer wichtiger als die sichtbare Sache (Gewinn)". Für ihn berücksichtigen Manager zu oft zu viele „sichtbare Sachen", (z. B. Wie hoch ist unsere Produktivität? Wie hoch ist der kurzfristi-

---

[50] Vgl. Haier (URL 5)
[51] Vgl. auch die Erläuterungen zu *wu wei* in Kapitel II-4
[52] Vgl. Haier (URL 6)
[53] Wobei mit „Nichtstun" nicht gemeint ist, einfach im wörtlichen Sinn nichts zu tun, aber den oft übertriebenen äußeren Aktionismus ruhen zu lassen um aus tieferen Ebenen Erkenntnisse zu gewinnen.
[54] Vgl. Haier (URL 7)
[55] Vgl. Haier (URL 8)

ge Gewinn?) und zu wenig die essentiellen immateriellen Werte (z.B. der kulturelle Werte im Sinne des „Wir-Gefühls" oder die Arbeitsatmosphäre) nach traditioneller asiatischer Philosophie.

Die Thesen von Laotse findet man wiederum in der zweiten Auffassung von Zhang wieder: „Wenn der Unternehmer seine Schwächen kennt und akzeptiert, kann er seine Ziele an einem Tag erreichen, indem er seine Schwächen zu seiner Stärke macht." Gefragt, welches Wissen ein Unternehmer zunächst verstehen solle, antwortete Zhang: „Ich glaube, zuerst die Philosophie! Alle erfolgreichen Unternehmer sind gute Philosophen."[56]

Wie konsequent – um nicht zu sagen drastisch – Zhang nach diesen Auffassungen handelt, zeigt das legendäre „Vorschlaghammerbeispiel". Im Jahr 1985 klagte ein Kunde, dass sein Haier-Kühlschrank Qualitätsprobleme aufweise. Der Lagerbestand wurde systematisch überprüft und insgesamt 76 fehlerhafte Kühlschränke wurden gefunden. Während einer Krisenkonferenz wurde u. a. vorgeschlagen, diese Kühlschränke als Zeichen der „unternehmerische Fürsorge" an die Mitarbeiter zu verschenken. Zhang wollte aber ein Zeichen setzten, dass schlechte Qualität ein Ausdruck des mangelnden Respekts gegenüber dem Kunden und eine Beleidigung der „eigenen Firmenfamilie", des ‚Wu Wei', darstellt. Alle 76 fehlerhaften Kühlschränke wurden im Rahmen einer Mitarbeiterversammlung in aller Öffentlichkeit von den Mitarbeitern zerstört, die diese Kühlschränke produziert hatten. Seitdem wird in der Hausgeräteindustrie Chinas diese Geschichte der „76 Kühlschränke" erzählt. Der berühmte Vorschlaghammer liegt heute im Haier-Industrie-Museum als Symbol für konsequente Unternehmensführung und Mahnung für höchstes Qualitätsbewusstsein.[57]

---

[56] Vgl. Haier (URL 9)
[57] Vgl. Haier (URL 10)

Abb. 6: 76 Kühlschränke[58]

Dieser Fall zeigt auch deutlich eine besondere Eigenschaft des chinesischen Managements. Der Unternehmensleiter hat oft eine absolute Macht über die Unternehmensentscheidungen, vergleichbar einem Kriegsherren oder einem Großmeister. Obwohl die meisten Mitarbeiter dieser Entscheidung nicht zugestimmt hatten, konnte Zhang seine Entscheidung durchsetzen.

Wie steht das Beispiel der Kühlschränke nun im Zusammenhang mit Qi-Management? Aus einer als wichtig erachten Unternehmensphilosophie müssen klare Handlungen folgen, sonst können langfristige Ziele nicht erreicht werden. Der Dao, der Weg muss aber an die Rahmenbedingungen angepasst werden. In Europa sollten Sie nicht versuchen, dieses Beispiel 1:1 umzusetzen, das würde Ihnen sicher massiven Ärger einbringen – wenn nicht vonseiten Ihres Unternehmens, dann auf jeden Fall von Seiten des Ordnungsamts. Eine ähnlich wirksame, symbolhafte PR-Aktion in vergleichbaren Problemsituationen könnte aber sehr sinnvoll sein, wenn die Unternehmensleitung die Unternehmensphilosophie ernst nimmt!

[58] Vgl. Haier (URL 11)

Fallbeispiel Mittelständisches Unternehmen:
Qingdao Tianfeng Papermaking Co., Ltd

Qingdao Tianfeng Papermaking Co., Ltd. wurde im Jahre 1935 gegründet und entwickelte sich bis heute zu einem bedeutenden Unternehmen der chinesischen Papierindustrie (Vulkanfiber). Maßgeblich beteiligt an dieser Entwicklung war der langjährige Unternehmensleiter Xiuming Hou.[59] Unter seiner Leitung mauserte sich Qingdao Tianfeng Papermaking Co. von einem noch 1991 von der Pleite bedrohten Konzern zum Branchenprimus mit Anteilen von 90 % am nationalen Markt im Jahr 2010. Wie hat er das angestellt?

Wie auch Zang konzentrierte sich Hou immer auf den „Energiekreislauf" des Unternehmens, auf transparente, ausgeglichene Prozesse und die Harmonie zwischen den Mitarbeitern innerhalb des Unternehmens. Wenn er „negative Energie" von Seiten der Mitarbeiter empfand, dann versuchte er sofort etwas zu unternehmen und der Ursache auf den Grund zu gehen.

Auch Hou durchlief einen Lernprozess. „Als er gerade Manager wurde, waren seine Anordnungen nicht kraftvoll. Die Mitarbeiter nahmen seine Anordnungen mit dem Ohr, aber nicht mit dem Herz entgegen. Die Relevanz der Harmonie von Yin und Yang demonstrierte er daher seinen Mitarbeitern durch „Erleben".[60] Er sortierte die Mitarbeiter für seine „Yin-Yang Experiment" in zwei Gruppen. Die Mitarbeiter, die ein hohes Verantwortungsbewusstsein und Ehrgefühl hatten, ließ er im Büro ohne Arbeitsanweisung sitzen. Diese Mitarbeiter brauchten nicht zu arbeiten, durften es aber auch nicht. Es war körperlich sehr bequem, aber jeder war bald unzufrieden. Diejenigen Mitarbeiter, die nach seiner Einschätzung fähig aber faul waren, entsandte er auf die Baustelle, um körperliche Schwerstarbeit ohne besondere geistige Aufgaben zu leisten. Nach kurzer Zeit mit seinem „Yin Yang Experiment", war er voll akzeptiert und jeder Mitarbeiter wollte seiner regulären Tätigkeit mit wechselnden Aufgabeninhalten nachgehen. Sie hatten die Auswirkungen des Ungleichgewichtes von Körper und Geist „erlebt". Jetzt wurden seine Anweisun-

---

[59] Die interessanten Hinweise basieren auf den persönlichen Erinnerungen des Managers Lan mit mehr als vierzig Jahren Firmenzugehörigkeit und fast zwanzig Jahren Zusammenarbeit mit dem CEO Hou; Interview Herr Lan, 2.10.2010
[60] Interview Herr Lan 02.10.2010

gen auch mit dem Herzen aufgenommen. Hou ging bei seinem Experiment gewissermaßen nach der Maxime „Wer nicht hören will, muss fühlen" vor. Wir wollen Sie an dieser Stelle nicht zur Nachahmung animieren, sondern vielmehr auf den übertragenen Sinn dieses Sprichworts hinweisen. Hou war deshalb so erfolgreich, weil er seine Mitarbeiter dazu brachte, bewusst zu „spüren" und zu erleben wie und was sie arbeiteten. Auf diesem Weg sammelten sie umso nachhaltigere Erfahrungen.

Durch die neue chinesische Wirtschaftsreform wurden staatliche Unternehmen in Privatunternehmen umgewandelt und Manager wie Hou bekamen noch größere Macht. Auch er „regierte" wie ein strenger aber gerechter Kriegsherr oder Großmeister. Nachvollziehbare Vorgaben und konsequentes Vorleben der Unternehmensphilosophie durch die Führungskräfte waren die Basis des Erfolgs. Dabei wurde oft ganz pragmatisch vorgegangen.

Hou ging beispielsweise unregelmäßig am Vormittag in die Kantine, um die Essensqualität nach Frische und Sauberkeit zu überprüfen. Er versuchte, so oder ähnlich immer eine harmonische und angenehme Arbeitsatmosphäre zu schaffen. Yin und Yang im Sinn von Forderung und Fürsorge hat das Unternehmen so auch im Büroalltag praktisch umgesetzt. Hou glaubte, dass eine Harmonie von Ruhe und Bewegung den Mensch gesund macht. Seine Büromitarbeiter ließ er daher jeden Tag zwei Stunden auf der Baustelle oder in der Produktion körperlich arbeiten. Wie selbstverständlich ging Hou immer mit auf die Baustelle und übte die gleichen Tätigkeiten wie seine Mitarbeiter aus.[61]

Fasst man diese Fälle zusammen, so wird vor allem eine Botschaft deutlich: Wenn man eine Unternehmensphilosophie entwickelt hat, oder einer asiatischen Philosophie, wie beispielsweise der des Laotse oder der des Konfuzius folgen will, sollte man diese auch ernsthaft und konsequent umsetzten. Bekenntnisse alleine sind eher schädlich. Machen Sie also keine halben Sachen. Wir haben bereits mehrfach auf die Metapher der „Schatzkiste" zurückgegriffen. Tatsächlich ist die chinesische Philosophie ein wertvoller, über tausende Jahre gewachsener Fundus, in

---

[61] Interview Herr Lan 02.10.2010

der man vielfältige Anregungen finden kann. Anhand der vorangestellten Praxisbeispiele haben wir Einblicke in einige Teile neuerer Adaption gegeben. Lassen Sie sich von der chinesischen Philosophie inspirieren. Wählen Sie erlebbare Maßnahmen, über die das Team oder das Unternehmen „noch lange spricht". Beachten Sie aber dabei, was in unserem Kulturkreis menschlich wünschenswert und rechtlich zulässig ist!

4. Kampfkunst und Management

4.1 Ursprünge und Anwendungsansätze

Seit Jahrhunderten, teilweise schon seit Jahrtausenden, gibt es eine Vielfalt von Lehren über den Weg zum Erfolg. Systeme und Strategien für erfolgreiches Handeln findet man sowohl in der westlichen als auch in der asiatischen Welt. Sehr oft wurde und wird versucht, Erfolgskonzepte aus den Kriegsstrategien oder den Kampfkünsten auf das alltägliche Leben zu übertragen. Die meisten ursprünglichen Quellen sind allerdings in einer antiquierten Sprache geschrieben und haben stark verklausulierte Lektionen. Ohne das Hintergrundwissen über die jeweiligen Epochen sind die Praxisbeispiele schwer zu verstehen. Eine Vielzahl von Autoren hat sich damit auseinandersetzt, klassische Werke auf das moderne Management zu übertragen. Dabei sollte stets klar sein, dass keines der Systeme ein Allheilmittel für alle heutigen, praktischen Fragestellungen ist. Aus dem gegebenen Erfahrungsschatz lassen sich aber immer wieder vielfältige Anregungen ableiten. Darüber hinaus findet man oft die Bestätigung von Wissen oder eigenen Intuitionen.[62] Wir haben einige bewährte Kernaussagen herausgearbeitet, die sich für uns bewährt haben und in das Modell des Qi-Management übernommen. Ihnen sollen diese Informationen als Anregung für weitergehende, eigene Überlegungen nutzen.

Obwohl es zwischen den Ansätzen zum Teil deutliche Unterschiede gibt und die Schwerpunkte anders gesetzt werden, liegen Gemeinsamkeiten vor. Die Unterschiede haben zum Teil sicherlich etwas mit den verschiedenen Lebensumständen der Autoren zu tun. Es gilt zu bedenken, dass zwischen den Entstehungszeiten einiger Werke eine Zeitspanne von ca. 2.500 Jahren liegt. Im Folgenden grenzen wir die Betrachtung auf die Kampfkunstsysteme ein.

Allen Kampfkunststilarten gemein ist, dass sie eine übergeordnete Philosophie, daraus abgeleitete Grundregeln und ein dazu passendes Umsetzungssystem haben. Es gibt durchaus Einzeltechniken, Kihon, die man immer wieder findet, weil sie offensichtlich einen allgemeinen Wert haben, wie zum Beispiel die Atemtechni-

---

[62] Dies vertiefen wir in Teil II Persönliches Qi Management

J.K.A. Gottschalck, A. Heinz-Trossen, *Qi-Management – Die Kata der Manager*, DOI 10.1007/978-3-642-41304-9_4, © Springer-Verlag Berlin Heidelberg 2014

ken. Ob der Schwerpunkt der Kampfkunstausbildung ausschließlich auf Verteidigungstechniken gelegt wird (so etwa im Aikido), oder aber auch auf Angriffstechniken (wie beim Schwertkampf), hängt eben von dem grundsätzlichen ursprünglichen Ziel ab.

Eine gründliche und umfassende Vorbereitung auf den Kampf ist bei allen Beispielen von zentraler Bedeutung. Zunächst geht es darum, möglichst umfassende und objektive Informationen über den Gegner, Trainingspartner oder die Rahmenbedingungen zu sammeln. Die Erfassung und Verarbeitung von Wissen soll dabei nicht durch die Gefühle des Kämpfers bestimmt werden. Dies gelingt nur, wenn durch permanentes mentales Training die entsprechenden Fähigkeiten dazu entwickelt werden. Wer erst im Kampf damit beginnt, Atemübungen einzusetzen, hat keine Chance auf positive Wirkung. Dies gilt übrigens für Entscheidungssituation jeglicher Art. Wenn Sie beispielsweise Ihren Platz am Konferenztisch längst eingenommen haben und die Verhandlungen bereits im vollen Gange sind, wäre dies ein denkbar schlechter Zeitpunkt, um mit Atemübungen zu beginnen. Den Status innerer Ausgeglichenheit und Ruhe sollten Sie erreicht haben, bevor Sie sich auf mögliche Konfliktgespräche einlassen.

> *Das Geheimnis erfolgreichen Managements gründet unserer Ansicht nach vor allem auf Gelassenheit – und die lässt sich schulen.*

Nahtlos schließt sich der Umgang mit Angst an. „Es sind die eigenen Ängste, die einen daran hindern, erfolgreich zu sein und die bezwungen werden müssen", ist die durchgängige Botschaft früherer Quellen. Wir empfehlen, auf keinen Fall gegen die Angst und damit gegen sich selbst, gegen die eigenen Instinkte zu kämpfen.

> *Stellen sie über die unbedingte Akzeptanz der persönlichen Empfindungen das innere Gleichgewicht wieder her.*

So ist es möglich, innere Ruhe und Gelassenheit zu erreichen. Hat man sich auf ein positives Resultat „programmiert", akzeptiert gleichzeitig aber auch, dass es möglicherweise einen negativen Ausgang geben könnte, so kann man innere Ängste nicht nur überwinden, sondern auch an ihnen wachsen.

> *Entscheidungen sind per Definition risikobehaftet. Das ist so! Ob man sich aber in Entscheidungssituationen wie paralysiert verhält, oder angemessen reagiert, ist nirgendwo festgeschrieben. Das eigene Handeln ist beeinflussbar!*

Eine weitere Eigenschaft, die zu den grundlegenden Bausteinen in allen Kampfkünsten gehört, ist Flexibilität. Sie ist gewissermaßen die Kür und ergibt sich erst aus der richtigen Kombination von Gelassenheit und wohlkalkulierter Risikobereitschaft. Flexibilität im Kampf setzt übereinstimmend in allen Systemen zweierlei Dinge voraus: Die geistige Bereitschaft, die eigene Vorgehensweise an die Situation anzupassen und die Fähigkeit, dies auch zu tun. Diese Fertigkeit entsteht, indem die entscheidenden Einzeltechniken frühzeitig und mit hoher Qualität der Ausbildung erlernt werden und dann über permanentes Training quasi automatisiert werden. Je weniger geistige Energie im Kampf für Gedanken über die Anwendung von Technik verbraucht wird, desto besser kann sich der Kämpfer auf den Gegner oder Trainingspartner einlassen. Diese Erkenntnis lässt sich leicht auf das Berufsleben übertragen. Wenn etwa ein Manager bei einer Präsentation nicht mehr darüber nachdenken muss, dass er auch einmal die Position wechseln, alle Zuhörer ansehen und gelegentlich eine Gedankenpause machen sollte, sondern dies „einfach tut", wird er seine Konzepte ohne etwaige Ladehemmungen vortragen können.

4.2   Bausteine eines Kampfkunstsystems

Ein im Westen weitverbreitetes Missverständnis liegt der Annahme zugrunde, asiatische Kampfkunst sei in erster Linie Sport. Zu diesem irreführenden Eindruck trägt die häufige Rede vom „Kampfsport" genauso bei, wie die Tatsache, dass manche Disziplinen, wie zum Beispiel Judo oder Taekwondo, bei den Olympischen Spielen vertreten sind und als Leistungssport wahrgenommen werden. Der Sinn der Kampfkünste liegt aber nicht primär in der Verwirklichung bestimmter Ziel- und Nutzenvorstellungen, sondern darin, alltägliche Lebenssituationen zu meistern, die aus der Einbindung des Individuums in Natur und Gesellschaft resultieren. Mit anderen Worten, nicht die Ziele stehen im Vordergrund der Übung, sondern die Übung selbst, der Weg, das „Do". Diese philosophische Grundhaltung wird im Folgenden am Beispiel das „Go Ju Karate-Do" illustriert:

Karate dō –
Der Weg der leeren Hand

„Kara" ist die Geisteshaltung mit der Karate betrieben werden soll.

- Nicht Sieg oder Niederlage sind das Ziel, sondern die Entwicklung und Entfaltung der eigenen Persönlichkeit durch Selbstbeherrschung, Konzentration und innere Ruhe.

- Das beständige Streben nach Verbesserung, das seinen Sinn in sich selbst trägt und nicht auf ein Ziel ausgerichtet ist, beschreibt einen individueller Weg („dô"), der von den Übenden eingeschlagen wird.

- Sich von negativen, störenden Gedanken und Gefühlen, zu befreien, zu „leeren" („Kara"), um in allen Situationen angemessen und verantwortungsvoll handeln zu können, ist ein Kernaspekt des Karate

„Der Weg ist das Ziel"

Abb.7: Beispiel einer Kampfkunstphilosophie

An dieser Stelle sollte Folgendes klar geworden sein: Tritt- und Schlagtechniken allein reichen nicht aus, damit ein Kampf gewonnen werden kann. Sie stellen lediglich Hilfsmittel dar. Im Grunde sind sie nicht mehr und nicht weniger als das Werkzeug des Kampfkünstlers. Dies gilt es nun, richtig einzusetzen. Tatsächlich entscheidet die grundlegende mentale Einstellung, mit der die Techniken zur gleichermaßen lebendigen, kunstvollen und effizienten Anwendung gebracht werden, über Erfolg oder Niederlage im Kampf. Nicht von ungefähr spricht man beispielsweise bei Boxkämpfen oft von einem Psychokrieg zwischen den Kontrahenten. Wer hier die Nerven verliert, kann im Grunde gleich den Ring verlassen.

Lassen Sie uns nun zum besseren Verständnis noch ein paar allgemeine Erkenntnisse festhalten. Generell wird die Vielzahl der Kampfkunstsysteme oft vereinfacht in die „Inneren Kampfkünste" und die „Äußeren Kampfkünste" unterteilt (Abb.8). Bei den sogenannten „Inneren Kampfkünsten" erfolgt zu Beginn der Ausbildung eine stärkere Fokussierung auf das Training der eigenen „inneren" Fähigkeiten, also auf den Verstand/ Gefühl/ Psyche. Die Bewegungen werden zunächst langsam, fließend und weich ausgeführt. Ist dies hinreichend gelungen, werden die Erkenntnisse dieses Trainings auf die „äußeren" Fähigkeiten übertragen, also die körperliche Leistungsfähigkeit. Bei den äußeren Kampfkünsten wird tendenziell umgekehrt vorgegangen, aber auch hier ist das Ziel der Ausbildung bzw. der persönlichen Entwicklung letztlich immer, eine Einheit von Körper und Geist zu erreichen.

Kampfkunst

Innere Kampfkünste ⟷ **Äußere Kampfkünste**

Innere Kampfkünste	Äußere Kampfkünste
• Taijíquan	• Shaolin Kung Fu
• Liuhe Bafa	• Taekwando
• Tongbeiquan	• Wing Chun
• Qi Gong	• Karate
• Aikido	• Judo

Abb.8: Ein kleiner Auszug der Vielfalt der asiatischen Kampfkunstarten

Allen in Kap 4.1. angesprochenen Modellen und auch den Kampfkunstsystemen ist gemein, das sie aus einer übergeordneten Philosophie abgeleitete Grundregeln und ein dazu passendes Umsetzungssystem haben. Letzteres lässt sich weiter unterteilen in Arbeitsbereiche, Verhaltensregeln, Rangfolgen und Aufstiegsbedingungen.[63] Für das Qi-Management besonders relevant ist darüber hinaus die Art und Weise, wie Wissen in Kampfkunstsystem erworben, vermittelt und angewandt

---

[63] Wir werden diese organisatorischen Bausteine in Kapitel 6 anhand der „Best Practice – Der Weg der Erfolgreichen" vertieft behandeln.

wird. Wir empfehlen, sich folgende Begriffe genau einzuprägen, denn ohne diese Bausteine lässt sich das Qi-Management nicht erfolgreich umsetzen:

- **Kihon** – Grundtechniken,
- **Kata** – zielorientierte Kombination von Grundtechniken
- **Bunkai** – Anwendungserfahrungen

Effizient sind Kampfkunstsysteme, weil sie aus den unterschiedlichen Kihon die gelehrt werden, unterschiedliche Kata entwickelt haben. Je nach fiktiver Kampfsituation, die simuliert werden soll, sind die hierfür passenden Kihon in zielorientierter Reihenfolge und Intensität zu einer Kata zusammengestellt worden. So sind aus weitgehend standardisierten Grundtechniken unterschiedliche Kata[64] mit differenziertem Einsatzpotential entstanden. Da die Grundtechniken immer wieder eingesetzt werden können, lohnt es sich, diese intensiv zu üben. Die Anwendung ist schließlich garantiert. Darüber hinaus wird das Erlernte dann automatisch schrittweise verfeinert. Der Übende wird zum Fortgeschrittenen, der instinktiv reagieren kann, ohne in jeder Situation zuerst um eine Bedenkzeit bitten zu müssen. Kommt Ihnen das bekannt vor? Erinnern Sie sich an das Beispiel mit dem Manager und seiner Präsentationstechnik im vorangegangenen Kapitel!

Wenn Sie sich nun also fragen, ob die Bausteine Kihon, Kata und Bunkai im Management Anwendung finden können, lautet die Antwort eindeutig: Ja! Genau das zeigt die Praxis. Erfolgreich ist man, wenn man sich als Unternehmen, Team oder Manager mit Kihon versorgt und diese dann situativ und geschickt kombiniert. Und an dieser Stelle greift ein wichtiges Grundprinzip eines jeden Kampfkunstsystems: Der Respekt vor dem Wissen der Erfahrenen. Die Sensei[65], Schwarzgurte oder Meister haben sich über viele Jahre in den Techniken der Meditation und Konzentration fortgebildet. Auf dieser Basis haben sie in der Regel die erforderliche Geduld und verstehen es als ihre Aufgabe, die Bunkai, die Anwendungserfahrungen hinter den Kata, immer wieder an wissbegierige Schüler weiterzugeben. Die Schüler würdigen dies wiederum mit Respekt und Wertschätzung.

---

[64] Auch die Mehrzahl von Kata sind Kata!
[65] Sensei; Meister im Karate, Schwarzgurt. Ein analoger Titel ist beispielsweise Sifu, der Meister im Kung Fu oder Tai Chi.

Erfolgreiche Unternehmen wie Toyota in Japan oder unser Beispiel Haier in China haben es nach unserer Beobachtung geschafft, genau diese Kultur aufzubauen. Der Fluss der Energie Qi, die sich in der Nutzung und Speicherung von Erfahrung ausdrücken lässt, wird wie selbstverständlich gemanagt.

4.3. Kampf als Organisationsmetapher

Betrachtet man die Metapher des „Kampfes", dann ist auffällig, wie häufig dieses Bild in den westlich geprägten Sozialwissenschaften zur Beschreibung von sozialen Organisationen herangezogen wird. Der Organisationspsychologe Weick hat einige dieser Beispiele zusammengetragen:

> *„Organisationen haben Stab und Linie und Kommandoketten. Sie entwickeln Strategien und Taktiken. Organisationen geben ihren Leuten Marschbefehle, lassen anmustern, greifen Konkurrenten an, [...], führen Grundübungen durch, konferieren mit dem Leitungsstab im Hauptquartier, starten Kampagnen, beurteilen das Fußvolk, schicken gut gedrillte Vertreter ins Feld, bedauern eine Garnisonsmentalität, blasen zum Rückzug, ziehen Informationen ein, schlagen Schlachten, feuern Verräter, reden von Meuterei, benutzen Ablenkungsmanöver, reiten Attacken, disziplinieren ihre Truppen und beklagen das der Verhaltenskodex nicht funktioniert".* [66]

Die Wahl einer solchen Sprache deutet nicht nur an, was viele Manager über sich selbst denken und wie sie handeln. Weitaus schlimmer dürfte sich jedoch der Umstand auswirken, dass die Kampfmetapher eine „sich-selbst-erfüllende" Prophezeiung ist. Wenn man auf eine andere Person mit der Annahme trifft, das Gegenüber suche Streit, dann wird man vermutlich selbst eine feindselige Haltung einnehmen. Genau dies wird die andere Person aber wahrnehmen und daraufhin ihrerseits mit Drohgebärden reagieren. Und damit schließt sich der Kreis, weil sich die ursprüngliche Annahme bestätigt hat: Die andere Person wollte Streit! Fatal ist, dass man sich selbst üblicherweise nicht als die Person erkennt, die den Streit eigentlich erst hervorgerufen hat.

Dieser Zirkel aus Ursache und Wirkung lässt sich auch auf das Management übertragen. Wenn man annimmt, Management sei das gleiche wie Krieg führen, dann

---

[66] Vgl. Weick (1985), S.75ff.

wird diese Annahme eben die aggressiven Managementkriege verursachen, die man vorausgesagt hat. Eine funktionsfähige Supply Chain bleibt dann natürlich eine Illusion. Der Kampf wird so lange weitergehen, bis vielleicht irgendjemand die in den ureigenen Vorstellungen liegenden Ursachen wahrnimmt.

Genau hier aber knüpft eine zentrale Empfehlung der klassischen Kampfkünste an. Die eigenen Vorstellungen als Illusionen zu entlarven und sich stattdessen für die Wirklichkeit aufzuschließen, so, wie sie ist. Wem dies gelingt, der wird erkennen, dass dauerhaft erfolgreiches Management nicht als Kampf oder Krieg aufgefasst werden kann. Respektvoll, mit einem Vertrauensvorschuss bei gleichzeitig angemessener Vorsicht, so sollte man auf Geschäftspartner oder neue Teammitglieder zugehen. Es mag sein, dass es in der Wirklichkeit des Wirtschaftslebens noch viele „aggressive Andere" gibt. Hier gilt es, die Regel der „Wachsamkeit" zu beherzigen. Dies gelingt umso mehr, je weniger man an eigene aggressive Impulse gebunden ist.

Viele innere Kampfkünste geben hier die richtigen Hinweise. Beim Tai Chi, Judo und in vielen Kung Fu Stilarten, wird aus der eigenen Ruhe die Aggressivität, die Energie des angreifenden Gegners bewusst genutzt, um ohne Anstrengung den Gegner zu bremsen. Die Beherrschung dieser Verteidigungstechniken, sorgt trotz der Bedrohung für innere Ruhe, Selbstvertrauen und Gelassenheit.

Dem Manager, der diese mentalen Fähigkeiten trainiert hat, bleibt so genügend Zeit, um sich bewusst zu machen, dass die „aggressiven Anderen" vielleicht nur durch irreführende Annahmen, beispielsweise aufgrund von Tratsch, geleitet sind. Eine Aufklärung der tatsächlichen Zusammenhänge und Hintergrundinformationen herbeizuführen und nicht zu attackieren, das wäre eine angemessene Reaktion, die für alle Beteiligten neue Energien freisetzt.

Vielleicht steht sich so mancher Manager selbst im Weg, wenn er in Verhandlungs- und Konfliktsituationen einen persönlichen Streit vorausahnt. Wenn man sich von dem Denkzwang befreit, in Organisationen ausschließlich Arenen des Kampfes zu sehen, kann man neue Möglichkeiten im Umgang mit Konfliktkonstellationen entdecken und flexiblere Handhabungsformen für Auseinandersetzungen entwickeln. Als Alternative zum „Kampf" böte sich an, die Organisation als Stätte der Übung (Do-jo) zu betrachten, in denen Manager stets aufs Neue bemüht sind, unbeschadet für sich selbst und andere ihren Weg zu gehen. Dieser Weg würde sich nicht reflexartig an kurzfristigen Zielgrößen wie der Kapitalrentabilität oder des finanziellen Gewinns orientieren, sondern an der Frage, auf welche Weise gemeinsam Problemlösungen erarbeitet werden können, die für die Menschen innerhalb und außerhalb der organisatorischen Grenzen zu wachsender Lebensqualität führen. Ein nachhaltiger unternehmerischer und persönlicher Erfolg wäre ein quasi garantierter Zusatznutzen.

Selbst aus Sicht eines Samurais, der traditionellen japanischen Kriegerkaste, besteht der Sinn eines Kampfes nicht in der Vernichtung des Gegners, sondern in der Vervollkommnung der eigenen Person.[67] Sich selbst permanent zu verbessern, statt anderen Vorwürfe zu machen, ist das Ziel und der Weg.[68]
Das ist Energieeffizienz!

Willkommen zurück! Richtig, dies ist nun die Stelle, an der all jene Experten wieder zu uns stoßen, die aufgrund ihrer Erfahrung und Vorkenntnisse bis dato nur quergelesen haben und in Kapitel 1 die Umleitung nehmen konnten. Rücken wir also ein wenig zusammen. Wer uns bis hierher geduldig, neugierig durch alle Kapitel gefolgt ist, kann sich auf ein Zwischenfazit freuen: Im folgenden Kapitel fügen wir die vielen vorab behandelten Bausteine zum Qi-Management zusammen und illustrieren Ihnen in einer modellhaften Überblicksdarstellung den Gesamtzusammenhang noch einmal punktuell und präzise.

---

[67] Vgl. Kubat (2007), Führen wie ein Samurai, S.25
[68] Vgl. Kubat (2007), Führen wie ein Samurai, S.45

5. Das Meta Modell des Qi-Management – Aufbau und Anwendung

5.1 Prinzipien und Grundregeln

Qi-Management ist ein mehrdimensionales *Meta Modell*. Darunter versteht man im Wesentlichen eine Anleitung zur Modellentwicklung. Anders ausgedrückt erhält man eine mehrschichtige Schablone, mit der man das eigene „Bild" individuell gestalten kann. Welche Form diese Schablone annimmt, hängt ganz davon ab, welche Werkzeugschere nach welchen Vorstellungen angesetzt wird. Im Qi-Management entspricht die Schere nun dem bereits vorgestellten Werkzeug Analogieschluss. Mit unserem Konzept lassen sich also Methodik und Erfahrung so verknüpfen, dass sich am Ende kreative und clevere Lösungen finden lassen, die Ihren jeweiligen unternehmerischen und/ oder persönlichen Umständen entsprechen.

Wie wir bereits betont haben, ist es ein Grundsatz des Qi-Management, bewährte Bausteine über den Analogieschluss zu nutzen und den Weg zum angestrebten Ziel in den Fokus zu stellen. Der Satz, *der Weg ist das Ziel,* zieht sich hier wie ein roter Faden durch alle Überlegungen. Das bedeutet aber eben auch, dass jeder seinen eigenen Weg gehen sollte! Qi-Management liefert die nötigen Ansätze, nicht aber die perfekten Antworten auf alle Fragen. Da sind Sie gefordert. Dazu gehört auch, scheinbar Altbewährtes gründlich zu prüfen.

Es widerspricht auch unserer langjährigen Erfahrung vom nachhaltig sinnvollen Vorgehen, wenn man kreative Energie auf das Anwenden von Musterlösungen verschwendet. Beispiele als Anregung nutzen ist sinnvoll, reines Checklistendenken jedoch nicht. Bewusst haben wir daher den Schwerpunkt auf das persönliche Qi-Management gelegt.

J.K.A. Gottschalck, A. Heinz-Trossen, *Qi-Management – Die Kata der Manager,*
DOI 10.1007/978-3-642-41304-9_5, © Springer-Verlag Berlin Heidelberg 2014

Erfahrungen aus dem persönlichen Stressmanagement:

Energieeffizienz – sowohl im alltäglichen Sprachgebrauch als auch im Vokabular der Führungs- und Leitungsebenen von westlichen Unternehmen ist der Begriff nicht mehr wegzudenken. Aber schon beim Management ihrer *persönlichen Energiebilanz* vergessen viele Manager den eigentlich bekannten *Erfolgsfaktor Stressmanagement*, denn aus ihrer Sicht ist das nur etwas für *schwache Mitarbeiter*. Das ist fatal!

In der asiatischen Philosophie und im Management haben die vielfältigen Aspekte des *Stressmanagement*, des effizienten Umgangs mit der Energie, des Qi (auch Chi, Ch`i oder Ki)[69] eine große Bedeutung.

Wer blind auf ein Ziel losrennt, *egal wie,* bezahlt dies nach unserer Erfahrung mit einem erhöhten Energiebedarf, mit dem die Dinge später reguliert werden, die man bei *bewusstem Qi-Management* vermieden hätte. Weil wir diesen Aspekt für besonders wichtig halten, widmen wir dem persönlichen Qi-Management später in einem gesonderten Kapitel noch einmal unsere ganze Aufmerksamkeit.[70]

Warum Sie das Konzept des Qi-Management begeistern wird?
Qi-Management ist ein Ansatz, der es erleichtert, Erfahrungen und bewährte Methoden sinnvoll anzuwenden. Das Qi-Management soll dabei kein Ersatz, sondern eine Ergänzung zur Lehrmeinung sein. Es verändert die Betrachtungsweise durch Analogieschlüsse, stellt das Qi als tragende Kraft in den Mittelpunkt, zeigt Rahmenbedingungen zur effizienteren Nutzung und Gewinnung von Qi auf und ist als „offenes System" grundsätzlich auf permanente Verbesserung ausgelegt.

Sie brauchen mit diesem Modell weder unnötig Lehrgeld zu zahlen, noch das Rad zum x-ten Mal erfinden. Da Sie Bewährtes bewusst übernehmen, können Sie Ihre Energie in Kreativität investieren. Schrittweise steigt der Spaßfaktor an der Arbeit und Sie werden „gesund" erfolgreicher.

---

[69] Vgl. hierzu beispielsweise Page, Michael (1997)
[70] Teil II Persönliches Qi Management

Die Qi-Verknüpfung im 4 Ebenen Modell

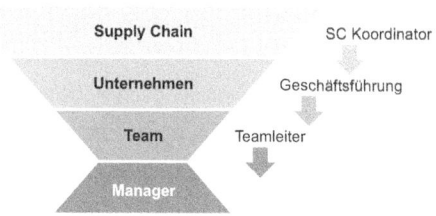

„ Analogieschluß – Aus Erfahrungen Gewinne machen"

Die Rahmenbedingungen für die Qi-Verknüpfung und so den Fluss des Qi zu gestalten,ist die Kernkompetenz der Führung der jeweils übergeordnete Ebene.

Die Qi-Verknüpfung betrifft alle Dimensionen im Unternehmen, von der Führung bis zur IT als *„enabling technology"*.[74]

Abb.9: Die Qi-Verknüpfung im 4 Ebenen Modell

Die Verknüpfung und die sinnvolle Anwendung des Werkzeugmix wird möglich, indem wir das relevante wirtschaftliche Geschehen in unserem *Meta Modell des Qi-Management* in vier *interagierende Ebenen* gliedern. Diese gedanklichen Ebenen wiederum befinden sich mit der Makroumwelt in Wechselwirkung. So kompliziert das zunächst klingen mag: Die Welt ist nun einmal ein komplexes Gebilde, das nicht immer leicht zu verstehen ist. Qi-Management dient Ihnen hier als allgemeines Vorgehensmodel. Es kann Ihnen ein Fahrplan sein, der Ihnen hilft, sich schrittweise besser zurechtzufinden.

Wenn Sie bei dieser Abbildung denken „Moment, das kommt mir doch bekannt vor", haben Sie vollkommen recht. Tatsächlich sind Sie dem 4 Ebenen System des Qi-Management in Kapitel 1 bereits begegnet. Zur Wiederholung: Die erste und unserer Ansicht nach wichtigste Ebene sind die Manager, die einzelnen Personen. Die zweite Ebene ist das Team, welches erkennbar abgrenzbar sein sollte.

---

[71] Eine *„Enabling technology"* ist eine Technologie oder beispielsweise eine neuartige computergestützte Lösung, die es dem Anwender ermöglicht, in neuen, vorher nicht zugänglichen Gebieten tätig zu werden. Erst mit diesem Werkzeug wird dies *„ermöglicht"*.

Die dritte Ebene stellt die Organisationseinheit dar, eine zusammengehörige Reihe von Teams, beispielsweise ein Unternehmen. Auf der vierten Ebene dann, der Supply Chain, betrachteten wir die miteinander arbeitende Gruppe von Unternehmen.

Natürlich stellen sich bei der Bewältigung individueller Herausforderungen andere Probleme als bei der Frage, wie man es schaffen kann, dass wirtschaftlich unabhängige Unternehmen in einer Supply Chain fair über die Verteilung des Gewinns verhandeln. Immer geht es nach unserer Erfahrung aber um das, was die Asiaten als die permanente Verbesserung des Flusses des Qi bezeichnen.

„Nur was sich in Bewegung befindet, kann sich zum Besseren verändern." [72]

Wie generiert man mit dem Qi-Management die notwendige Bewegung in einem organisatorischen System?

In der Managementlehre unterscheidet man bei umfassenden Maßnahmen zwischen den Ansätzen „Top-Down"[73] und „Bottom-Up"[74]. Die Erfahrungen zeigen uns, dass es notwendig ist, wie bei einen Top-Down Ansatz, durch das Topmanagement die Rahmenbedingungen für die durchgängige Anwendung des Qi-Management zu schaffen (Abb.: 9). Die positive Kraft in einem Unternehmen, einem Team oder ganz allgemein einem System, erschließt sich auf dieser Grundlage dann über eine Bottom–Up Umsetzung.

Der Dao, der Weg des Qi-Management ist es,

immer zielorientiert zu handeln. Permanent gilt es daher, innerhalb

und zwischen den Ebenen das jeweils wichtigste Ziel zu suchen,

um den Qi-Fluss nachhaltig zu verbessern.

---

[72] Unbekannte Quelle
[73] Top-down bedeutet im Management einen Führungsstil, bei dem die Unternehmensleitung überwiegend auf dem Weg "vom Vorstand an die Mitarbeiter" erfolgt. Vgl. beispielsweise (URL 12) https://www.projektmagazin.de/glossarterm/top-down
[74] Bottom-up ist ein Führungsstil, der die Einbindung der Mitarbeiter und die Arbeitnehmerbeteiligung auf allen Ebenen des Entscheidungsfindungsprozesses und der Problemlösung fördert. Der Führungsansatz wird mit flachen Hierarchien, wenigen Führungsebenen aber auch einer damit steigenden Verantwortung der Mitarbeiter verbunden. Er bildet den Gegensatz zum Top-down-Ansatz. Vgl. beispielsweise (URL 13)

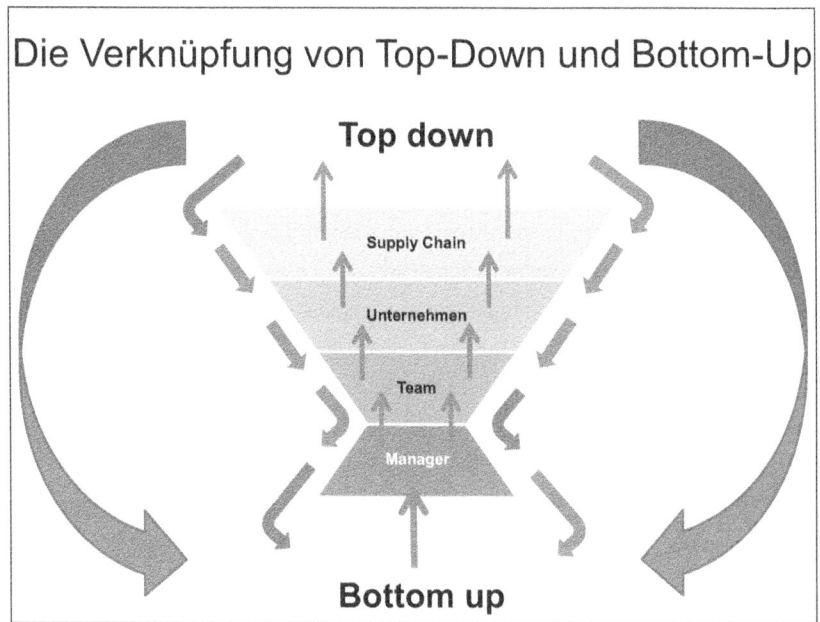

Abb.10: Die Qi-Verknüpfung von Top-Down und Bottom-Up

Die jeweilige Unternehmensphilosophie ist die Entwicklungsgrundlage und soll auf nachhaltigen Erfolg ausgerichtet werden. Ihre Anwendung im Unternehmen muss verständlich und verlässlich sein, dann ist die Basis für die Entfaltung des persönlichen Leistungspotentials von Managern, Teams und Unternehmensbereichen geschaffen. Vertrauen und Offenheit zu schätzen, setzt Energien frei und vermindert Verschwendung. Viele erfolgreiche Unternehmen gehen nach eben dieser Methode vor.

Gleiches gilt auch auf der persönlichen Ebene! Wenn Sie sich bewusst werden, was und wie Sie sein wollen, können Sie Ihre persönliche Philosophie entwickeln. Daraus können Sie Ihre eigenen Grundprinzipien erfolgreich ableiten. Erst damit wird es Ihnen einfacher festzulegen, was Sie an Fähigkeiten brauchen, um Ihre Grundprinzipien zu verwirklichen. So wird es schrittweise möglich, den beruflichen oder auch sportlichen weiteren Weg sinnvoller anzugehen.[75]

---

[75] Im Teil II Persönliches Qi- Management, wird ausführlich auf die Wirkungskraft von bewusstem Denken und Handeln eingegangen.

5.2   Werkzeuge, Chancen, Risiken und Grenzen

5.2.1   Der Qi-Scan – Wissensmanagement in Kampfsportsystemen und in Unternehmen

Als wir das Qi-Management entwickelten, analysierten wir einen besonders interessanten Aspekt in der Funktionsweise von Kampfkunstsystemen. Auf welche Art und Weise wird Wissen erworben, kombiniert und vermittelt? Wie in Kapitel 4 vorgestellt, baut das Wissensmanagement in Kampfkunstsystemen auf den drei elementaren Bausteinen Kihon (Grundtechniken), Kata (zielorientierte Kombination von Grundtechniken) und Bunkai (Anwendungserfahrungen). In der Anwendung des Qi-Managements nutzten wir den Weg dieser Wissenskombinationen erfolgreicher Kampfkunstsysteme mit eben diesen Bausteinen.

Das Vorgehen zur Verbesserung des Wissensmanagements beginnt dabei mit einer einfachen, sinnvollen Fragereihe, die wir Qi-Scan nennen:

Qi-Scan

1. Aus welchen **Kihon** setzen sich die **Kata** zusammen?

    (Grundtechniken)   (Unternehmensprozesse)

2. Welche Kihon kann man standardisieren damit sie in allen Kata identisch eingesetzt werden können?

3. Wer muss wie intensiv die **Bunkai** erlernen?

    (Anwendungserfahrungen)

4. Wer hat hierfür die größte Qualifizierung nachgewiesen und kann als **Hansho** eingesetzt werden?

    (Teamleiter)

5. Wie wird sichergestellt, dass diese Maßnahmen praktisch zu einem kontinuierlichen Verbesserungsprozess führen?

Abb.11: Der Qi-Scan[76]

---

[76] Hansho ist die japanische Bezeichnung für Teamleiter. Er führt sein Team und treibt sämtliche Kaizen-Maßnahmen in seinem Arbeitsbereich durch Prozessbeobachtung und -bestätigung bis zur nachhaltigen Lösung voran.

Noch einmal: Die Art und Weise, wie die Informationen zusammengetragen werden, ist der entscheidende Punkt. Wenn Sie Wissensmanagement achtsam, ohne störende Gefühle erledigen können, werden Sie wertvolle Anregungen erhalten. Auch hier gilt der Grundsatz, der Weg ist das Ziel.

Analog zum Aufbau eines Kampfkunstsystems wirkt das Qi-Management organisatorisch im Sinne einer bewusst gelebten Kombination der Bausteine Philosophie, Grundregeln und Umsetzungssystem. Nach diesem Grundmuster gehen bereits viele erfolgreiche Unternehmen vor, was wir in Kapitel 8.1 anhand der Studie „Best Practice – Weg der Erfolgreichen" zeigen werden.

Eine unmittelbare Anwendung der Prinzipien des Qi-Management und der Bausteine Kihon, Kata und Bunkai stellen wir Ihnen im folgenden Abschnitt vor. In Zusammenarbeit mit einem führenden Motorenhersteller wurde für einen Produktionsbereich beispielhaft ein Werkzeug, die Qi-Matrix entwickelt.[77] Einen Moment müssen Sie sich jedoch noch gedulden, denn zunächst werden wir auf das Modell des Qi-Status eingehen.

5.2.2   Der Qi-Status – BSC 2.0

So sehr sich die moderne Buchhaltung auch bemühen mag: Qi ist nichts, was man direkt in Geldeinheiten messen kann. Um den energetischen Ist-Zustand eines Systems[78] und seinen Veränderungstrend sinnvoll bestimmen zu können, braucht man flexible Instrumente. Viel zu oft dauert die konventionelle Aufbereitung exakter Analysen von Finanz- oder Markdaten länger, als es das sich schnell verändernde Umfeld zulässt. Auf Zahlenfriedhöfen ist auch wenig Platz, um persönliche und berufliche Erfahrungen einzubringen. Eine einfache Momentaufnahme alleine kann schnell zu falschen Schlüssen führen. Eine Zeitreihenanalyse[79] könnte da

---

[77] Genauere Informationen finden Sie in Kapitel 7
[78] Als System kann man den Manager, das Team, das Unternehmen oder auch eine Supply Chain untersuchen.
[79] Die Zeitreihenanalyse untersucht die Entwicklung von Werten im Zeitverlauf. Neben der Analyse von historischen Daten und deren Einflussfaktoren, gehört auch die Prognose über den zukünftigen Verlauf der Reihe auf Grundlage der bisherigen Werte zu den Aufgaben der Zeitreihenanalyse. Vgl. (URL 14)

helfen, ist aber aufwendig und bringt nur dann eine Verbesserung, wenn die Datenqualität wirklich gut ist! Eine Einschätzung, ob und wie das Team oder das Unternehmen *„sich in Bewegung befindet und sich zum Besseren verändert"*, ist mit diesen Methoden schwierig bis unmöglich.

Eine mögliche Alternative ist der Qi-Status. Wir verstehen darunter eine grundsätzliche Herangehensweise, wie Systemzustände analysiert und verbessert werden können. Ergänzend zum Analogieschluss haben wir ein robustes, einfach zu handhabendes Analysewerkzeug gesucht und aus unseren Erkenntnissen den Qi-Status entwickelt. Der Anwender kann mit dem Grundkonzept eine Ausgangssituation in mehreren Dimensionen analysieren und mit seinen Erfahrungen die Untersuchungsschwerpunkte festlegen. Der Qi-Status ist eine Kombination aus Erfahrungen mit dem *Pareto Prinzip*, mit Physikalischen Gesetzen, der klassischen Vektorrechnung, der *Balanced Score Card (BSC) und dem Homöostase Zustand des Individuums.*

- Basierend auf dem Pareto Prinzip lassen sich gute Entscheidungen auch dann treffen, wenn nicht 100 % der relevanten Daten zur Lösungsfindung verfügbar sind.

- Physikalische Gesetze zur allgemeinen Energieerhaltung und Umwandlung bieten sich für Überlegungen des Qi-Management als Energiemanagement an.

- Mit der Vektorrechnung lässt sich das Zusammenwirken unterschiedlich gerichteter Kräfte erklären und entsprechende Resultate berechnen.

- Die BSC hat ein flexibles Grundsystem, das sich durchgängig über mehrere Ebenen gestalten lässt.

- Der homöostatische Zustand des Menschen gibt Auskunft über sein physiologisches Gleichgewicht und spielt eine zentrale Rolle im Stressmanagement.

Welche Erkenntnisse und Erfahrungen aus der Arbeit mit den genannten Komponenten sind konkret in unseren Qi-Status eingegangen?

Zahlreiche wissenschaftliche Grundgesetzte zeigen immer wieder, dass die wahrscheinliche zukünftige Entwicklung eines Systems aus der Wechselwirkung von Systemelementen untereinander bestimmt wird. Dies geschieht jedoch nicht isoliert, sondern in Wechselwirkung mit der bestehenden Makroumgebung. Die gegenseitige Beeinflussung hängt von dem jeweiligen Zustand beziehungsweise Qi-Status zum Betrachtungszeitpunkt ab, der sowohl eine statische (Ist-Zustand) wie auch eine dynamische Komponente (Trend) haben muss. Erst wenn man beide Informationen kennt, ist man in der Lage, gute Entscheidungen zu treffen. Einige praktische Beispiele sollen diese Grundthesen des Qi-Management verdeutlichen.

Betrachten wir zwei Flugzeuge, in diesem Fall die Systemelemente, zu einem gewissen Zeitpunkt. Beide befinden sich in 1000 m Höhe, das statische Element, die Momentaufnahme. Die Makroumgebung ist die Luftbeschaffenheit (Wind, Regen, Kälte usw.) in der Fluggegend, von der die Flugzeuge beeinflusst werden könnten. Nur aufgrund dieser Informationen wäre es wohl egal, welchem der Flugzeuge man zusteigen würde. Erst wenn man die dynamische Komponente betrachtet, wird es interessant. Flugzeug 1 befand sich eine Minute vorher in 700 m Höhe, Flugzeug 2 aber in 3000 m Höhe. Offensichtlich wäre es sinnvoll, sich in das startende Flugzeug 1 und nicht in das abstürzende Flugzeug 2 zu begeben. Erst wenn man die Momentaufnahme und die Informationen der jüngsten Vergangenheit kennt, kann man eine sinnvolle Entscheidung treffen. Natürlich könnte es sein, dass die Motoren in Flugzeug 1 sofort ausfallen und die Motoren in Flugzeug 2 wieder anspringen und der Pilot die Maschine retten kann. Sehr wahrscheinlich ist das aber nicht.

Nehmen wir ein anderes Beispiel aus dem betrieblichen Alltag. Sie schicken einen Ihrer Mitarbeiter zu einer Fortbildung. Er soll neue japanische Managementmethoden erlernen und sie dann in Ihrem Team einführen. Sie suchen einen Kollegen aus, der seit Jahren Routinearbeiten zu Ihrer Zufriedenheit erledigt. Von Ihrem Vorhaben erzählen Sie nichts, da Sie das ruhige, stabile Arbeiten Ihrer Abteilung nicht stören wollen. Beleuchten wir nun den Zeitpunkt der Rückkehr Ihres Kandidaten und die Erfolgswahrscheinlichkeit Ihres Vorhabens. Der Kursteilnehmer dürfte seine Einstellung zu modernen Managementmethoden geändert haben. Da er aber über eine lange Zeit gängige Routinearbeiten erledigt hat, wird er nicht allzu viel Veränderungsenergie mit in Ihr System (die Abteilung) mitbringen. Nach einem ersten Kurs wird weder der statische Abstand (das Mehrwissen) zu den Kollegen, noch das dynamische Element (der Wille zur Veränderung) stark genug sein, um das fehlende Fachwissen und die Beharrungsenergie des Teams zu überwinden, das sich tendenziell nicht von den gewohnten Standards wegbewegen will. Der skizzierte Einzelkämpferansatz muss also scheitern.

Unsere Überlegungen zum Qi-Management entstanden unter dem Vorsatz, solche vorprogrammierten Misserfolge zu vermeiden.

Wenn man auf dem Qi-Management basierende Impulse setzen und Synergieeffekte schaffen möchte, arbeitet man mit Pilotzellen. Man schickt nicht nur einen Mitarbeiter zur Weiterbildung, sondern eine kleine Gruppe. Für diese müssen anschließend aber auch die Rahmenbedingungen geschaffen werden, damit ihre Ideen praktisch umgesetzt werden können. Die Bereitstellung der Rahmenbedingungen für die Ebene 2 (Team) ist eine Qi-Managementaufgabe der Ebene 3 (übergeordnete Organisationseinheit)! Wenn Sie das vergessen, werden Sie zwangsläufig scheitern!

Richtig vorgegangen, werden sich Ihre Teammitglieder hingegen gegenseitig unterstützen und fördern. Sie befinden sich auf ähnlichem statischem Niveau, da sie ja zusammen gelernt haben. In dieser Pilotzelle ist dann auch genug Dynamik für die Veränderung, da sie wenig Bremsenergie des Restteams überwinden müssen. Aus dem Erfolg entsteht eine rasche Weiterentwicklung, die dann auf andere Teams übertragen werden kann. Oft konnten wir beobachten, dass eine Art Sogwirkung entsteht. Der Energieabstand zwischen Pilotzelle und den anderen Teams wird so groß, dass die Zelle die Teams mit sich reißt und nicht der berüchtigte „Schleifsteineffekt" wirkt. Ist es wirklich nicht möglich mehrere Mitarbeiter wegzuschicken, so sollen zumindest die Verbleibenden vorher, rechtzeitig über den Sinn und das Ziel der Veränderung informiert werden. Schaffen sie Neugierde und verhindern den Widerstand, der oft nur aufgrund von fehlendem Wissen entsteht.

Ein weiteres Beispiel aus dem Bereich „Training von Führungskräften":
Ein Abteilungsleiter absolviert eine hochinteressante Fortbildung und kommt, von den Kollegen „fort"-gebildet, enthusiastisch zurück. Begeistert stülpt er dem Team die neu erlernten Ideen, das möglicherweise tatsächlich Bessere, über. Es wird aber erfahrungsgemäß Gegenwehr geben. Dabei wäre es gar nicht so schwer, die Mitarbeiter *vorher* einzubeziehen und so die Grundlage für den Erfolg zu schaffen.

Angenommen, Sie sind dieser Abteilungsleiter, dann verhalten Sie sich wie ein Sensei. Ein Sensei ist Sensei, weil er sich dafür qualifiziert hat. Er ist umsichtig, checkt Kausalketten vor ihrer Realisierung ab. Seien Sie in einer solchen Situation selbstbewusst und erzählen dem Team von dem interessanten Kurs, zu dem Sie fahren! Die Kollegen sind dann gespannt, was ihr Teamleiter an tollen Ideen mitbringt. Diese win-win-Situation hat den Vorteil, dass sich viele Mitarbeiter mit dem Neuen identifizieren können. Die Kollegen an der Basis haben zuweilen richtig gute Ideen. Es gilt, die Entfaltungsmöglichkeiten zuzulassen, den Fluss der Energie der Ideen managen, Qi Management eben!

Das Grundverständnis von statischem und dynamischem Faktor im Qi-Status, ist die Basis für die Beherrschung des Energieflusses. Für das Management eben dieses Flusses innerhalb und zwischen den vier Ebenen ist ein flexibles Grundsystem notwendig. Wir haben mit unserem Team verschiedene Ideen geprüft. Geeignet ist nach unserer Erfahrung eine Modifikation der BSC, die sich grundsätzlich flexibel über mehrere Ebenen gestalten lässt.

Erfahrungen aus der Balanced Score Card (BSC):
Die BSC wurde Anfang der 90er Jahre im Rahmen eines Forschungsprojektes von den Harvard-Professoren Robert S. Kaplan und David P. Norton entwickelt und erntete seitdem viel Aufmerksamkeit. Ziel war es, ein Instrument zu entwickeln, welches die Wirksamkeit von Strategien verbessern soll. Der Grundgedanke besteht darin, den Fokus nicht allein auf die Finanzperspektive zu lenken. Die BSC als strategisches Steuerungsinstrument soll Mission und Strategie, also die langfristige Ausrichtung eines Unternehmens in Ziele, Kennzahlen und Maßnahmen

übersetzen.[80] Das Grundkonzept basiert auf vier klassischen Perspektiven: Die Finanzperspektive, die Kundenperspektive, die Prozessperspektive und die Mitarbeiterperspektive. So lassen sich Erfolg und die Leistung des Unternehmens aus unterschiedlichen Blickwinkeln betrachten. Die Ausgewogenheit (Balanced) wird unseres Erachtens geschickt mit dem Gedanken des übersichtlichen Berichtsbogens (Score Card) verbunden.[81]

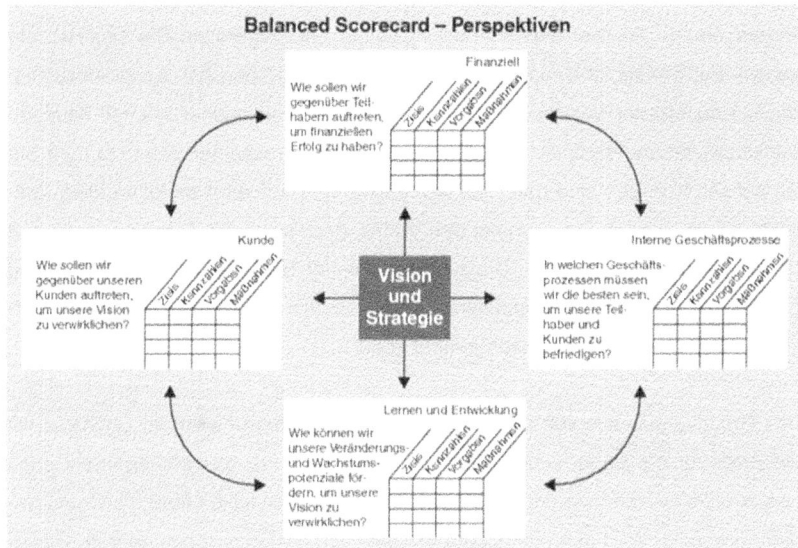

Abb.12: Grundstruktur der BSC zur Umsetzung einer Strategie[82]

Die Dimensionen der BSC[83] können für den jeweiligen Zweck bzw. die jeweilige Organisation individuell festgelegt werden. Damit ist grundsätzlich die Anpassung an die unterschiedlichen Ebenen des Meta Modells des Qi-Management, Supply Chain, Unternehmen, Team und Manager möglich. Die Ebene der Manager beleuchten wir im Teil II mit dem persönlichen Qi-Management gesondert. Denn es ist offensichtlich, dass die Situation eines Managers mit anderen Faktoren zu be-

---

[80] Vgl. Peters (2008), S.78 ff.
[81] Vgl. (URL 15)
[82] Eigene Darstellung in Anlehnung an Kaplan/Norton (1997), S.9
[83] Kaplan und Norton weisen darauf hin, dass die Scorecard als Schablone und nicht als Zwangsjacke anzusehen sei und unter bestimmten Umständen sogar weitere Perspektiven notwendig sind. Vgl. Kaplan/Norton (1997), S.33

schreiben ist, als die einer Gruppe von Unternehmen, die in einer Supply Chain mehr oder minder gut zusammenarbeiten.

Ausgehend von der jeweiligen Strategie werden beim klassischen BSC die kritischen Erfolgsfaktoren (KEF) und die dazu passenden messbaren Key Performance Indicators (KPI) bestimmt, die ein Kennzahlensystem darstellen. Die Messgrößen zeigen den tatsächlichen Erfüllungsgrad der Ziele an. Das ist nach unseren Erfahrungen eine gute Vorgehensweise. Unser Qi-Status ist bewusst eine Art BSC 2.0.

Um nachhaltigen Erfolg zu erreichen, werden im Qi-Status die KEF jeweils um solche Aspekte erweitert, die verständlich machen, wie und warum Veränderungen stattfinden. Auf der verbesserten Entscheidungsbasis sind dann aktives Intervenieren oder bewusstes Akzeptieren die Alternativen. Nicht bei jeder Planabweichung muss mit einem hohen Energieaufwand eingegriffen werden. Das wäre reine Energieverschwendung. Oft geht Akzeptieren vor blindwütiges Optimieren.

Wenn die BSC so smart ist, warum wird sie nicht überall eingesetzt? Und gilt dies dann nicht auch für das Werkzeug Qi-Status? Die BSC und der davon abgeleitete Qi-Status weichen von den gesetzlich anerkannten buchhaltungsorientierten Berichtssystemen ab. Sie stellt also Mehraufwand dar und wird daher oft erst einmal kritisch gesehen. Der Mehraufwand ist nach unserer Erfahrung aber gut investiert, da die Wissensbasis für die Managementontscheidungen deutlich ausgeweitet wird.

Bei der Implementierung eines unternehmensweiten BSC Konzepts können verschiedene Probleme auftreten, die es zu meistern gilt. Im Wesentlichen beziehen sie sich auf Komplexität, Zeit und Management-Unterstützung:[84]

---

[84] Vgl. Jossé (2005), S.135ff.

Die Komplexität wird unterschätzt:

Auf den ersten Blick erscheint das Konzept der BSC einfach und verständlich. Der Weg von der Strategieentwicklung, über die Zielformulierung, angepasst an die verschiedenen Perspektiven, die über Kennzahlen das Ergebnis der einzelnen Scorecards überprüfen lassen, wirkt leicht umsetzbar. Jedoch darf die Komplexität der Zusammenhänge, die Ermittlung der Wirkungsbeziehungen, die Wahl der richtigen Kennzahlen und der damit verbundene Zeitaufwand keinesfalls unterschätzt werden. Ohne die passende Strategie und Vorgehensweise kann ein Unternehmen ein BSC Konzept nicht erfolgreich umsetzen.

Der Zeitaufwand wird unterschätzt:

Für die Entwicklung und Einführung eines unternehmensweiten BSC Konzepts wird ein Zeitraum von ungefähr eineinhalb Jahren angesetzt, was von allen Beteiligten Geduld und Vertrauen fordert, am Ende jedoch mit dem entsprechenden Erfolg einhergeht.

Die Unterstützung durch die oberste Managementebene fehlt:

Ohne die aktive Mitarbeit und Beteiligung der oberen Führungskräfte kann ein unternehmensweites BSC-Konzept nicht funktionieren. Zu den Aufgaben der Verantwortlichen gehören die Bereitstellung notwendiger Ressourcen, klare Formulierung von Zielvorgaben, Kommunikation über alle Ebenen hinweg sowie die Förderung eines kontinuierlichen Lern- und Anpassungsprozesses. Eine solche strukturierte Vorgehensweise motiviert alle Mitarbeiter.

Diese Erfahrungen decken sich mit der Aussage unseres 4 Ebenen Modells des Qi-Management, dass die jeweils höhere Ebene, die Rahmenbedingungen für die Entfaltung der unteren Ebene schaffen aber nicht die Detaillösungen finden muss.

Der Qi-Status kann analog der BSC unternehmensweit eingesetzt werden. Es gilt dann, die beschriebenen Herausforderungen zu meistern. Der Qi-Status hat sich darüber hinaus aber als sehr flexibel erwiesen. Er kann von der Beurteilung von Teilbereichen eines Unternehmens bis zur Durchleuchtung persönlicher Situationen individuell angepasst verwendet werden.

Erfahrungen aus den kontinuierlichen Verbesserungsprozessen (KVP):

Betrachten wir dies einmal am Beispiel der Einführung von KVP (kontinuierlicher Verbesserungs Prozess). Rein finanzielle Zielvorgaben wie etwa eine Einsparung von 100.000,-€ pro Abteilung und Quartal sind einfach möglich. Die Versuchung, nach dem Quartal die Sitzungsprotokolle derjenigen Abteilungen genau zu analysieren, die unter der Zielvorgabe liegen, ist groß. Dies ist zeitaufwändig, erfordert Gespräche mit den Gruppenmitgliedern und führt zu wenig! Besser ist es, die ersten Schritte auf dem Weg der langfristigen Verankerung von KVP im Unternehmen als einen Wert an sich zu verstehen. Es ist sinnvoll, dass Sitzungen stattfinden, Hindernisse beseitigt werden und gerade die Teams betreut werden, die noch keinen finanziellen Erfolg ausweisen können. Hierzu sind beispielsweise KEF wie Anzahl und Dauer der Sitzungen und die mittlere Teilnehmerzahl notwendig. Im Sinne des Qi-Management konzentriert sich der verantwortliche KVP-Manager, der erfahrene Sensei, auf die Schaffung der Rahmenbedingungen und die Unterstützung der Handelnden. Hierdurch kann er Teams dazu animieren, eigenverantwortlich und mit Spaß zu arbeiten. Dies sichert wiederum den langfristigen Erfolg für Team, Manager und Unternehmen und die erwünschten Einsparung von 100.000,- € pro Abteilung und Quartal werden eventuell sogar übertroffen.

Erfahrungen aus dem Pareto Prinzip:

Wir kombinieren im Qi-Management die Eigenschaften der BSC mit den Erfahrungen des Pareto Prinzips. Warum? Das Pareto Prinzip besagt, dass sich viele Aufgaben mit einem Mitteleinsatz von ca. 20 % so erledigen lassen, dass 80 % aller Probleme gelöst werden. Natürlich ist dies eine Vereinfachung, dürfte aber in 80 % der Fälle zutreffen - eben Pareto Prinzip.

In der Qi-Management-Praxis ist die Zahl der wirklich wichtigen Faktoren erfahrungsgemäß sehr gering, *denn sehr wenige Faktoren bestimmen fast den gesamten Effekt.* Bewusst werden im Qi-Management dabei die Entscheidungspfade erweitert und nicht nur auf finanziell exakt berechenbare Faktoren beschränkt. Entscheidend ist es Erfahrungen zu nutzen, auch wenn sich dies je Aktion nicht bis auf zwei Dezimalen in Euro ausdrücken lässt, sondern eher langfristige und grundlegende Wirkung hat.

Das Erfolgsrezept besagt, sich auf die Faktoren zu konzentrieren, die 80 % des Erfolges bestimmen und sich dann tatsächlich auch mit einem Erfolgsgrad von 80 % zufriedenzugeben und nicht auf Biegen und Brechen nach 100 % zu streben. Sinnvoller ist es, Energie in neue Felder zu investieren, um sich auch dort wieder mit nur 20 % Energieaufwand nochmal 80 % Erfolg zu sichern. Mit 40 % Energie, geschickt in zwei Felder investiert und damit 160 % Erfolg erreichen, das klingt interessant.

Das klingt zu theoretisch? Jeder Einkaufsleiter arbeitet so. Er kann nicht für alle Produkte den gleichen Einkaufsaufwand in Form von Arbeitszeit seiner Mitarbeiter investieren. Was an intensiver Arbeit bei einer teuren Maschinensteuerung sinnvoll ist, wäre bei einfachen Unterlegscheiben die reine Verschwendung! Der Einkauf wendet daher die bewährte ABC-Analyse an. Die ABC-Analyse[85] oder Programmstrukturanalyse ist ein klassisches betriebswirtschaftliches Analyseverfahren. Dabei werden allgemein eine Menge von Objekten in die Klassen A, B und C eingeteilt, die nach absteigender Bedeutung geordnet sind. In unserem Einkaufsbeispiel gibt die ABC Analyse beispielsweise an, welche Produkte das stärkste Einkaufvolumen des Unternehmens darstellen (A) und welche kaum „zu Buche schlagen" (C). In der Praxis konzentriert man sich sinnvollerweise auf die Produkte, die zusammen ca. 80 % des Volumens ausmachen, die A Produkte. Hier lohnt sich die Arbeit, der Energieaufwand der Einkäufer. Oft sind das die aus dem Pareto Prinzip bekannten nur 20 % Produkte, die 80 % der Kosten verursachen.

Erkenntnisse aus der Vektorrechnung:

Von Nichts-Tun kommt Nichts. Diese simple Volksweisheit bringt auf den Nenner, was sich sowohl metaphorisch, als auch an mathematischen Überlegungen verdeutlichen lässt.

---

[85] Die ABC-Analyse (auch Pareto-Analyse genannt) ist ein Verfahren zur Priorisierung von Aufgaben, Problemen, Produkten und Aktivitäten. Dies geschieht durch eine Aufteilung in drei Klassen: A = sehr wichtig oder dringlich, B = wichtig oder dringlich, C = weniger wichtig oder dringlich. Bei der Priorisierung besteht z. T. ein Zusammenhang mit der 80-20-Erfahrungsregel: Produkte bestehen zu 80 % aus 20 % der Komponenten; 20 % der Fehlerursachen sind für 80 % der Fehler verantwortlich. Dann dient die ABC-Analyse dazu, die begrenzten Kapazitäten sinnvoll einzusetzen. Vgl. (URL 16)

Stellen Sie sich einen Billardtisch vor, auf dem eine Kugel liegt. Wenn Sie nicht von außen auf sie einwirken, wird sie sich nicht bewegen. Wir haben es also mit einem statischen System zu tun. Sobald Sie die Kugel jedoch berühren, machen Sie daraus ein dynamisches System. Wie sich der Bewegungstrend der Kugel fortsetzen wird, wenn sie einmal ins Rollen gebracht wurde, hängt dabei von einer Reihe Einflussfaktoren ab: Mit welcher Geschwindigkeit und in welchem Winkel wird sie gespielt, wie viele Banden werden berührt und wie viele andere Kugeln trifft sie?

Sie fragen sich, was Billardspielen mit Qi-Management zu tun hat? Ganz einfach: Der Qi-Status entspricht der Energie unserer rollenden Kugel. Zu einem ganz bestimmten Zeitpunkt befindet sie sich immer auf einem ganz bestimmten Punkt des Tisches, ohne dabei jedoch an Dynamik zu verlieren – der Bewegungstrend setzt sich also beständig fort. Der Qi-Status im Qi-Management besteht gleichfalls nicht nur aus den zu einem Zeitpunkt messbaren Kennzahlen, sondern gibt Hinweise auf den Trend, der sich wahrscheinlich fortsetzen wird, wenn beispielsweise im Team oder im persönlichen Umfeld keine Maßnahmen ergriffen werden.

Zumindest im kurzfristigen Bereich, also bei der Betrachtung von Momentaufnahmen dynamischer Systeme, lässt sich der Qi-Status mathematisch vereinfacht als Geradengleichung ausdrücken.

$$Y(t) = a + bt$$

Der zukünftige Status Y zu einem zukünftigen Zeitpunkt t eines Systemelementes hängt ab von seinem statischen Element a zu einem bestimmten Zeitpunkt t_0, dem Betrachtungszeitpunkt und der Richtung und Intensität seines dynamischen Faktors b.

Der statische Faktor a ist der Messwert im Betrachtungszeitpunkt, beispielsweise das Gewicht, die Höhe, Geschwindigkeit oder auch die Anzahl der Teammitglieder. Der dynamische Faktor b hat in der jüngsten Vergangenheit gewirkt und wird auch in der nahen Zukunft weiter wirken, sofern man von außen keinen Einfluss auf das System nimmt. Diese mathematischen Grundüberlegungen erscheinen möglicherweise zunächst einmal kompliziert. Man findet dies in vielen Lebenssituationen aber unter der Bezeichnung „gesunder Menschenverstand" wieder.

Der Arzt misst die Temperatur, den Puls und den Blutdruck seines Patienten und erfragt zusätzlich, ob und was in der jüngsten Vergangenheit aufgefallen ist. Ist die Temperatur schnell gestiegen oder gefallen? Ein Fieber von 39,5 Grad (a) und langsamer, aber konstanter Zunahme (b) hat einen anderen Stellenwert als 39,5 Grad (a) und schnell fallend (b).

Ein KFZ-Meister beachtet bei der Reparaturannahme die aktuellen Messwerte (a), bezieht in seine Beurteilung aber immer den Fehlerspeicher und die Antwort auf seine Frage ein: "War sonst noch etwas?" (b).

Der Instandhalter beurteilt den akuten Schaden an der Maschine und berücksichtigt bei seiner Reparatur auch die Information, wie es dazu gekommen ist. Er will die Maschine nicht nur instand setzen, sondern nach Möglichkeit verhindern, dass der Schaden in die Zukunft wieder eintritt.

Ganz natürlich wird das statische Element (a) also immer mit dem dynamischen Faktor (b) kombiniert, um auf die Zukunft schließen zu können. Der Qi-Status ist daher gleichfalls kein Punkt, sondern vereinfacht ein Vektor, dessen Richtung und Intensität durch die Vergangenheit definiert wurde und der in der Zukunft weiterwirken kann.

Natürlich verlaufen Entwicklungen in der Realität nicht so gleichförmig wie eine einfache Gerade, aber oft ist eine solche Annahme ausreichend genau, siehe Pareto Prinzip. Wenn man tatsächlich genauere Informationen hat, kann man gedanklich das Bild der Geradengleichung durch jede Form der Kurven Darstellung ersetzen. Bleiben Sie aber ehrlich. Nur mit verlässlichen Informationen ergibt eine kompliziertere Herangehensweise Sinn.

Übertragen wir dies auf das Grundkonzept einer BSC, so wird klar, dass für die verwendeten KEF neben dem statischen Element, also dem Wert zu einem bestimmten Zeitpunkt, auch der dynamische Faktor verfügbar sein muss. Nur dann können Entscheidungen fundiert getroffen werden. Das praktische Problem ist aber, dass insbesondere bei qualitativen KEF, wie der „Kundenzufriedenheit", die abgesicherte Ermittlung der Daten sehr aufwendig ist. Gleiches gilt auch für den Nachweis des Erfolgs einer KVP-Umsetzung. Oft gaukeln sich die Entscheidungsträger eine Scheingenauigkeit vor, da die Tabellenkalkulationsprogramme ja auch eindrucksvolle Graphiken liefern. Das ändert aber leider nichts an der oft mangelhaften Datenbasis. Möchte man nun die KEF des Unternehmens mit ihren Wechselwirkungen untereinander und die Einflüsse aus dem Unternehmensumfeld jeweils über einen statischen und einen dynamischen Faktor beschreiben, droht das Scheitern der grundsätzlich sinnvollen Überlegungen.

Erfahrungen zur Anwendung des Qi-Status:

Wie kann man sich aus diesem Dilemma befreien? Wir orientieren uns an der traditionellen asiatischen Kultur, in der Erfahrungen und Erfahrene als besonders wertvoll geachtet werden. Dann kombinieren wir dies mit dem bewährten Pareto Prinzip, der 80/20 Regel und können so das Verfahren praktisch anwendbar vervollständigen und vereinfachen.

Der Qi-Status ist im Prinzip ein umfassender, aktueller Lagebericht, der neben den IST-Werten der KEF zusätzlich jeweils die erfahrungsgestützten Trendwerte beinhaltet. Somit beschreibt der Qi-Status nicht nur die aktuelle Situation als Momentaufnahme, sondern auch den zu berücksichtigenden Entwicklungstrend. Ähnlich der BSC kann auch der Qi-Status in verschiedene Perspektiven[86] gegliedert werden. Diese Zusammenfassung erfolgt mit dem Ziel aus „ähnlichen" Kennzahlen eine Gruppe zu bilden. Beispielsweise bilden wir aus allen Kennzahlen, die der Beurteilung der Organisation dienen, die *Perspektive Organisation*. Der Aufbau unseres Grundmodells (siehe Abb. 13) kann variiert werden. Die Auswahl der kritischen Erfolgsfaktoren (KEF) und ihre Gruppierung in Perspektiven kann man problemlos an spezielle Anforderungen anpassen.

---

[86] Sprachlich erscheint es ungeschickt eine Zusammenfassung von Kennzahlen, gegliedert nach „Perspektiven" vorzunehmen. Wir behalten den Begriff der „Perspektiven" trotzdem bei, weil er sich im Rahmen der Verwendung der BSC bewährt hat.

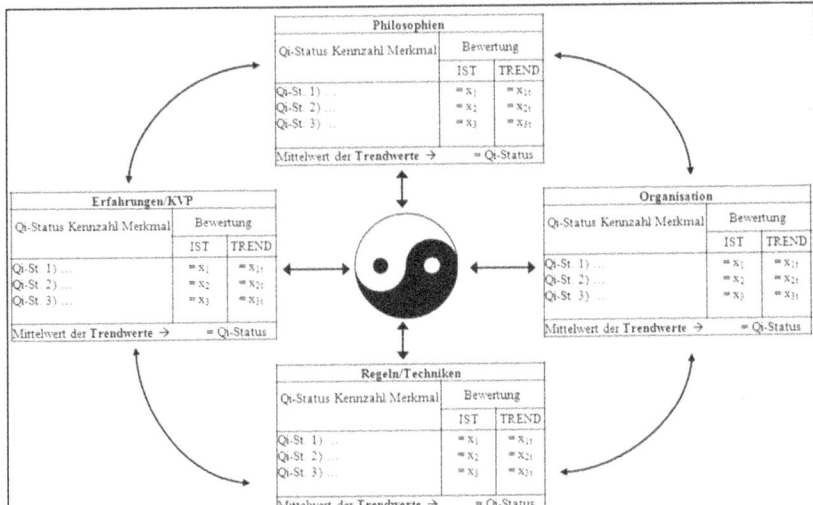

Hinweise:
- Die Anzahl der Kennzahlen je Perspektive kann individuell bestimmt werden
- x = IST-Wert der Kennzahl (KEF)
- x_t= Trendwert der Kennzahl (KEF)
- Der Qi-Status einer Perspektive ergibt sich aus der Mittelwertberechnung der Trendwerte

Abb.13: Die vier Perspektiven im Grundmodell des Qi-Status.

Das Qi, die Gesamtenergie des Unternehmens, liegt in verschiedenen Formen vor und befindet sich in einem permanenten Wandel zwischen diesen Formen. Beispielsweise werden Finanzmittel aus dem kurzfristigen Bereich in den langfristigen umgeschichtet, Maschinen werden gekauft, verkauft und unterliegen einer Wertveränderung, Mitarbeiter-Know-how entsteht oder geht verloren, Patente haben Gültigkeit oder verfallen. Ob ein Unternehmen hier im Gleichgewicht ist, lässt sich durch die zielorientierte Anpassung des Qi-Status ermitteln. Geeignete Steuerungsmaßnahmen mit hoher Erfolgswahrscheinlichkeit lassen sich dann ableiten. Warum ist die zeitliche Dimension im Qi-Management so wichtig? Anhand praktischer Beispiele wird es deutlich.

Wer als Unternehmer Investitionen so tätigt, dass nach Plan in drei Jahren Riesengewinne erzielt werden können, aber dann nach drei Monaten wegen Überschuldung Konkurs angemeldet werden muss, hat die Regeln der Qi-Balance missachtet. Wer im Karrierewahn seine Gesundheit in kurzer Zeit und dauerhaft ruiniert, kann mit etwaigem gewonnenem Vermögen später wenig anfangen. Ein Unternehmen, welches die Aus- und Weiterbildung der Mitarbeiter und die Anpassung des Maschinenparks zugunsten kurzfristiger Gewinnoptimierung vernachlässigt, wird mittel- bis langfristig unlösbare Probleme bekommen. Den Prozess des Wandels von Qi im Laufe der Zeit und in seinen unterschiedlichen Dimensionen transparent zu machen – hierfür ist der flexible Qi-Status geeignet.

Im Grundmodell auf der Unternehmensebene[87] verwenden wir die Unterteilung in Philosophie, Organisation, Regeln/ Techniken und Erfahrungen/ KVP (Abb.13):

Philosophien:

In dieser Perspektive soll das Verständnis der Unternehmensphilosophie beleuchtet werden. Strategie und Philosophie eines Unternehmens stehen in engem Zusammenhang und tragen zur Zielerreichung maßgeblich bei. Wenn Mitarbeiter die normativen Grundlagen für unternehmerische Entscheidungen verstanden haben, investieren sie erfahrungsgemäß mehr ihrer vorhandenen kreativen Energie in das Unternehmen.

Organisation:

In dieser Perspektive wird das Unternehmen hinsichtlich der Art und Qualität seiner Organisation betrachtet. Erkannte Stärken und Schwächen werden zu Ansatzpunkten für Entwicklungsmaßnahmen.

Regeln und Techniken:

Diese Perspektive zielt darauf ab, den momentanen Stand zur Anwendung von Regeln und Techniken zu klären. Hierbei können beispielsweise Aussagen getroffen werden, ob mehr in Weiterbildung investiert werden sollte, oder ob die Mitarbeiter bereits für zukünftige Situationen gerüstet sind.

Erfahrungen / Kontinuierlicher Verbesserungsprozess (KVP):

Die Fähigkeit, im Unternehmen verfügbaren Erfahrungen nutzen zu können, also das Wissensmanagement, ist nach unserer Erfahrung für die Mehrzahl der Unter-

---

[87] Das Gleichgewicht des Qi im zeitlichen Verlauf sollte man jeweils bei Manager, Team und Unternehmen gesondert untersuchen wobei aber auch die Wechselwirkung beachtet werden soll.

nehmen der dominierende strategische Erfolgsfaktor (KEF). In dieser Perspektive wird erfasst, ob und wie Erfahrungen der Mitarbeiter in Entscheidungsprozesse eingebracht werden. Wird beispielsweise KVP im Unternehmen eingesetzt, sollte von allen Mitarbeitern auch verstanden worden sein, warum und wie es angewendet werden kann.

Zur Erfassung der unterschiedlichen Trendwerte (dynamische Faktoren) verwenden wir bewusst eine einfache Skala mit Werten von 1 bis 5. So wird es möglich, die Erfahrungen der Befragten sehr schnell und kostengünstig in eine transparente Darstellung der Entwicklungstendenzen zu übertragen. Die Ausprägungen sind:

1 = stark abnehmend

2 = schwach abnehmend

3 = neutral, keine Veränderung erkennbar

4 = schwach zunehmend

5 = stark zunehmend

Mit der Berechnung der Mittelwerte[88] der Trends je Perspektive kann bestimmt werden, ob innerhalb der Perspektive insgesamt ein positiver oder negativer Trend vorliegt. Natürlich können Sie bei Bedarf die Untersuchung verfeinern. Indem Sie auf Erfahrungen der Nutzwertanalyse[89] zurückgreifen und die KEF zueinander gewichten, können Sie auf die unterschiedliche Bedeutung der Einflussfaktoren eingehen.

Die folgende Abbildung 14 zeigt ein fiktives Beispiel, das die Situation in unserem Testmodell zu einem Betrachtungszeitpunkt darstellt. Neben den IST-Werten der KEF für den Bereich Organisation, die das Unternehmenscontrolling geliefert hat, sind die Trendwerte aufgrund von Mitarbeiterbefragungen dargestellt. Gefragt wurde hierbei, wie die Mitarbeiter die Entwicklung der jeweiligen KEF in der jüngsten Vergangenheit beurteilen. Der Umsatz pro Mitarbeiter wird beispielsweise mit drei Punkten als neutral beziehungsweise normal eingeschätzt. Auch die Einschätzung zur Struktur der Mitarbeiter je Funktionsbereich und der Anzahl der

---

[88] Berechnung des Mittelwert: ($\frac{1}{n}\sum_{i=1}^{n} xi = \frac{x1+x2+xn}{n}$) = Qi-Status der Perspektive

[89] Zur Vertiefung der Methode Nutzwertanalyse beispielsweise: (URL 17)

Führungsebenen weist nur geringe Abweichungen vom Mittelwert auf. Auffallend ist aber die kritische Beurteilung im Bereich der Arbeitsorganisation. Sowohl die Anzahl der Prozessvarianten wie auch die Anzahl der Arbeitsanweisungen werden mit nur einem Punkt als zunehmend kritisch eingestuft. Im Bereich der Arbeitsorganisation muss daher die Diskussion gesucht werden.

Organisation		
Qi Status-Merkmale	**IST- Kennzahlen** (aus Controlling)	**TREND – Punktwerte** (aus MA-Befragung)
Produktionsmitarbeiter	520	4
Supportmitarbeiter	385	2
Führungsebenen	4	4
Arbeitsanweisungen	384	1
Umsatz pro MA in €	89.000	3
Prozessvarianten	47	1
...	...	...
Qi Status:		2,5 ☹

Abb. 14: Die Perspektive der Organisation im Testmodell, beispielhafte Darstellung.

Die kritische Einstufung muss nicht bedeuten, dass es zu viele Arbeitsanweisungen und zu viele Prozessvarianten gibt. Leider ist dies oft der voreilige Schluss. Möglicherweise ist es aus Sicht der Befragten auch umgekehrt! Offensichtlich wird die Situation von den Mitarbeitern aber als unangemessen eingestuft. Es besteht Handlungsbedarf. Betrachtet man die IST-Kennzahlen kann es durchaus sein, dass diese im Vergleich zu anderen Unternehmensteilen oder anderen Unternehmen zum Betrachtungszeitpunkt nicht einmal schlecht sind. Möglicherweise werden die Mängel in der Arbeitsorganisation aber durch einen erhöhten Energieaufwand der Mitarbeiter kompensiert, was erfahrungsgemäß keine Dauerlösung sein kann. Genau dies wird aber nicht offensichtlich, wenn ein Controller sich nur auf die IST-Kennzahlen verlässt, die eine scheinbar gute Situation signalisieren. Wie geht man praktisch vor?

Bei der Arbeit mit dem Qi-Status, durchläuft man drei Phasen:

1. Den Qi-Status ermitteln

2. Bereiche mit unterdurchschnittlicher Dynamik optimieren

3. Realisierbare Ziele und Maßnahmen festlegen

In der ersten Phase wird je KEF die IST-Kennzahl berechnet.[90] Der Trend wird hinsichtlich seiner Entwicklungstendenz in der Vergangenheit von den betroffenen Managern bewertet, wobei wie beschrieben zur Vereinfachung nur 5 Merkmalsausprägungen betrachtet werden.

Danach wird je Perspektive, zum Beispiel der Organisation, der Mittelwert der Trendwerte errechnet. Da der Punktwert 3 die Neutralität in einem Bereich darstellt, erhält man aus dem Modell des Qi-Status schnell einen ersten Hinweis, ob und wo eine positive Entwicklung im Unternehmen in der Vergangenheit eingesetzt hat. Dann müsste der Mittelwert der Trendwerte größer 3 sein. Die IST-Werte der KEF (Kennzahlen) zu addieren, wie beispielsweise den Umsatz in € mit der Anzahl der Mitarbeiter, ergibt natürlich keinen Sinn.

In der zweiten Phase konzentriert sich das Management-Team dann zunächst auf die Bereiche, in denen der Trend (dynamischer Faktor) unter 3 liegt. Hier lohnt es sich, Energie in detailliertere Untersuchungen zu investieren. Die Konzentration auf den Engpass bringt nicht nur nach unserer Erfahrung den schnellsten Erfolg[91]. Sehr oft fragt man sich bei Verbesserungsmaßnahmen, warum denn die gute Detaillösung nicht funktioniert. Möglicherweise liegt ist es ja daran, dass ein Engpass in einem anderen, nicht so im Fokus stehenden Bereich, den Erfolg verhindert!

---

[90] Alternativ kann von einem erfahrenen Managerteam geschätzt werden.
[91] Auch hier liegt wieder eine Analogie vor. In der Produktionssteuerungsmethode OPT (Optimized Production Technology) konzertiert man sich immer auf den Engpass, der den Produktionsfluss bremst. Diese basiert auf der Engpasstheorie, beeinflusst von Eliyahu M. Goldratt.

Hier hilft der Überblick der Beteiligten, der mit der Erstellung des Qi-Status automatisch erarbeitet wird.

In der dritten Phase werden die neuen Ziele für das Unternehmen beziehungsweise den ausgewählten Bereich festgelegt. Auch für diese Ziele sollten neben den SOLL-Kennzahlen der zur Erreichung dieser Vorgaben notwendige Trend vom Managementteam beachtet werden. Es macht durchaus einen Unterschied, ob ein geplanter Umsatz von 100 Millionen € in einem Jahr und in der Folgezeit gleich bleibend, oder aber dann weiter mit 50 % Wachstum als Ziel festgelegt werden. Das Unternehmen muss sich in beiden Fällen sehr unterschiedlich weiterentwickeln.

Betrachten wir die Anwendung des Qi-Status anhand des Beispiels unseres Testmodells[92], der Mustermann Elektro GmbH. Angenommen wird eine nach Manager und Team unterteilte Befragung zur Unternehmenssituation mittels standardisiertem Fragebogen. Daraus könnte sich in den Versandbereichen das in Abbildung 15 gezeigte Resultat ergeben haben.

Zur Verdeutlichung der möglichen, flexiblen Vorgehensweise mit der Methode des Qi-Status haben wir hier eine stark vereinfachte Befragung unterstellt, die zunächst auf die Trendwerte des Qi-Staus und auch auf eine exakte Datenerhebung verzichtet und nur die unterschiedlichen Einschätzungen der IST-Situation gegenübergestellt. Die Einschätzung der IST-Situation wird in diesem Fallbeispiel mittels unserer bekannten Skala von 1-5 Punkten vorgenommen. Die Trends werden bei dieser Variante der Anwendung des Qi-Status, erst im Rahmen der anschließenden Diskussion thematisiert.

---

[92] Für Schulungszwecke und zum Test der Annahmen in Anlehnung an reale Unternehmen entwickelt.

Allgemeine Qi Status-Score Card – IST Kennzahlen ohne Trend		
Philosophien	Bewertung Team	Bewertung Manager
1.) Wurde Ihnen die Philosophie des Unternehmens vorgestellt? (Auftaktveranstaltung für neue Mitarbeiter etc.)	2	4
2.) Haben Sie als Mitarbeiter der Mustermann Versand GmbH die Philosophie des Unternehmens verstanden?	2	5
3.) Können Sie einen Zusammenhang aus der Philosophie des Unternehmens und dessen Handeln erkennen?	1	4
Qi-Status	1,6	4,3

Organisation	Bewertung Team	Bewertung Manager
1.) Können Sie eine klare Organisationsstruktur im Unternehmen feststellen?	4	4
2.) Steht Ihnen beim Auftreten von Problemen ein eindeutiger Ansprechpartner zur Verfügung?	2	4
Qi-Status	3	4

Regeln/Techniken	Bewertung Team	Bewertung Manager
1.) Können Sie zu Ihrem Arbeitsinhalt auf eindeutige Regeln oder Techniken zurückgreifen?	2	4
2.) Können Sie bei Prozessveränderungen klare Regeln und Techniken erkennen?	2	4
3.) Werden entsprechende Regeln und Techniken verständlich kommuniziert?	2	3
4.) Können Sie bei Ihrer Arbeit auf brauchbare schriftliche Arbeitsanweisungen zurückgreifen?	1	2
5.) Entsprechen die Schulungsinhalte Ihrem Schulungsbedarf?	1	2
6.) Werden Ihnen ausreichende Schulungsmöglichkeiten geboten?	4	2
Qi-Status	2,0	2,9

Erfahrungen/KVP	Bewertung Team	Bewertung Manager
1.) Sind Sie mit dem Thema „KVP" vertraut?	2	5
2.) Können Sie innerhalb Ihrer Tätigkeit KVP-Maßnahmen erkennen?	2	4
3.) Werden Erfahrungen aus vorherigen Veränderungen genutzt?	2	4
4.) Können sie Ihre eigenen Erfahrungen einbringen? (Hört man ihnen zu, wenn Sie Vorschläge machen?)	3	4
Qi-Status	2,3	4,3

Abb. 15: Allgemeine Qi Status-Score Card – Fallbeispiel mit IST Kennzahlen ohne Trend

Aus der Gegenüberstellung der unterschiedlichen Qi-Status[93] der Perspektiven, wie sie in Abbildung 16 dargestellt sind, ist zu erkennen, dass das Management

---

[93] Augenzwinkernder Hinweis: Der Plural von Qi-Status ist „*leider*" nicht „*Qi-Stati*", was den Lesefluss möglicherweise erleichtern würde, wir meinen aber hier durchaus die Mehrzahl, also Kennwerte mit unterschiedlichen Ausprägungen.

die Versandbereiche des Unternehmens durchaus positiv bewertet hat und das größte Verbesserungspotential in der Perspektive der Regeln und Techniken sieht. Die unterschiedlichen Qi-Status der Teammitglieder weisen hingegen darauf hin, dass aus ihrer Sichtweise in allen vier Perspektiven erhebliches Verbesserungspotential steckt. Des Weiteren kann mithilfe der unterschiedlichen Qi-Status erkannt werden, wie weit die Wahrnehmung der Manager von der der Teams in den einzelnen Perspektiven abweicht.

Allgemeine Qi-Status-Score Card - IST-Kennzahlen- Mittelwerte der vier Perspektiven		
Philosophien	Bewertung Team	Bewertung Manager
Qi-Status	1,6	4,3
Organisation	Bewertung Team	Bewertung Manager
Qi-Status	3,0	4,0
Regeln/Techniken	Bewertung Team	Bewertung Manager
Qi-Status	2,0	2,9
Erfahrungen/KVP	Bewertung Team	Bewertung Manager
Qi-Status	2,3	4,3

Abb. 16: Allgemeine Qi Status-Score Card – IST Kennzahlen- Qi-Status der vier Perspektiven

Ein besonders deutlicher Unterschied ist in der Perspektive Philosophie zu erkennen, wie Abbildung 17 zeigt.

Philosophien	Bewertung Team	Bewertung Manager
1.) Wurde Ihnen die Philosophie des Unternehmens vorgestellt? (Auftaktveranstaltung für neue Mitarbeiter etc.)	2	4
2.) Haben Sie als Mitarbeiter der Mustermann Versand GmbH die Philosophie des Unternehmens verstanden?	2	5
3.) Können Sie einen Zusammenhang aus der Philosophie des Unternehmens und dessen Handeln erkennen?	1	4
Qi-Status	1,6	4,3

Abb. 17: Allgemeine Qi Status-Score Card – IST Kennzahlen der Perspektive Philosophie

Hier wird deutlich, dass zwischen Managern und Teammitgliedern eine stark unterschiedliche Wahrnehmung bezüglich der Philosophie des Unternehmens vorliegt. Ein Grund hierfür könnte sein, dass im Fallbeispiel die Philosophie des

Unternehmens bisher, wie es in der Realität tatsächlich leider oft der Fall ist, hauptsächlich innerhalb der oberen Managementebene kommuniziert wurde. Zu den operativen Teamebenen besteht jedoch offensichtlich eine Kommunikationslücke, die bisher nicht entdeckt wurde. Da die positive Wirkung einer Unternehmensphilosophie und der nachhaltige Erfolg eines Unternehmens nach unseren Erfahrungen signifikant von einem gemeinsamen Grundverständnis der Mitarbeiter insbesondere in den operativen Bereichen abhängen, wären hier Maßnahmen zur Schaffung eben dieser Gemeinsamkeiten notwendig. Beispielsweise könnte im vorliegenden Fall die Akzeptanz der Mitarbeiter im Hinblick auf den bevorstehenden Wechsel des Verpackungsmaterials[94], weg von den gewohnten Materialien, gesteigert werden, wenn die Mitarbeiter Kenntnis darüber haben, dass ökologisches Bewusstsein und Handeln ein wichtiger Bestandteil der Philosophie beziehungsweise der Strategie des Unternehmens ist.

In der Organisationsperspektive ist zwischen Managern und Teams nur eine relativ geringe Abweichung in der Bewertung aufzufinden, wie in Abbildung 18 zu erkennen ist.

Organisation	Bewertung Team	Bewertung Manager
1.) Können Sie eine klare Organisationsstruktur im Unternehmen feststellen?	4	4
2.) Steht Ihnen beim Auftreten von Problemen ein eindeutiger Ansprechpartner zur Verfügung?	2	4
Qi-Status	3	4

Abb. 18: Allgemeine Qi Status-Score Card – IST-Kennzahlen der Perspektive Organisation

Dieses Ergebnis ist ein Hinweis für das Vorliegen einer guten Organisationsstruktur. Es lässt auch vermuten, dass Veränderungen im Unternehmen bisher gut organisiert und strukturiert waren. Hier könnte es im Hinblick auf zukünftige Maßnahmen nützlich sein, in weiteren Diskussionsrunden gemeinsam den Trend zu diskutieren und dabei die positiv wahrgenommenen Erfolgsfaktoren zu bestimmen. Die zweitschlechteste Bewertung (Abb.19) der Teams zeigt die Perspektive der Regeln und Techniken, wobei auch das Management Verbesserungspotential sieht.

---

[94] Im Fallbeispiel, wird ökologische Orientierung als strategischer Erfolgsfaktor gesehen und deswegen eine Umstellung der bewährten Verpackungsmaterialien angestrebt, was auf Widerstände stößt.

Regeln/Techniken	Bewertung Team	Bewertung Manager
1.) Können Sie zu Ihrem Arbeitsinhalt auf eindeutige Regeln oder Techniken zurückgreifen?	2	4
2.) Können Sie bei Prozessveränderungen klare Regeln und Techniken erkennen?	2	4
3.) Werden entsprechende Regeln und Techniken verständlich kommuniziert?	2	3
4.) Können Sie bei Ihrer Arbeit auf brauchbare schriftliche Arbeitsanweisungen zurückgreifen?	1	2
5.) Entsprechen die Schulungsinhalte Ihrem Schulungsbedarf?	1	2
6.) Werden Ihnen ausreichend häufig Schulungsmöglichkeiten geboten?	4	2
Qi-Status	2,0	2,9

Abb. 19: Allgemeine Qi Status-Score Card – IST Kennzahlen der Perspektive Regeln/Techniken

In dieser Perspektive des Qi-Status sollten Detailuntersuchungen vorgenommen werden, um die Gründe der unterdurchschnittlichen Bewertung zu identifizieren. Im vorliegenden Fall könnte eine Untersuchung ergeben, dass zwar Regeln und Techniken bestehen, diese aber eine unzureichende Dokumentation aufweisen. In vereinzelten Situationen könnte dies dazu führen, dass Mitarbeiter in ihrer Selbstständigkeit eingeschränkt sind und bei auftretenden Problemen nicht eigenständig handeln dürfen oder wegen fehlender Informationen nicht können. Zudem könnte die unterschiedliche Bewertung innerhalb der Perspektive ein Signal für eine weitere Kommunikationslücke sein. Im Vergleich zu den Teammitgliedern liegen den Managern scheinbar gewisse Regeln und Techniken vor, die aus mangelnder Kommunikation und Dokumentation jedoch nicht bis zu den Mitarbeitern „vor Ort" gelangen.

Auch in der vierten Perspektive (Erfahrungen/KVP) ist ein deutlicher Unterschied in den Bewertungen vorzufinden, wie Abbildung 20 zeigt.

Erfahrungen/KVP	Bewertung Team	Bewertung Manager
1.) Sind Sie mit dem Thema „KVP" vertraut?	2	5
2.) Können Sie innerhalb Ihrer Tätigkeit KVP-Maßnahmen erkennen?	2	4
3.) Werden Erfahrungen aus vorherigen Veränderungen genutzt?	2	4
4.) Können sie Ihre eigenen Erfahrungen einbringen? (Hört man ihnen zu wenn Sie Vorschläge machen?)	3	4
Qi-Status	2,3	4,3

Abb. 20: Allgemeine Qi Status-Score Card – IST Kennzahlen der Perspektive Erfahrungen/KVP

Die Befragung ergab an dieser Stelle, dass die Mitarbeiter kaum Kenntnisse bezüglich des Themas KVP vorzuweisen haben und daher innerhalb ihrer Tätigkeit auch kaum KVP-Maßnahmen erkennen können. Gründe für eine bessere Bewertung der Manager in dieser Perspektive könnten beispielsweise Schulungen sein, die jedoch nur auf der Managerebene stattfanden. Weiterhin kann bei Managern ein höherer Bildungsabschluss vermutet werden, wobei das Thema KVP oft schon Bestandteil der Ausbildung war und auch ohne interne Schulungen entsprechende Kenntnisse vorliegen. Die hier beispielhaft dargestellten Ergebnisse und Schlussfolgerungen zeigen, wie mithilfe der Methode des Qi-Status die Transparenz in einem Unternehmen gesteigert werden kann und Ansatzpunkte für zielorientierte Verbesserungen gefunden werden können.

Das einfache, robuste Grundmodell des Qi-Status ist eine Art Radar-System für das Management und funktioniert wie gezeigt schon allein mit den Erfahrungswerten. Natürlich kann man je nach Verfügbarkeit mit exakten Werten arbeiten. Das sollte in modern organisierten, mit einem DV gestützten Controllingsystem operierenden Unternehmen auch möglich sein, allerdings ist die exakte Datenermittlung oft unangemessen teuer und zeitaufwendig. Glücklicherweise sind exakte Zahlen im Qi-Status im Gegensatz zu einem üblichen finanzorientierten Kennzahlensystem, keine zwingende Notwendigkeit.

Ähnlich lässt sich auf diesem Weg eine Verknüpfung von Unternehmen zur Umwelt darstellen. Nicht exakt, aber praktisch nutzbar. Der Versuch einer exakten Systembeschreibung[95] muss unseres Erachtens ohnehin scheitern, da sich jedes System in einem permanenten Wandel befindet.

Einen wichtigen, altbekannten Hinweis möchten wir Ihnen an dieser Stelle mit auf den Weg der Anwendung des Qi-Status geben: *Der Weg ist das Ziel!*

Schon wieder dieser Spruch?! Aber ja! Gerade wenn Sie sich im Team mit der Erstellung eines Qi-Status beschäftigen, werden Sie feststellen, wie viel Wahres sich dahinter verbirgt. Im Rahmen der Diskussionen, welche KEF warum wichtig sind und warum welche Zahlen oder Schätzungen brauchbar sind, werden die

---

[95] Eine Vertiefung dieses Gedankens finden Sie in Kapitel 2.3.1 Laplace und sein Dämon

wertvollsten Schritte zur Verbesserung über den Erkenntnisgewinn gegangen. Dies wird durch die bewusste Auseinandersetzung mit dieser Thematik ermöglicht. Seien Sie also achtsam, *auf welchem Weg* Sie im Team zu den Resultaten gekommen sind. Hier liegen die Ansatzpunkte Ihres Qi-Managements.

5.2.3   Die Qi-Matrix – Kihon-Kata-Bunkai in der Praxis

Transparenz und Ansatzpunkte für die Verbesserung von Abläufen, Einsetzbarkeit von Know How und Arbeitskräften erhalten Sie auch aus der Anwendung der Qi-Matrix, einem weiteren Werkzeug des Qi-Management. Wir betrachten hierbei organisatorische Prozesse als Kata, die auf gleiche Art, oder sehr ähnlich im Arbeitsalltag immer wieder angewendet werden. Diese Prozesse setzen sich aus Grundtechniken den Kihon zusammen. Das Hintergrundwissen, warum was wie angewendet werden soll, damit die einzelne Kata als Ganzes gut funktioniert, ist die jeweilige Bunkai. Dies entspricht dem System, wie in der Kampfkunst mit einer überschaubaren Anzahl an Grundtechniken eine Vielzahl von Kata erlernt und angewendet werden. Der Lernende perfektioniert seine Grundtechniken durch die immer wiederkehrende praktische Anwendung. Er erkennt hierdurch schnell, dass es sich ab einem gewissen Fortschritt wirklich lohnt, auch die Bunkai der Grundtechniken zu erlernen. Mit diesem Erfahrungswissen fällt es dem Lernenden dann leichter, die teilweise komplexen Hintergründe der Bewegungen in einer Kata zu verstehen. Die Vermittlung des Wissens übernimmt der Sensei, unterstützt von erfahrenen Schülern.[96] Dieses bewährte Vorgehen haben wir analog auf die Anwendung der Qi-Matrix im beruflichen Umfeld übertragen. Ein bedeutender Motorenhersteller[97] setzt die Qi-Matrix mit den Kampfkunstbausteinen Kata-Kihon-Bunkai erfolgreich im Rahmen der Arbeitsorganisation ein.

Welche Schritte bei der Anwendung nötig sind, wollen wir anhand des konkreten Fallbeispiels zeigen. Die Prozesse im Produktionsbereich wurden untersucht und zunächst nach Analogien in den verschiedenen Prozessen gesucht. Der Grad der

---

[96] In der Ausbildung zum Sensei ist die Übernahme von Lehrverantwortung durch die erfahrenen Schüler ein bewährtes Ausbildungselement. Dies lässt sich in gleicher Weise für die Personalentwicklung einsetzten!

[97] Das deutsche Unternehmen zählt zu den weltweit führenden Herstellern von Großdieselmotoren und kompletten Antriebssystemen.

Übereinstimmung der verschiedenen Kata (Prozesse) wurde mit einem einfachen Punktesystem bewertet (Abb. 21). Im gleichen Arbeitsschritt wurden sinnvoll abgrenzbare Grundtechniken, die Kihon, formuliert, wie beispielsweise die Kihon der manuellen Datenerfassung.

Kata Matrix

⟶ Mitarbeiter kann schnell in diese Kata eingelernt werden									
	WE 1	WE 2	WE 3	M1	M2	M3	V 1	V 2	V 3
WE 1	✗	3	3	2		1			
WE 2		✗	2	2					
WE 3			✗	2	1				
M1				✗	3				
M2					✗				
M3						✗			
V 1							✗	2	2
V 2								✗	1
V 3									✗

(Zeilenbeschriftung links: Vorhandene Kata)

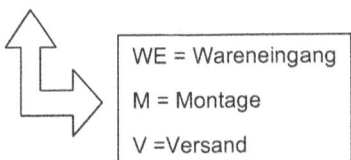

WE = Wareneingang
M = Montage
V = Versand

Bewertungsskala Kata Matrix:

0 = keine erkennbare Übereinstimmung
1 = grundsätzliche Ähnlichkeit
2 = ähnliche Anforderungen
3 = weitest gehende Übereinstimmung

Abb.21: Grundaufbau der Kata-Matrix

Die Punktwerte ergaben sich aus der Beurteilung der Mitarbeiter. Je höher der Wert der verschiedenen WE Kata (Prozesse), desto größer die Übereinstimmung. Dies wurde zum Anlass genommen, eine standardisierte WE Kata zu bestimmen, die nun in allen WE Bereichen angewendet wird. Interessante Gespräche und Lösungen gab es auch bei der Besprechung der Ähnlichkeit von M1 und M2 (3 Punkte) und der überraschenden Übereinstimmung aller Wareneingangs Kata mit der Montage M1 (je 2 Punkte). Dass im Rahmen der Gesamtstudie nicht die dann eigentlich logische Übereinstimmung der WE Kata mit M2 erkannt wurde, offenbarte Informationsdefizite, die behoben werden konnten.

Dabei wurden ähnliche Kihon verglichen und nach Möglichkeit durch eine besonders geeignete Kihon ersetzt, die dann in allen Prozessen anwendbar war. So wurden beispielsweise die unterschiedlichen Vorgehensweisen der Datenerfassung verglichen und eine standardisierbare Lösung gefunden, die jetzt in allen Prozessen verwendbar ist.

Wie auch schon an anderer Stelle erwähnt, war es auch hier wichtig, dass die Art und Weise dieser „Aufräumaktion" im Sinne der Ganzheitlichkeit geplant war. Auch introvertierte Kollegen haben sich angesprochen gefühlt und konnten ihre Erfahrungen und Anregungen in die Lösungsfindung einbringen. Durch den Austausch über die täglichen Grenzen der Zusammenarbeit hinaus, entstand so mancher wertvolle „Hallo-Effekt":

- „Wenn ich das gewusst hätte! Dann brauchen wir das ja gar nicht mehr so zu machen!"

- „Diese Konsequenz war uns nicht so klar und das können wir ohne großen Mehraufwand ändern!"

- „Eigentlich können wir es besser machen."

So oder ähnlich laufen die Diskussionen ab, wenn man eine Kata Matrix oder die in den Abbildungen 22 und 23 dargestellte Qi-Matrix erarbeitet.

> *Das Qi-Management bietet einen neuen methodischen Ansatz. Es erweitert die oft rein flussorientierte horizontale Optimierung einzelner Prozesse um eine zusätzliche vertikale Komponente. In den verschiedenen Prozessen werden die besten Teillösungen, Kihon, gesucht und diese zum Standard des Unternehmens gemacht.*

Eine interessante Anwendung der Qi-Matrix ist die Gegenüberstellung von Wissensbedarf und vorhandenem Wissen in dem untersuchten Bereich. Ähnlich einer klassischen Qualifikationsmatrix erhält man einen Überblick, welche Mitarbeiter für welche Kihon qualifiziert sind. Daraus ist leicht zu errechnen, mit welchem Sicherheitsgrad an Ausbildung eine Kata (ein Prozess) als Ganzes oder seine einzelnen Kihon ausgestattet sind. Es wird auch offensichtlich, wenn eine Überqualifikation vorliegt.

> *Mitarbeiter zu qualifizieren, die ihr Wissen nicht anwenden können, ist Energieverschwendung und für den Mitarbeiter frustrierend.*

Die anonymisierten Beispiele in Abbildung 22 (Sollzustand) und Abbildung 23 (Istzustand) zeigen, wie mit der Qi-Matrix der Bedarf an Qualifikation in Form erforderlicher Mitarbeiter, ($\sum$ MA / Kata), grundsätzlich über den Soll-Ist-Vergleich ableitbar ist. Man erkennt auch, dass bei diesem Konzept der MA1 in 6 Kata qualifiziert und als Springer und Hansho[98] einsetzbar ist.

Qi-Matrix (Sollzustand)

Human Ressources	WE 1	WE 2	WE 3	M 1	M 2	M 3	V 1	V 2	V 3	$\sum$ Kata
MA 1	1	1	1	1	1	1				6
MA 2							1	1	1	3
MA 3	1	1	1	1	1	1				6
MA 4	1		1	1			1	1	1	6
MA 5		1	1		1	1			1	5
MA 6	1	1					1	1	1	5
MA 7	1						1	1	1	4
MA 8		1	1	1		1				4
Bedarf (in MA)	1	1	1	1	1	1	1	1	1	
SOLL Sicherheit	500 %	500 %	500 %	400 %	300 %	500 %	400 %	400 %	400 %	
$\sum$ MA / Kata	5	5	5	4	3	5	4	4	4	

Abb.22: Qi-Matrix Sollzustand; anonymisiertes Fallbeispiel

---

[98] Hansho ist die japanische Bezeichnung für Teamleiter. Er führt sein Team und treibt sämtliche Kaizen-Maßnahmen in seinem Arbeitsbereich durch Prozessbeobachtung und -bestätigung bis zur nachhaltigen Lösung voran.

Im Vergleich der Abbildungen wird deutlich, dass zwischen der angestrebten Soll-absicherung und dem zum damaligen Zeitpunkt verfügbaren Wissen, eine deutliche Diskrepanz bestand.

Qi-Matrix (Istzustand)

Human Ressources	WE 1	WE 2	WE 3	M 1	M 2	M 3	V 1	V 2	V 3	Σ Kata
MA 1	1	1	1	1	1	1				6
MA 2							1	1	1	3
MA 3	1	1								2
MA 4	1		1							2
MA 5		1		1						2
MA 6							1		1	2
MA 7							1	1	1	3
MA 8		1			1					2
Bedarf (in MA)	1	1	1	1	1	1	1	1	1	
IST Sicherheit	300%	400%	200%	200%	200%	100%	300%	200%	300%	
Σ MA / Kata	3	4	2	2	2	1	3	2	3	

Abb.23: Qi-Matrix Istzustand; anonymisiertes Fallbeispiel

Ein interessanter Nebeneffekt für die Personalentwicklung ist die Transparenz dieser Qi-Matrix. Es wird leicht ersichtlich, welche Mitarbeiter sich als Hansho anbieten oder was sie noch erlernen müssen, damit sie sich weiterentwickeln können. Am unteren Ende des Ausbildungsbedarfs wird es einfacher, die Tätigkeiten zu bestimmen, bei denen Angelernte und Aushilfen eine gute Arbeitsleistung bei kurzer Einarbeitung erbringen können.

Aus der Kombination der beiden Anwendungsbeispiele ergibt sich ein wichtiges Verbesserungspotential. Sind Kihon über die Prozesse hinaus standardisiert, kann im Fall einer Ablaufstörung durch temporären Personalaustausch leicht Abhilfe geschaffen werden. Man kann dann einen Kollegen aus Abteilung 1, der dort die manuelle Datenerfassung beherrscht, zur Unterstützung in Abteilung 3 schicken, wo ein Kollege ausgefallen ist, oder eine Überlastung der Abteilung einge-treten ist. Es wird auch einfacher, eine monatliche Arbeitskräftebedarfsplanung[99] umzusetzen, bei der zwischen Abteilungen je nach Auslastungsgrad Personal verschoben wird. Einfacher deshalb, weil nicht nur einzelne Prozesse optimiert wurden, sondern auch möglichst viele verwendete organisatorische Bausteine. Wir gehen hier im Qi-Management analog dem Modulbaukasten in der Automobil-industrie vor.

Aus sinnvoll standardisierten Modulen entsteht dort durch die geschickte Kombi-nation eine Vielzahl bezahlbarer Modellvarianten. Zusätzlich bleibt auch der Auf-wand für das Ersatzteilgeschäft und die Werkstätten beherrschbar, weil Baugrup-pen mehrfach verwendet werden und das Werkstattpersonal damit sein Wissen repetitiv anwenden kann. Man erkennt auch hier, was Qi-Managment praktisch bedeutet: Vorausschauend die allgemeinen Rahmenbedingungen und speziell die Flexibilität schaffen, damit bei Änderungen von Einflussfaktoren reagiert werden kann.

Natürlich ist Heijunka[100], die Produktionsglättung, ein seit Langem bekannter Bau-stein des TPS[101], gleichwohl gelingt die gleichbleibende Produktionsauslastung in einem sich schnell wandelnden Umfeld oft nicht dauerhaft. Wenn man aber ein im Sinne der mehrdimensionalen[102] Flexibilität fähiges Unternehmen aufgebaut hat, ist man als Manager im Vorteil. Die vorher investierte Energie zahlt sich aus und die Energiebilanz insgesamt wird positiv. Der nachhaltige wirtschaftliche Erfolg stellt sich ein.

---

[99]   Bei einem AKB, **A**rbeits**k**räfte**b**edarfsplanung, wird in Betrieben der Großserienfertigung, für den folgenden Monat der Personalbedarf errechnet. Dieser ergibt sich rechnerisch aus dem geplan-ten Produktionsprogramm und den hierfür notwendigen Kapazitäten in Form unterschiedlicher Stellen. Beispielsweise 8,5 Stellen Datenerfassung, 6,7 Stellen Staplerfahrer und 3,0 Anlagen führer.
[100]   Heijunka, die Produktionsglättung, umfasst Maßnahmen, die zu einer gleichmäßigen Auslas tung der Produktion führen sollen. Marktanforderungen und Produktionsgegebenheiten sollen in einen harmonischen Einklang gebracht werden
[101]   TPS – Toyota Produktions System
[102]   Mehrdimensionalität bedeutet die Anpassungsfähigkeit auf unterschiedliche Änderungen wie der Menge, der Variante, der Qualitätsanforderungen, gesetzlich Bestimmungen usw.

5.2.4   Das Qi-Meta Modell, ein Weg zur flussorientierten Organisation

Fügt man die Bausteine des Qi-Management zusammen, so entsteht das Konzept für eine flussorientierte Organisation (Abb.24). Was verstehen wir hierunter? Zunächst sollte Kommunikation, sowohl intern als auch mit allen Partnern, als strategischer Erfolgsfaktor respektiert werden. Der Informationsfluss innerhalb und zwischen den Ebenen muss permanent gepflegt und optimiert werden. Hierzu sind organisatorische Abläufe notwendig, die dem quasi natürlichen Energiefluss (Qi) entsprechen. Zu oft sind wir auf Situationen gestoßen, in denen die Informationen nicht die Entstehung des Produktes (oder der Dienstleistung) gefördert haben. Die Mitarbeiter mussten sich dann zeit- und energieaufwändig mit dem Nötigsten auf Umwegen versorgen.

- Nahtstellenorientierung in der gesamten Wertschöpfungskette (SC)
- Kommunikation als strategischen Erfolgsfaktor „enabling technology" respektieren und zwischen den Ebenen optimieren
- Flussoptimierte und transparente Abläufe schaffen
- Flexibilität als bewussten Systembestandteil aufbauen
- Das Qi, das Wissen und die nachhaltige Motivation

   des *„Produktionsfaktors Mensch"* als Quelle der Kreativität erschließen
- Die Kommunikationskata anwenden

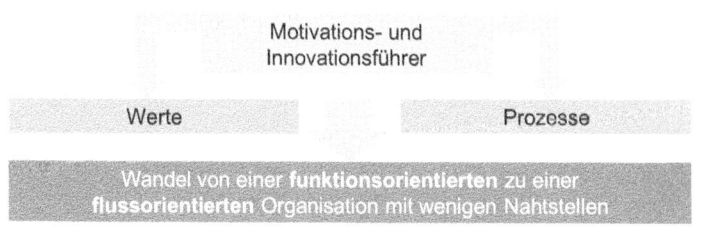

Abb.24: Eigenschaften der flussorientierten Unternehmensorganisation

Transparenz ist die Grundlage für das sinnvolle Ausnutzen von Flexibilitäten. Nur wenn die Rahmenbedingungen bekannt sind und die Auswirkungen von Alternativen eingeschätzt werden können, wird es möglich, kluge Entscheidungen zu treffen. Erfolgreiche Unternehmenskonzepte werden unseres Erachtens in der Zukunft auf die „Ziele" *Motivations- und Innovationsführer* ausgerichtet sein.

Fangen Sie damit an, den Begriff Schnittstelle aus Ihrem Sprachgebrauch zu verbannen. Sie sollten auch sprachlich keine Informations- und damit oft auch Materialflüsse zerschneiden. Wir verwenden im Qi-Management den Begriff Nahtstelle. Dies ist mehr als eine semantische Spitzfindigkeit, sondern eine Änderung der Herangehensweise an organisatorische Aufgaben. Alle Maßnahmen sollten auf einen höchstmöglichen Fluss des Qi, in welcher Form auch immer, ausgerichtet werden. Die Einhaltung gesetzlicher Vorschriften ist dabei kein Widerspruch, sondern eben eine Rahmenbedingung, innerhalb derer man sich zu bewegen hat.

6. Best Practice – der Weg der Erfolgreichen

6.1 Sieger – Fabrik des Jahres

Im Rahmen unserer qualitativen Benchmarkstudie der Fabrik-des-Jahres-Preisträger von 2007 bis 2009 – Bosch, Ansbach; Festool, Neidlingen und Proctor &Gamble, Crailsheim – haben wir jeweils die Unternehmensphilosophie sowie – kultur analysiert, um herauszufinden, weswegen gerade diese Unternehmen so erfolgreich waren. Hatten sie die Umsetzung des japanischen Konzepts der „Schlanken Produktion" gemeistert und waren dabei Bausteine unseres Qi-Managements im Spiel? Warum sind andere Unternehmen, trotz Einführung sämtlicher Konzeptelemente, gescheitert? Was sind die in der Praxis erfolgreichen Vorgehensweisen, wenn man das asiatisch geprägte Lean Management einsetzen will?

Als Benchmark-Beispiel dient der „Erfinder" des Lean Management, das Unternehmen Toyota. Kann man durch Kopieren so gut wie – oder gar besser – als Toyota werden? Was hat Toyota so erfolgreich gemacht?

Es ist unseres Erachtens offensichtlich: In diesem Unternehmen hat die Unternehmensphilosophie und -kultur oberste Priorität. Die gesamte Organisation und die Art der Kommunikation werden hiervon abgeleitet. Die eingeforderten Werte, Normen sowie Prinzipien passen logisch zueinander. Auch der Weg und die zu wählenden Mittel im täglichen Zusammenleben aller Beteiligten (Stakeholder) sind vorgegeben. Man hat Arbeitsschritte und –prozesse sinnvoll standardisiert. Dies entspricht im Vorgehen dem Qi-Management, nämlich der Suche nach Kihon, die man möglichst oft in verschiedenen Kata einsetzen kann. Mit dieser, wie bereits mehrfach betont, ausgesprochen energiesparenden Vorgehensweise ist es möglich, dort wo Kreativität tatsächlich wertvoll ist, diese auch zu investieren:

zum Beispiel durch die variable Handhabung der Kihon in neuen Kata oder durch die Neuentwicklung von passenden Kihon für neue, spezifische Problemstellung.

J.K.A. Gottschalck, A. Heinz-Trossen, *Qi-Management – Die Kata der Manager*, DOI 10.1007/978-3-642-41304-9_6, © Springer-Verlag Berlin Heidelberg 2014

Wie verhalten sich nun die Sieger im Wettbewerb, die Fabriken des Jahres, im Vergleich zu Toyota? Im Laufe unserer Studie wurde sehr deutlich, dass Kaizen[103] für die erfolgreichen Manager und Unternehmen nicht nur ein Konzept zur Verbesserung ist. Vielmehr ist es eine kulturelle Lebenseinstellung, die Fehler als etwas Positives betrachtet, wenn daraus gelernt wird und man sich im Endeffekt persönlich anhand des zurückgelegten Weges stetig weiterentwickelt.

Bei Akzeptanz der philosophischen Grundhaltung „Der Weg ist das Ziel" kann auch eine Übertragung des Konzeptes auf kulturell gänzlich anders geprägte Gesellschaften erfolgen. Dies hat der Primus Toyota mit zahlreichen von einheimischem Personal geführten Werken in den USA sowie Europa vorgemacht. Schon nach kurzer Zeit erfüllten auch diese Werke dieselben Standards, wie in japanischen Standorten.

Wie stark das Grundkonzept ist, kann man daran erkennen, wie schnell Toyota sich nach den Rückschlägen im Jahr 2011 durch Rückrufaktionen und Erdbebenkatastrophe erholt hat und im Jahr 2012 wieder zur weltweiten Nummer eins unter den Automobilherstellern aufstieg.[104]

Deutlich wurde für uns der Vorteil des prozessorientierten, langfristig orientierten Handelns nach japanischem Vorbild gegenüber westlichem, kurzfristig ausgerichtetem, rein ergebnisorientiertem Management.

Wir haben die „Fabriken-des-Jahres" der Jahre 2007 bis 2009 anhand folgender Kategorien miteinander verglichen:

- Unternehmensleitbild und Strategie des Managements

- Kaizen und Problemlösung

- Besonderheiten der Unternehmensphilosophie und -kultur

---

[103] Veränderung zum Besseren
[104] Im ersten Halbjahr 2012 brachten die Japaner laut dem Branchenblatt „Automotive News" weltweit 4,97 Millionen Neufahrzeuge an den Mann oder die Frau. Damit hat die Marke ihre beiden härtesten Konkurrenten General Motors und VW beim Streben nach dem Thron des Weltmarktführers hinter sich gelassen. (URL 18)

Deutlich wurde, dass die Basis des Erfolgs ein in sich schlüssiges System aus Philosophie, Vision, Ziel, Leitbild, Werten, Prinzipien und der Formulierung der eigenen Kernkompetenzen ist. Das ist der Weg der Sieger!

So wird Kultur als gelebtes Miteinander erfahrbar und die Identifikation mit dem eigenen Unternehmen wird geschaffen. Aber nicht, indem man auf eine reine Kopie bereits bestehender Philosophien zurückgreift, sondern ein individuell angepasstes Modell in Kooperation mit der Belegschaft erarbeitet, das für alle bindend ist. Flache Hierarchien zur schnellen Umsetzung von Verbesserungsideen in Verbindung mit kontinuierlicher Mitarbeiterfortbildung und der starken Orientierung auf den Shopfloor[105] durch das Management sorgen für Transparenz, Vertrauen, Motivation. Das erzeugt dank maximaler Mitarbeitereinbeziehung in Entscheidungen einen großen Sprung im Bereich KVP.

Bis sich dieser Erfolg einstellt, bedarf es jedoch der Geduld und einer gewissen Hartnäckigkeit des Managements, um die niedergeschriebene Philosophie einzufordern. Denn ein weiterer Erfolgsfaktor ist die praktische Verknüpfung von Philosophie und operativem Managementkonzept, da erst hierdurch die tatsächliche Umsetzung der Philosophie erfolgt. Genau dies empfehlen wir im Qi-Management. Auf der Ebene 3 - Unternehmen, müssen die Rahmenbedingungen für die Entwicklung der Ebene 2 - Team und dort die Rahmenbedingungen für die Ebene 1 - Manager geschaffen werden. Und dies muss in sich schlüssig sein. Sonst investiert man Energie nur in leere Worte.

Lassen Sie uns das anhand eines Beispiels näher betrachten.

Fabrik des Jahres 2008: Festool GmbH, Werk Neidlingen (Professionelle Elektrowerkzeuge)

Die Festool GmbH, beziehungsweise deren Muttergesellschaft TTS Tooltechnic Systems AG und Co. KG[106], gibt für die gesamte Unternehmensgruppe eine rich-

---

[105] In Dienstleistungsbereichen wird im Zuge des QM häufig über die Anfertigung unzähliger „Schriftstücke und Dokumentationen" der eigentliche Arbeitsprozess vernachlässigt.
[106] Umfasst Festool, Protool und Schneider Airsystems

tungsweisende Vision ab, die den Anspruch und den Wunsch des Managements hinsichtlich der Beschaffenheit der eigens gefertigten Produkte klar definiert:[107]

- Es sind jeweils die besten und leistungsfähigsten Werkzeuge, Zubehör, und Verbrauchsmaterialien ihrer Klasse. Ihr Name verbindet sich mit exzellentem Image[108]bei den Endkunden.

- Alle Marken bieten Problemlösungen mit ausgeprägten Alleinstellungsmerkmalen für manuelle Arbeiten bei beruflich fachorientierten Endkunden.

Für alle Beteiligten ist so klar, dass sämtliche Produkte für den professionellen Gebrauch gedacht sind und deshalb höchsten Ansprüchen in den Bereichen Leistung, Haltbarkeit und Verarbeitungsqualität genügen müssen. Ein Ausfall auf der Baustelle kann zu Verzögerungen und damit Mehrkosten führen. Daher wird versucht, alle Mitarbeiter in Produktion und Entwicklung hinsichtlich einer Exzellenz in allen Prozessen auszubilden und nachhaltig zu sensibilisieren. Das Qi, die Energie, wird nicht ausschließlich in Verbesserungen der Kostenstruktur nach dem Minimalprinzip „billig, koste es was es soll", investiert. Entsprechend der Unternehmensphilosophie (Abb.25) muss das Bewusstsein aller Mitarbeiter für Qualität und Perfektion geschärft werden - schließlich muss das exzellente Image in diesen Bereichen bewahrt werden, um den deutlich höheren Preis zu rechtfertigen. Die Umsetzung folgt also konsequent der Zielsetzung! Aus der Philosophie ergeben sich die Werte, nach denen operativ gearbeitet werden soll.

Man möchte beim Sieger Festool beste Führungs- und Erfahrungsteams in den Bereichen Fach-/ Erfahrungs- und Methodenwissen, um bestmögliche Leistung für die gesamte Organisation zu erreichen. Hierfür werden die Rahmenbedingungen geschaffen. Das Unternehmen hat erkannt, dass die Mitarbeiter den Leistungsgrad des Unternehmens (ROS[109]) wesentlich mitbestimmen, sie daher gefordert, aber auch gefördert werden müssen.

---

[107] Vgl. Tooltechnic Systems Gruppe (URL 19)
[108] Anmerkung: Das Unternehmen strebt konsequent exzellente Leistungen an, woraus sich ein positives Image ergibt.
[109] ROS entspricht Return on Sales; der Umsatzrentabilität

Unsere Unternehmenswerte

Für alle TTS-Markengesellschaften sowie für TTS selbst wurde ein zur Firmenphilosophie und den Markenauftritten passendes Wertesystem entwickelt.

Durch folgende drei Begriffe ist unser unternehmerisches Wertesystem in der kürzest möglichen Form definiert und charakterisiert:

Nutzenorientiert
Bei allem, was wir tun, sollten wir uns die Frage beantworten: Wie stehen Aufwand und Ertrag - über die Zeitachse betrachtet - im gegenseitigen Verhältnis? Nur wenn der Ertrag den Aufwand dauerhaft deutlich übersteigt, handeln wir nutzenorientiert!

Innovativ
In einer Zeit des permanenten Wandels haben wir nur dann eine Chance, wenn wir Veränderung nicht als Bedrohung, sondern als Herausforderung zu innovativem Handeln sehen. Statt den Blick zurück auf die Erfolge der Vergangenheit zu richten, schauen wir nach vorne mit dem Ziel, neue Möglichkeiten und Chancen für uns zu entdecken.

Verantwortungsvoll
Alles was wir tun, können wir verantworten. Dies gilt gegenüber unseren Kollegen und Mitarbeitern genauso, wie gegenüber unseren Kunden und Lieferanten. Hierzu gehört auch ein umweltgerechtes Verhalten in allen Bereichen.

Unser Wertesystem in drei Leitsätzen:

1. Unser Anspruch ist es, die bessere Lösung zu realisieren.

2. Erreichtes stellen wir konstruktiv infrage.

3. Maßnahmen wägen wir auf deren Folgen hin sorgfältig ab.
Jeder von uns trägt sie konsequent in seiner Funktion mit.

Abb.25: Das Wertesystem von Festool und TTS[110]

Wir möchten klarstellen, dass es durchaus Unternehmen gibt, in denen die Prozesstechnologie oder „nur" die Fähigkeiten weniger Konstrukteure die entscheidenden Wettbewerbsfaktoren sind. Wichtig ist es, dies zu erkennen und das Qi-Management darauf aufzurichten!

Bei Unternehmen die einen Weg wie Festool gehen, bedarf es Führungspersonals, das sich nicht nur durch Fachwissen, sondern insbesondere durch Menschenführung auszeichnet. Darüber hinaus muss es wie in einem hierarchischen

---

[110] In Anlehnung an: Tooltechnic Systems Gruppe (URL 20)

Score Card-System[111] Zielvereinbarungen mit sämtlichen Mitarbeitern geben. Nach unserer Erfahrung kann in einem dynamischen Umfeld, in dem sich relevante Vorhersageparameter durch innere aber auch äußere Einflüsse schnell ändern, der robustere Qi-Status[112] vorteilhaft sein.

Es bedarf einer klaren, schnellen und in der Menge ausreichenden aber nicht überfrachteten Informationsversorgung, um fundierte Entscheidungen treffen zu können. Die erste Säule Ausrichtung von Festool ist eine zielorientierte Informationsversorgung bei der Qualität Vorrang vor Quantität hat. Festool legt in diesem Bereich den Maßstab analog zur Organisation einer Materialversorgung an: die richtige Information, zur rechten Zeit, am richtigen Ort.

Die zweite Säule der Ausrichtung von Festool ist das Produkt selbst. Die Ansprüche der Kunden werden in Verbindung mit dem unternehmensinternen Verständnis eines guten Produktes gebracht. Das Unternehmen versucht, sich vom Wettbewerb abzuheben, indem bei Innovationen der Vorsprung bewahrt und ein hoher Nutzenmehrwert für den professionellen Kunden gesichert wird. Aus diesen Gründen werden Kundenpräferenzen wie Robustheit, Zuverlässigkeit und Langlebigkeit sowie seit Kurzem die Umweltverträglichkeit im Leitbild festgeschrieben. Hierauf basieren die Entwicklungstätigkeit wie auch sonstige Verfahren im Unternehmen.

Als dritte Säule definiert Festool den Bereich Dienstleistungen mit dem klaren Fokus auf der Verfügbarkeit der Produkte für den Endkunden. So selbstverständlich dies erscheint, ist es jedoch eine Herausforderung bei der Umsetzung einer „Schlanken Produktion", die idealerweise ohne Bestände und nur auf Kundennachfrage produziert. Kontinuierlich wird daher an der Verkürzung der Reaktionszeit auf den Kundenbedarf gearbeitet. Konsequenterweise konzentriert man sich sehr stark auf das After-Sales-Geschäft. Dies ist besonders lukrativ für Festool, beeinflusst die Kundenzufriedenheit und liefert dem Unternehmen aktuelle Informationen zur Situation der Kunden. Damit dieses Wissen im Unternehmen genutzt werden kann, sind geeignete Kommunikationswege eingerichtet worden.

---

[111] Beispielsweise BSC oder Qi-Status
[112] Vgl. Kapitel 5.2.2

Noch nicht erkennbar war für uns, wie weit Festool den Blick über die gesamte Wertschöpfungskette entwickelt hat und seine Lieferanten einbezieht. Dies wäre aber konsequenterweise die nächste Entwicklungsebene nach dem Qi-Managementmodell. Gelingt es auf der Ebene 4, der Supply Chain, mit Partnern Geschäftssysteme mit abgestimmten Nahtstellen zu entwickeln, erschließt sich ein enormes Entwicklungspotential.

Zentrales Element der mitarbeiterorientierten Unternehmenskultur von Festool bilden die Basiskomponenten „Wertschätzung und Vertrauen". Aus diesen zentralen Elementen leiten sich sämtliche, miteinander verbundene Werte ab. Wie in Abb.26 visualisiert, sind – *„Wertschätzung und Vertrauen"* als *„wegweisend"* anzusehen, trotzdem wird die Abhängigkeit der Werte untereinander aufgezeigt.

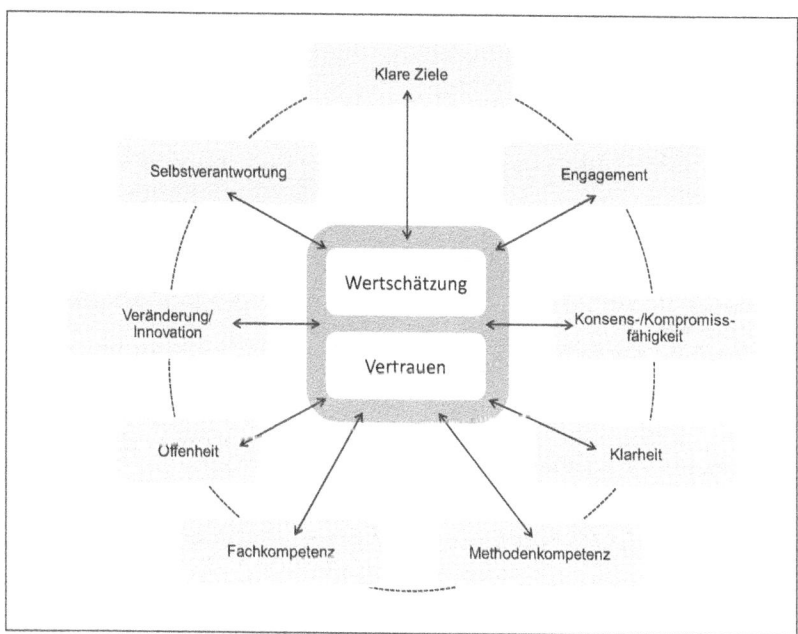

Abb. 26: Festool- „11 persönliche Werte"[113]

Werden solche „Spielregeln" tatsächlich konsequent eingehalten, gewährleistet dies nach unserer Erfahrung in jedem Unternehmen eine einfache, aber hierdurch

---

[113] In Anlehnung an: Tooltechnic Systems Gruppe (URL 21)

wirkungsvolle Kommunikation zwischen allen Beteiligten. Prozesse sämtlicher Art werden beschleunigt.

Sehr sinnvoll hat Festool (Abb. 27) die „Bedürfnisse" des Unternehmens mit denen der Mitarbeiter abgestimmt. Man erzeugt so Transparenz und schließt den Kreis der Entwicklung einer Philosophie, die in Strategie und täglicher Umsetzung wirkt.

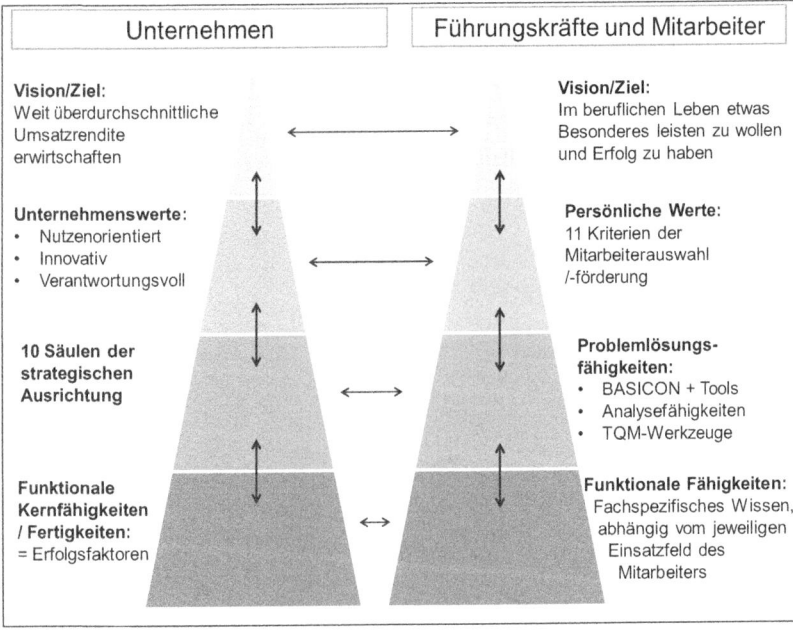

Abb. 27: Bedürfnispyramide Festool[114]

Es stellt sich die grundsätzliche Frage, ob man bei „den Erfolgreichen" nach Analogien suchen soll um Erfahrungen zu übertragen?

Im Qi-Management ist dies ein wichtiger gedanklicher Ansatz! Wir haben daher im Rahmen der Studie wirkungsvolle „Successful Practices" abgeleitet und „ermuntern Sie" auf dieser Basis eigene Überlegungen anzustellen.

---

[114] In Anlehnung an: Tooltechnic Systems Gruppe (URL 22)
Die 10 Säulen der strategischen Ausrichtung sind von Festool als Rahmen definiert worden und dienen als Basis für die operative Umsetzung.

Die Erfahrungen aus unserer Studie haben wir in Abbildung 28 visualisiert. Dies sind die Successful Practices, die Sieger anwenden, ein Überblick der entscheidenden Erfolgsfaktoren hinsichtlich Unternehmensphilosophie und –kultur. Jeder Punkt ließe sich in einem eigenen Kapital darstellen, was aber den Rahmen dieses Buches sprengen würde. Viele Aspekte sollten Ihnen aber aufgrund Ihrer Erfahrung bekannt sein, deshalb belassen wir es bei dieser verkürzten Darstellung.

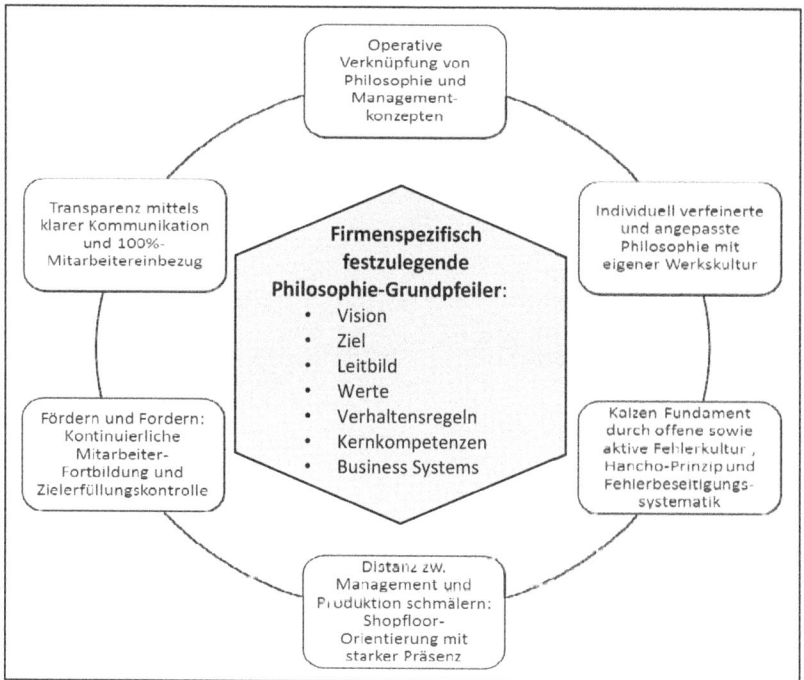

Abb. 28: Successful Practices[115]

Eine grundlegende Gemeinsamkeit aller Unternehmen zeigte sich in einer für sämtliche Share- und Stakeholder ersichtlichen, verständlichen sowie vollständigen Philosophie, die auf eigenen, individuell festzulegenden Grundpfeilern basieren muss. Von der langfristigen Vision, über Ziel, Leitbild, Werte, Verhaltensregeln

---

[115] Vgl. Frederic Backs (2012), S. 89ff.

und die Klarheit über die Kernkompetenzen – alle Komponenten müssen zu einem homogenen System zusammengeführt, das heißt abgestimmt werden.

Zu ähnlichen Resultaten kam auch die Bertelsmann Stiftung, die 2003 anhand von „6 Best Practice Beispielen" der Frage nachging, wie entscheidend der Faktor Unternehmenskultur für den Erfolg ist.[116]

Die „Besten Unternehmen" arbeiten also organisatorisch im Sinne einer bewusst gelebten Verknüpfung der Bausteine, analog zum Aufbau eines Kampfkunstsystems:

- *Philosophie*

- *Grundregeln*

- *Umsetzungssystem*

    o *Arbeitsbereiche*

    o *Verhaltensregeln*

    o *Rangfolgen*

    o *Aufstiegsbedingungen*

Diesen Weg zum nachhaltigen Erfolg haben die Sieger verstanden. Jedes Werk in unserer Studie der Sieger zeichnet sich durch eine an die Werkseigenheiten angepasste Kultur aus, die für Identifikation und Motivation sorgt.

Abschließend ließ sich feststellen, dass sämtliche Elemente der „Schlanken Produktion" erst durch die Änderung der Denkweise „Fehler sind immer nur negativ zu bewerten", hin zur aktiven Fehlerkultur mit Verbesserungsstreben in Verbindung mit einer kundenorientierten Ausrichtung der Produktion funktioniert.

---

[116] Vgl. Sackmann, Sonja A. (2004)

6.2 E-Commerce Holding – Markafoni

Ein spannendes Beispiel ist das Unternehmen Markafoni[117], Flaggschiff der Markafoni Group, Istanbul. Gegründet von Managern mit klassischer westlicher Ausbildung, die über ihren beruflichen Werdegang asiatische Unternehmensphilosophien, wie das Lean Management kennengelernt haben. Dieser Mix aus unterschiedlichen Erfahrungen wird in einem Schmelztiegel der Kulturen angewendet, in Istanbul, einer Stadt, deren Gebiet sich auf Europa und Asien erstreckt. Wie wurden hier die unterschiedlichen Erfahrungen verknüpft? Wie wurde Markafoni in nur drei Jahren zum größten und erfolgreichsten Online Fashion- und Lifestyle-Shoppingportal der Türkei?

Der Gründer und CEO des Unternehmens, Sina Afra schrieb in der Anfangszeit einmal: „Ich bin in einem sehr jungen, sehr dynamischen Umfeld gelandet und es fühlt sich alles wie eine Achterbahnfahrt auf Adrenalin an. Eine Herausforderung für mich: Zum einen aus der Sicht eines Corporate Citizens, der jetzt Entrepreneur wird. Zum anderen aber auch aus der Sicht eines Berliners in Istanbul."

Das Meta Modell des Qi-Management war die methodische Grundlage der Entwicklung. Als Neugründung wurden alle Aktivitäten auf eine Mission ausgerichtet, wohl wissend, dass der Weg der Unternehmensentwicklung eine permanente Anpassung an den jeweiligen eigenen Fortschritt erfordern würde. Die Schaffung der hierfür nötigen Flexibilität in allen Unternehmensfunktionen, wurde und wird von der Unternehmensleitung als wesentliche Managementaufgabe gesehen.

In der Unternehmensleitung von Markafoni wendet man das grundsätzliche Denkmuster des asiatischen „Guan Li"[118]an: Das Schaffen der Rahmenbedingungen, des "Guan", für eine zielgerichtete Entwicklung, das "Li", der Mitarbeiter und aller Funktionen des Unternehmens. Die Mitarbeiter durch „Guan" zu beschränken und gleichzeitig im „Li" zu befreien wird bei Markafoni als die eigentliche Heraus-

---

[117] Markafoni bedeutet sinngemäß die Symphonie der Marken; eine Wortschöpfung des Firmengründers Sina Afra. Auf türkisch bedeutet Marka = Marke und foni ist die zweite Silbe von Senfoni (Symphonie auf türkisch)

[118] Siehe auch Kapitel 3.2

forderung eines Managers gesehen. Der Schlüssel zum Erfolg ist das Gleichgewicht zu erreichen, wie es auch das Yin und Yang Prinzip vorsieht.

Abb. 29: Authentische Unternehmensleitung prägt Markafoni, CEO Sina Afra im Planungsgespräch (Markafoni 2013)

Die Mission des Unternehmens ist verständlich und anspruchsvoll formuliert: Markafoni strebt an, die erste und erfolgreichste E-Commerce-Holding mit Teilkonzernen in den verschiedenen Sektoren des E-Commerce zu sein.

„Hierfür braucht man ein starkes Team, das sich gegenseitig antreibt und respektiert und damit ist nicht das Führungsteam, sondern die gesamte Belegschaft gemeint!"[119] Die Unternehmenskultur steht bei Markafoni nicht nur auf dem Papier, sie wird authentisch vom Top-Management vorgelebt. Das kann man auch rein äußerlich an der Wahl der Kleidung der Mitarbeiter erkennen, die für das *„Unternehmensteam"* vom Top Management bis zum Lager *„locker und leger"* ist (Abb.29, 30 und 31).

Markafoni wurde im September 2008 als erster Online Shopping Club in der Türkei gegründet und erreichte Mitte 2011 einen Marktwert von ca. 200 Mio. Dollar.

---

[119] Auszug aus einem Fachgespräch mit Herrn Sina Afra, CEO Markafoni, Istanbul 2013

Es verkauft täglich Mode- und Lifestyle-Markenprodukte zu stark reduzierten Preisen an eine relativ geschlossene Einkaufsgemeinschaft.[120]

Abb. 30: KVP-Teams bei Markafoni, (Markafoni 2013)

Markafoni ist aktuell das nach eigenen Angaben drittgrößte E-Commerce-Unternehmen der Türkei, das im letzten Jahr neue, erfolgreiche Internetunternehmungen wie Zizigo (Online ShoeRetailer), Misspera (Online CosmticRetailer), FashionFriends (Online FashionRetailer) und Enmoda (Online FashionRetailer) gegründet hat. Hierbei wurden bewährte Markafoni Kata und das Prinzip Kihon-Kata-Bunkai praktisch angewendet. Unter anderem betreibt Markafoni auch Shoppingclubs in Griechenland und der Ukraine. Auch brandsExclusive in Australien gehört zum Netzwerk.

Der Unternehmenserfolg von Markafoni basiert auf der richtigen Verknüpfung von Marktbedürfnissen und der Pflege von Lieferantenbeziehungen. Hier wurden Supply Chains im Sinne des Qi-Management geschaffen. Bewusst wurde Zeit und Aufmerksamkeit in den Aufbau einer flussorientierten unternehmensübergreifenden Zusammenarbeit investiert. Mit was und wie die Kunden beliefert werden woll-

---

[120] Clubmitgliedschaft erforderlich

ten, wurde offen mit den wichtigsten Lieferanten diskutiert und die Hindernisse beseitigt, die den Informations- und Warenfluss gehemmt haben. Natürlich wurde auch über Lieferkonditionen und Preise verhandelt, aber erst, nachdem man Ansatzpunkte zur Optimierung der Nahtstellen gefunden hatte. Eine respektvoll gepflegte und damit nachhaltige Beziehung zu den Marken und Herstellern ist für das Pricing, die Markenauswahl als auch für die Sortimentstiefe und –breite der strategische Erfolgsfaktor.

Wirft man ein Auge auf das nationale türkische Marktverhalten wird sichtbar, dass die Kunden auch kleine Beträge eher mit Kreditkarte bezahlen als mit Bargeld. Die Kreditkartenpenetration des Landes übersteigt 70 % und mehr als die Hälfte der Bevölkerung hat Zugang zum Internet. An diese Rahmenbedingungen wurden die Prozesse (Kata) des Unternehmens angepasst.

Die entscheidende Rolle im operativen Geschäft von Markafoni kommt dem reibungslosen Zusammenwirken von Einkauf und Logistik zu. Hier wird umgesetzt, was das Category Management geplant hat. Das Category Management ist an erster Stelle für die Auswahl von passenden Marken und die Gestaltung des richtigen Sortiments für die Clubmitglieder verantwortlich.

Verständlichkeit der Warenpräsentation, Zuverlässigkeit der Auftragsabwicklung und Transparenz aller Informationen machen ein Clubmitglied zum Käufer. Ein intelligentes Zeitmanagement und die Abstimmung der Prozesse aufeinander sind unbedingt notwendig, um die zeitlich festgelegten Verkaufsaktionen online zu stellen.

Aktiv bleiben die Verkaufsaktionen im Internet dann auf zwei bis fünf Tage begrenzt. Nach Ablauf der Aktionen, koordinieren Einkauf und Logistik die Beschaffung der bestellten Artikel und anschließend den Versand an die Kunden. Bei täglich tausenden unterschiedlichen Bestellungen stellt diese Aufgabe eine Herausforderung für alle E-Commerce-Unternehmen dar. Markafoni hat mit dem Aufbau eines Logistikzentrums und der Einrichtung einer Speditionsgesellschaft im eigenen Firmengelände reagiert. Die Versandkapazität wurde auf bis zu 50.000 Pakete pro Tag erhöht.

Abb. 31: Sichtbare Unternehmenskultur im neuen Logistikzentrum Kurtköy, (Markafoni 2013)

Mit der Unternehmensgründung strukturierte Markafoni die IT-Abteilung so, dass sie zum internen Dienstleister werden konnte. Kürzeste Reaktionszeiten auf sich ändernde Anforderungen im Informationsmanagement sind heute erreichbar. Im Grunde handelt es sich bei Markafoni um ein Technologieunternehmen, das auf sein selbst entwickeltes ERP-System[121] setzt So kann das Unternehmen Art, Umfang und Intervall der Datenimporte definieren und selbst konfigurieren. Täglich werden über 3000 Artikel online angeboten, deren Bestellung, Beschaffung, Verpackung, Distribution und weitere Geschäftsprozesse im System koordiniert werden.

Für den CEO Sina Afra, lässt sich der Qi-Status von Markafoni mit wenigen Sätzen zusammenfassen[122]. Die Gestaltung der Unternehmensstrukturen und –prozesse ist eine Managementaufgabe, die aufgrund ihrer langfristigen Auswirkungen

---

[121] Ein Enterprise-Resource-Planning-System (ERP-System) unterstützt sämtliche in einem Unternehmen ablaufenden Geschäftsprozesse. Es enthält Module für die Bereiche Beschaffung, Produktion, Vertrieb, Anlagenwirtschaft, Personalwesen, Finanz- und Rechnungswesen usw., die über eine gemeinsame Datenbasis miteinander verbunden sind. (URL 23).
[122] Auszug aus einem Fachgespräch mit Herrn Sina Afra, CEO Markafoni, Istanbul 2013.

höchste strategische Bedeutung besitzt. Markafoni verfügt auf der obersten Führungsebene über ein Managementteam mit breiter Erfahrung im E-Commerce. Die Aufgabe dieses Teams ist es nicht, ihre Arbeitszeit vollständig in die Erledigung operativer Arbeiten zu investieren. Ausreichend Zeit für das Coaching, die Weitergabe von Wissen (Bunkai), an die zweite Führungsebene ist fester Bestandteil der täglichen Zeitplanung. So wird Energie (Qi) frei für ein pro-aktives Verfolgen von globalen Trends. Eigene Marktchancen werden so vor den Konkurrenten erkannt und das Unternehmen kann mit hohen Erfolgschancen in neue Geschäftsbereiche investieren. Dabei profitiert Markafoni aus Synergien (Kata, Kihon, Bunkai) innerhalb der einzelnen Geschäftsbereiche und erzielt Skaleneffekte[123] innerhalb der Holding.

6.3 Automotive Industrie – Vendor Managed Inventory

Ein interessantes Beispiel dafür, wie man bei gleicher Ausgangssituation und Energieaufwand wenig oder aber sehr viel erreichen kann, sind Vendor –Managed Inventory (VMI) Lösungen in der Automotive Industrie.

VMI[124] ist ein Mix aus logistischen und rechtlichen Werkzeugen zur Verbesserung der Leistungsfähigkeit einer Lieferkette. Dies entspricht Ebene vier im Qi-Management Modell. Der Lieferant erhält hierbei Zugriff auf die Lagerbestands- und die Nachfragedaten des Kunden.

Beim VMI übernimmt der Lieferant die Verantwortung für die Höhe der Bestände seiner Produkte in einem Lager, aus dem sich der Kunde versorgen kann. Dieses Lager befindet sich typischerweise auf dem Werksgelände des Kunden oder in unmittelbarer Nähe (Abb.32). Für den Kunden bedeutet dies, dass er sich quasi Just-in-time mit Komponenten zur Fertigung seiner Produkte versorgen kann. Wenn der Lieferant seine Bestände ganz oder zumindest teilweise dort lagert, wo

---

[123] Größenkostenersparnisse, Skalenerträge; Kostenersparnisse, die bei gegebener Produktionsfunktion (Produktionstechnik) infolge konstanter Fixkosten auftreten, wenn die Ausbringungsmenge wächst, da bei wachsender Betriebsgröße die durchschnittlichen totalen Kosten (DTK) bis zur sog. mindestoptimalen technischen Betriebs- bzw. Unternehmensgröße (MOS) sinken (der Anteil der fixen Kosten je produzierter Einheit wird immer kleiner). (URL 24)
[124] Vergleichbar mit „*Lieferantengesteuerter Bestand*" oder „*Supplier-Managed-Inventory*" (SMI)

der Kunde zugreift, kann er seine Sicherheitsbestände in Summe reduzieren. Staus oder wetterbedingte Anlieferungsstörungen verlieren ihren Schrecken, da die Sicherheitsbestände sich ja schon vor Ort befinden. Grundlage für die Belieferungsdisposition durch den Lieferanten sind die Planungsdaten der Produktion des Kunden, also die Verbrauchszahlen der nahen Zukunft und die aktuellen Bestände im VMI Lager, die üblicherweise elektronisch übermittelt werden. Verfügt der Lieferant über diese Planungsgrundlagen, wird es ihm möglich, seine eigene Produktion und die anschließende Lieferung optimal zu steuern.

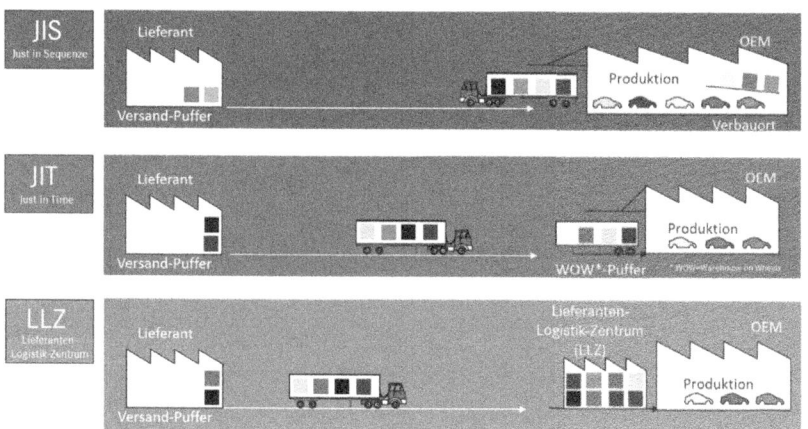

Abb.32: Standardbelieferungsformen in der Automobilindustrie[125]

Das hört sich sinnvoll an und man könnte sich fragen, warum dieses Konzept nicht flächendeckend eingesetzt wird. Hier wirken aber rechtlich und wirtschaftlich selbstständige Unternehmen zusammen und es kommt für den Erfolg schon sehr auf die Art und Weise an, wie die Nahtstellen gestaltet sind. So müssen etwa Verträge angepasst und über die faire Verteilung von Kosteneinsparungen Einvernehmen erzielt werden. Konventionelle Lieferverträge beispielsweise, mit fixen Bestellungen hinsichtlich Menge und Termin passen nicht zur Übergabe der Dispositionsverantwortung an den Lieferanten. Er soll in diesem Konzept ja aufgrund der Daten die Liefermengen und Termine in eigener Verantwortung bestimmen können. Es sind unter anderem Fragen der Gefahrentragung, der Lieferbedingun-

---

[125] In Anlehnung an VDA (2008)

gen, der Lagerungsvorschriften und allgemein die Rahmenbedingungen für eine bilanzielle Zuordnung der Bestände zu klären.

Für den Datenfluss müssen die Nahtstellen angepasst werden. In der deutschen Automobil- und Zulieferindustrie haben sich im Wesentlichen drei Datenstandardformate für den elektronischen Austausch von Daten durchgesetzt:

- VDA
  Verband der deutschen Automobilindustrie

- EDIFACT
  Electronic Data interchange for Administration, Commerce and Transport

- ODETTE
  Organisation for Data Exchange by Tele Transmission in Europe

Diese Datenstandardformate sind auch die Grundlage für sinnvolle VMI Lösungen. Der VDA ist im Sinne des Qi-Management die Plattform, auf der die Rahmenbedingungen für die Zusammenarbeit der Verbandsmitglieder geschaffen werden. Er hat zusammen mit Vertretern der Automobilindustrie nationale Empfehlungen zur Datenfernübertragung erarbeitet und diese veröffentlicht. Diese haben das Ziel einer Anpassung, Gestaltung und Harmonisierung prozessunterstützender Informationsflüsse zwischen OEMs[126], ihrer Zulieferer und TDL.[127] Sinnvollerweise werden keine neuen Nachrichtentypen im VDA-Format entwickelt, sondern nur noch im internationalen Standard EDIFACT, welcher sich immer stärker in der Automobilindustrie durchsetzt. VDA-Empfehlungen werden ausschließlich bei Gesetzesänderungen angepasst, wodurch eine Planungssicherheit hergestellt wird.[128]

Der häufig zu beobachtende „Spieltrieb" qualifizierter EDV-Spezialisten wird hier sinnvollerweise kanalisiert. Die Entwicklung eines neuen und dann doch nur marginal besseren „Standards" wird von der übergeordneten Ebene nicht zugelassen und die Entwicklungsenergie wird in Richtung der Nahtstellenoptimierung gelenkt.

---

[126] OEM - Original Equipment Manufacturer
[127] TDL - Transportdienstleister
[128] Vgl. VDA (2013)

Auf der Grundlage angepasster vertraglicher Regelungen und informationstechnischer Standards können VMI Lösungen sehr gut funktionieren. Das „Guan" ist dann geschaffen, das „Li" kann eigentlich positiv wirken. Entscheidend ist aber, wie die praktische Umsetzung erfolgt. Die handelnden Menschen lassen sich mit ihren Erfahrungen, Zielen und Ängsten nicht in Standards abbilden. Anhand eines praktischen Fallbeispiels möchten wir aufzeigen, warum und wie der Weg auch hier entscheidend ist, sowohl für die Werke selbst als auch den Konzern als Ganzes.

Betrachtet haben wir zwei ähnliche Werke in einem Konzern. Aufgrund der dezentralen Organisation der Logistikbereiche des Konzerns hatten die Werke die Kompetenz, die Umsetzung der grundsätzlichen rechtlichen Regelungen individuell zu gestalten. Auch die Art und Weise wie man die Lieferanten in das VMI Konzept eingebunden hat, war unterschiedlich.

Das Werk A, geprägt von Misstrauen gegenüber dem Verantwortungsbewusstsein und der Kompetenz der Lieferanten, investierte seine Energie, Zeit und Geld in „Defensivmaßnahmen". Man nutzte die Auslegungsspielräume der Verträge so aus, dass die Lieferanten möglichst keinen „Spielraum" in der Disposition hatte, sondern sich nach der Vorgabe der Disposition des Werkes A richten mussten. Praktisch hat man für das Lager Mindestbestände und Maximalbestände so vereinbart, dass der Unterschied gerade einem Tagesverbrauch entsprach. Der Lieferant war also gezwungen, täglich genau den Tagesverbrauch anzuliefern. Die Lieferanten wurden auch überwiegend nur per Post oder E-Mail über die Umstellung auf das neue Verfahren informiert. In persönliche Gespräche, die Vertrauen hätten schaffen können, hat man nicht investiert. Als Konsequenz konnten die Lieferanten die Vorteile der Optimierung, die das VMI Konzept eigentlich bietet, wie beispielsweise die Losgrößenoptimierung, nicht zur Kostenreduzierung nutzen. Im Grunde wurde der Fortschritt durch das Werk A konsequent verhindert.

Das Schwesterwerk B ging bei der Umsetzung des VMI einen anderen Weg. Mit hohem Energieaufwand wurden das Management der Lieferanten, aber auch diejenigen, die auf der anderen Seite der Nahtstelle gearbeitet haben, über die neuen Verantwortungen aber auch Spielräume informiert. Integrationsteams besuchten auch zahlreiche Lieferanten um mit Ihnen vor Ort zu besprechen, wie die Prozesse über die Nahtstelle hinweg flussorientiert gestaltet werden konnten. Auf diesem Weg wurden persönliche Kontakte geknüpft, Vertrauen geschaffen und viele Verbesserungsideen gefunden und umgesetzt.

Als Folge der flussorientierten Prozessgestaltung sank der Personalaufwand des Werkes B im Bereich der Disposition um über 30 % und die „berühmt berüchtigten Sonderfahrten, Express- und Hubschrauberlieferungen"[129], ein bekanntes Zeichen für schlechte Abstimmung, sind nahezu verschwunden.

In einigen Fällen gestaltete sich die Umsetzung für die Integrationsteams überraschend schwierig. Obwohl auch diesen Lieferanten die üblichen Spielräume der Disposition gegeben wurden, lieferten sie „stur" nach täglichen Verbrauchszahlen. Es kam zu keiner Optimierung, weder beim Lieferanten noch in den Lagerbereichen. Man konnte dies leicht an den teilweise mit nur einer Palette belegten Blocklagerplätzen[130] erkennen. Per Zufall stieß man im Werk B auf die Ursache. Es handelte sich fast ausschließlich um Lieferanten, die zuerst mit Werk A in Kontakt waren. Der dortige Weg der Integration hatte das Vertrauen in die neuen Kompetenzen gestört. Wenn man als Lieferant in Werk A für das Ausnutzen dispositiver Freiheiten über „kreative Sanktionen" bestraft wurde, warum sollte es im Werk B des gleichen Konzerns anders sein?

Mittlerweile hat sich der Konzern weiter entwickelt, und das Umsetzungswissen (Bunkai) wurde in Treffen der Werkskoordinatoren weitergegeben. Ein gemeinsamer Weg für die Umsetzung des VMI wurde gefunden. Erst hierdurch, durch das Schaffen einer gemeinsamen Kata, ist der Weg für die Ausnutzung der Potenziale des Konzeptes geebnet worden.

---

[129] Diese extrem teuren Anlieferungen werden nötig, wenn aufgrund eines Fehlers in der Belieferungssteuerung eine Lieferung auf normalem Weg zu spät ankommen würde. Die Folge wäre ein Produktionsstillstand verbunden mit hohen Kosten.

[130] Auf einem Blocklagerplatz lagert man normalweise mehrere Paletten, wobei die Stapelhöhe im Wesentlichen von der Geschosshöhe begrenzt ist.

6.4 Automobilvertriebsnetzwerk – Neils und Kraft

Weitere interessante Beispiele für die Spuren des Qi-Management im westlichen Management findet man in einem erfolgreichen Automobilvertriebsnetz. Als reinen Automobilhändler kann man Neils & Kraft mit insgesamt drei Betrieben in Mittelhessen sowie elf Betrieben in einer Beteiligung in Thüringen, Sachsen-Anhalt und Sachsen nicht bezeichnen. Das 1927 gegründete Unternehmen betrachtet seine Entwicklung als Reifeprozess. Die Gründer, der Kaufmann Otto Neils und der Kraftfahrzeugmeister Karl Kraft, führten schon damals das Unternehmen Neils & Kraft als lernendes Unternehmen, im Sinne des KVP. Diese Tradition wird von der jetzigen Unternehmensleitung in dritter Generation weitergeführt.

Michael Kraft, der geschäftsführende Gesellschafter, hat klare Vorstellungen, die – und das ist entscheidend – auch im Unternehmen bekannt sind, weil sie ständig weiterentwickelt und daher auch kontinuierlich kommuniziert werden: „Das Unternehmen soll sich so entwickeln, dass es nachhaltig erfolgreich ist. Wir leben in enger Verzahnung mit unserer Umwelt. Es gehört zu unserer Unternehmensphilosophie, Verantwortung für unsere Arbeitnehmer, Auftragnehmer und unser Gemeinwesen zu übernehmen. Wir bieten den Menschen und den Unternehmen unserer Region hochwertige Produkte und Dienstleistungen. Kurzfristige Aktionen, die zwar große Erfolgschancen, aber auch große Risiken bedeuten, scheiden daher für uns aus. Unsere Mitarbeiter, oft schon in zweiter oder sogar dritter Generation bei uns tätig, sind die Erfolgsgaranten unserer Entwicklung. Die Hauptaufgabe des Managements liegt darin, die Rahmenbedingungen für ihre Entfaltung zu schaffen und unsere Ressourcen qualifiziert einzusetzen." [131]

Die Unternehmensentwicklung wird als Weg auf der Umsetzung der Vision (Abb. Vision) angesehen und das Management soll laut Michael Kraft jeden Tag so strukturieren, dass „ausreichend Zeit zur qualifizierten Weiterentwicklung eingeplant" wird.

Das mag auf den ersten Blick widersprüchlich erscheinen, verdeutlicht aber eine aus unserer Sicht sehr wichtige Grundhaltung nachhaltiger Unternehmensleitung.

---

[131] Auszug aus einem Fachgespräch mit Herrn Michael Kraft, 2013

Ein Manager, der seinen Tag 100–120 % mit Terminen verplant, ist nicht das richtige Vorbild, sondern derjenige, der es bei 80 % belässt und freie Zeit für die aktive Förderung seiner Mitarbeiter in seiner Funktion als Sensei als wertvoll erachtet. Weniger kann also mehr sein. Das ist gelebtes Pareto Prinzip.

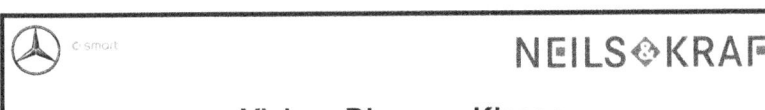

Vision: Die neue Klasse

Alleinstellungsmerkmal
- Breiteste, aktuelle Produktpalette
- Vertriebsaußendienst
- Attraktive Standorte und Betriebe
- Garantierte Qualität.

Mission
- Wir erwirtschaften eine angemessene Verzinsung für das eingesetzte Kapital und einen Risikozuschlag
- Wir bieten den Menschen und Unternehmen unserer Region hochwertige Dienstleistungen
- Wir übernehmen Verantwortung als Vorreiter und Initiator; Arbeitgeber, Auftraggeber, Steuerzahler, Sponsor kurz:
als guter Bürger unseres Gemeinwesens

Wettbewerbsvorteile
- Nah und Schnell
- Persönlich & Direkt
- Groß und Leistungsfähig
- Innovativ & Kompetent
- Bodenständig & Regional
- Modern

Strategie
- Qualifizierte Weiterentwicklung aller Geschäftsfelder
- Nr. 1 in Kundenzufriedenheit
- Differenzierte Qualitätsstrategie
- Höhere Marktdurchdringung durch bessere Marktbearbeitung
- Personal- und Sachkostenmanagement!
- Ertrag in allen Geschäftsfeldern
- Qualifizierter Ressourceneinsatz

Abb.33:Die Vision von Neils & Kraft (Neils & Kraft, 2013)

Die Unternehmenssteuerung von Neils & Kraft wird analog der zeitlichen Dimensionen des Qi-Status ausgerichtet. Die Nachhaltigkeit oder Zukunftsfähigkeit wird in kurz-, mittel-, und langfristig sowie in die Wirkungskomponenten Gewinnfähigkeit, Wettbewerbsfähigkeit und Veränderungsfähigkeit unterteilt.[132] Maßnahmen im Bereich der kurzfristigen Wirkung müssen immer auch einen Beitrag zur Stärkung der langfristigen Wettbewerbsfähigkeit und Veränderungsfähigkeit leisten und umgekehrt genauso. Je länger der Betrachtungszeitraum, desto stärker ist dann die Betonung der Veränderungsfähigkeit, ohne aber die restlichen Komponenten außer Acht zulassen. (Abb.32)

---

[132] Neils & Kraft hat nach Analogien gesucht, bewährte Methoden im Bankenbereich gefunden und an die eigene Situation angepasst.

Die Neils & Kraft Gruppe hat auf die Änderungen im Automobilmarkt reagiert und bietet den Kunden in den im „Downstream" zusammengefassten Geschäftsfeldern die von ihnen geforderten Leistungen an. Neben dem traditionellen Verkaufs- und Reparaturservice kamen zusätzliche „fahrzeugbezogene" Dienstleistungen hinzu.

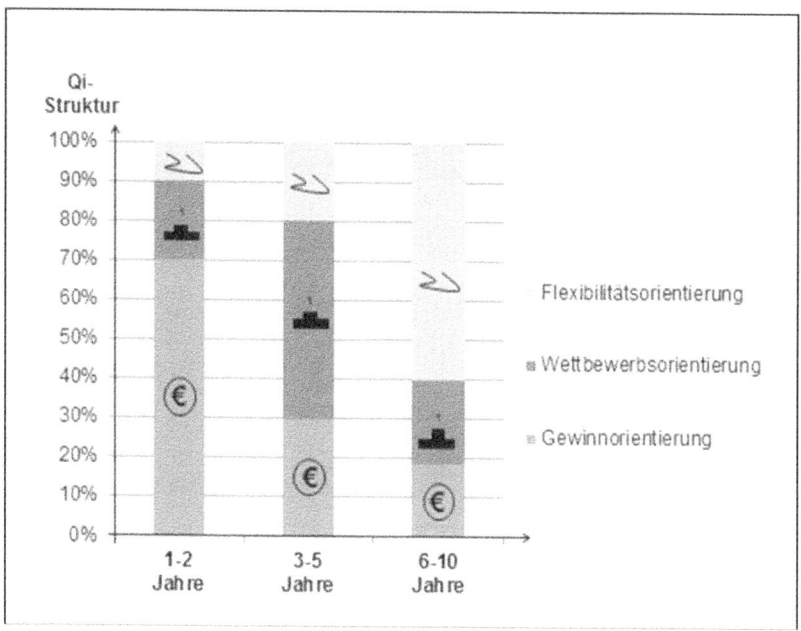

Abb.34: Perspektiven nachhaltiger Unternehmenssteuerung

Daher hat die Unternehmensgruppe investiert und die Transparenz der verschiedenen Prozesse (Kata) in den letzten Jahren nochmal deutlich gesteigert, sodass man die Abläufe miteinander vergleichen konnte. Auf dieser Basis wurde dann nach Analogien und den besten Grundtechniken (Kihon) gesucht und diese, soweit sinnvoll, als Standards auch für andere Prozesse festgelegt. Bei der Umsetzung wurden die Anwendungserfahrungen (Bunkai) von denen weitervermittelt, die diese auch gemacht haben, also von Erfahrenen. Praktisch ist dies in Schulungen vor Ort und den zeitweisen Austausch von Mitarbeitern zwischen den Betrieben umgesetzt worden.

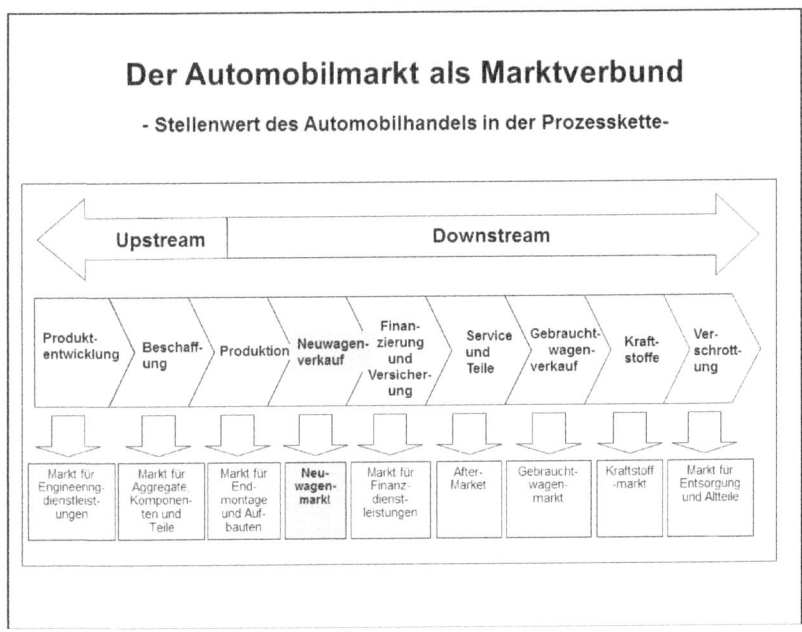

Abb. 35: Der Automobilmarkt als Marktverbund[133]

Die Besonderheit bei Neils & Kraft ist es nun, dass diese Vorgehensweise soweit optimiert wurde, dass das Unternehmen einen neuen Betrieb mit dem Planungspartner gleich so konzipiert hat, dass ein zweiter Betrieb als exakte Kopie an anderer Stelle erstellt werden kann. Vorausschauendes Denken war hier gefordert. Der Erfolg wird eine verbesserte Nutzung verschiedener Dimensionen des Qi, der Energie des Unternehmens sein. Beginnend mit dem deutlich reduzierten Planungs- und Investitionsaufwand für die bauliche Erstellung des zweiten Betriebes, über die Wiederanwendung der optimierten Kata, bis zur Möglichkeit des Personalaustauschs bei kritischen Kapazitätsauslastungen. Mit den Begriffen des Qi-Management ausgedrückt, wurden auf der Ebene 3 (Unternehmen) vorbildlich die Rahmenbedingungen für eine optimale Entwicklung der Ebene 2 (Team) geschaffen.

---

[133] In Anlehnung an: Diez, Willi (2006): Automobilmarketing – Navigationssystem für neue Absatzstrategien, 5. akt. u. erw. Aufl., Landsberg am Lech 2006, S. 18.

7. Die persönliche Entwicklung zum Sensei im Qi-Management

Sie haben bis zu dieser Stelle das Meta Modell des Qi-Management, seinen grundsätzlichen Aufbau und praktische Erfahrungen[134] kennengelernt. Vielleicht haben Sie sich beim Lesen schon die Fragen gestellt: Was bedeuten die bisherigen Überlegungen für mich persönlich? Welche Herausforderungen sind zu meistern und welchen persönlichen Nutzen kann ich erwarten? Was bringt mir das als Person? Genau hierauf gehen wir nun ein!

Auf der Ebene des persönlichen Qi-Management steht die Betrachtung der Energiebilanz in den *vier Ebenen des Seins* im Fokus, auf die wir später vertieft eingehen. Hier spielt das innere Gleichgewicht eine wesentliche Rolle. Negativer Stress bringt den Menschen aus dem Gleichgewicht. Kein Stress verhindert allerdings Spitzenleistungen. Das gesunde Maß zu finden *ist das Ziel* und Stress Management ist *der Weg*, die Strategie zum Erfolg. Mit geeignetem „Werkzeug" können sie die Nutzung oder, wie wir aufzeigen, die Gewinnung von Qi, effektiv und willkürlich herbeiführen.

Der Versuch, in Fernost nach der Lösung zu suchen, ist nicht neu. In vielen Veröffentlichungen findet man bereits seit einigen Jahren die Thesen, dass für die Optimierung der Situation eines Managers und des modernen Managements allgemein die Nutzung der Erfahrungen der traditionsgebundenen, asiatischen Philosophie und der Kampfkünste große Vorteile bietet.

Es gilt unseres Erachtens bei all diesen Ansätzen aber zu beachten, dass sich die Bausteine fernöstlicher Kampfkunstphilosophien, ganz gleich wie praktikabel sie für den asiatischen Raum auch sein mögen, in die Strukturen europäischer und westlicher Systeme nicht immer ohne weiteres einfügen lassen. Denn ist es tatsächlich sinnvoll, die streng hierarchische Struktur beispielsweise einer Karateschule einfach auf ein Unternehmen zu übertragen, um dann den Erfolg nach ja-

---

[134] Die Beispiele haben wir aus Industrie und Handel ausgewählt. Das Qi-Management ist aber als ein allgemeines Meta Modell entwickelt worden, mit dem wir auch in beratenden Unternehmen oder beispielsweise in Pflegeberufen gute Erfahrungen gesammelt haben.

J.K.A. Gottschalck, A. Heinz-Trossen, *Qi-Management – Die Kata der Manager*,
DOI 10.1007/978-3-642-41304-9_7, © Springer-Verlag Berlin Heidelberg 2014

panischem Muster zu erwarten? Garantiert nicht! Macht es Sinn, den bedingungs-losen Gehorsam, in absolutem Vertrauen auf die Autorität des Meisters, des Sen-sei, die nicht mehr hinterfragt werden darf, auf das europäische Management zu transformieren? Garantiert nicht! Ist es aber nicht faszinierend, wie sich alte Kampfkunstmeister scheinbar mühelos gegen austrainierte junge Kämpfer durch-setzten und dabei offensichtlich die innere Ruhe bewahren? Möglicherweise liegt die Kunst darin, dass sie sich vollkommen auf die Situation einlassen, wie sie tat-sächlich ist, störende Gedanken ausblenden und sich *ohne Stress, ohne Energie-verlust*, auf ihre Erfahrungen besinnen?

Wir haben mit einer Vielzahl erfahrener Manager und Kampfsportler gesprochen und deren und unsere wesentlichen Erfahrungen zusammengetragen. Offensicht-lich geeignete und bewährte „Werkzeuge" haben wir sinnbildlich in einen *Werk-zeugkoffer des persönlichen Qi-Management* gelegt. Der Werkzeugkoffer des Qi-Management ist unsere Zusammenstellung von bewährten, teilweise unbekannten oder aber auch neu entwickelten Managementtechniken. Was funktioniert erfah-rungsgemäß, wann und wie kann man das Zahlen von Lehrgeld vermeiden?

Sehr spannend war die Erkenntnis aus unseren Untersuchungen, dass Kampf-sportler ihre Erfahrungen oft intuitiv und sicher auch im Management ihres Lebens und im Beruf anwenden. Ein elementarer Baustein vor einem Kampf ist es, sich von störenden Gedanken frei zu machen, die Situation so zu akzeptieren, wie sie ist und keine Energie an überflüssige Gedanken zu verschwenden. Diese mentale Fähigkeit entscheidet oft über Sieg oder Niederlage und das gilt genauso auch für ein Tennismatch oder eine wichtige berufliche Besprechung.

Der Umgang mit Erfahrungen und Erfahrenen ist bei Kampfsportlern besonders ausgeprägt. Im Karate beispielsweise beginnt der Schüler unter Anleitung eines Meisters mit den *Kihon*, den Grundtechniken, die dann erst später zu *Katas*, Be-wegungsabläufen, zusammengesetzt werden. Der fortgeschrittene Schüler erlernt dann die *Bunkai*, die Feinheiten der Anwendung der Kata, wobei es üblicherweise mehrere Möglichkeiten der Anwendung gibt, je nach Situation. Wann was erlernt wird, entscheidet der erfahrene Sensei und der Schüler vertraut den Erfahrungen.

Der von uns oft wiederholte wichtige philosophische Satz -*der Weg ist das Ziel*-findet sich im *Judo (Japanisch: „der Weg")* schon im Namen wieder. Kano, der Begründer des Judo nannte seine Schule Kodokan (Schule zum Studium des Wegs). Wichtig war Kano der Transfer des Judo in die Alltagsbedingungen.[135] Es sollten die Grundsätze des Judo mit dem „Prinzip der größtmöglichen Wirkung" und der „wechselseitigen Verantwortung" realisiert werden.[136] Diese Einstellung bedeutet nicht den Sieg als das höchste zu erreichende Ziel zu haben, sondern vielmehr Gesundheit, Mut und das eigene aber auch das Wohlergehen der anderen.

Übergeordnet soll Körper, Geist und Psyche als eine Einheit begriffen und erlebt werden. Das ist möglich über die Erfahrung des fließenden Qi in der meditativen Bewegung der Kata, im Judo, im Goju Karate, oder im Tai Chi. Die ausgeführten Bewegungen der Grundtechniken haben von Anfang an einen Sinn, steigern die Fähigkeiten des Übenden und beeinflussen sein Qi. Über die Verinnerlichung, das Automatisieren der vertrauten Bewegungen entwickelt der Kampfsportler einen hohen Grad geistiger Gemütsruhe und erweitert seine Möglichkeiten auf tatsächliche Herausforderungen variabel zu reagieren. Über den Zustand des "schwimmenden Geist", wird nicht statisch festgelegt, sondern der Situation entsprechend reagiert.

Weniger ablenkende und negative Gedanken verbrauchen weniger Qi, sodass mehr Energie zur Verfügung steht. Wer dies in sein persönliches Management überträgt, hat mehr vom Leben. Die eigentlichen Herausforderungen im Beruf, im Sport, in der Freizeit finden in unserem Inneren statt. Hier geht es darum, sich den individuellen, inneren Blockaden, Widerstände, dem Ego bewusst zu werden und sich damit auseinanderzusetzen, ohne gleich alles auf andere und äußere Umstände zu schieben. Diese Technik ist wesentlicher Bestandteil des Tai Chi und Qi Gong.

Ein weiterer Grundgedanke des Qi-Management lässt sich sehr gut am Beispiel Judo verdeutlichen. Die Symbolik des Entwicklungskreislaufs, wie er unser Leben bestimmt. Der Anfänger im Judo trägt einen weißen Gurt, der Großmeister trägt

---

[135] Vgl. Das Budo ABC (1981), S.145
[136] Vgl. Das Budo ABC (1981), S.147

wieder einen weißen Gurt. Die Entwicklungsstufen, die Fortschritte werden mit Gürtelfarben dokumentiert, gelb, grün, blau, braun, schwarz und rot-weiß. Das Anfänger- Weiß dokumentiert die unreflektierten Qualitäten von unbelasteter Naivität und Leichtigkeit. Denkt der Anfänger dann über sein Tun nach, wird er verkrampfter, entwickelt sich aber im Vertrauen auf erfahrene Lehrer weiter. Erst nach langer bewusster Verinnerlichung und der Antizipation der Bewegungen des Partners im Training, und hiermit ist auch die Aktion und Reaktion der Mitmenschen im Alltag gleich zu setzen, gelangt er wieder auf eine neue Stufe der Gelöstheit. Dieser Zustand rangiert dann weit über der oft Ego-fixierten Naivität und Leichtigkeit des Anfängers. So schließt sich der Kreis. So sollte man seine Entwicklung auf dem Weg zum Sensei, Meister des Qi-Management begreifen.

Ihre Entwicklung im Qi-Management beginnt im übertragenen Sinn mit den *Kihon* des Stress Managements, der Kommunikation, der effizienten Einsetzbarkeit betriebswirtschaftlicher Kenntnisse, der Konzentration, Selbstreflexion und Meditation. Diese sind sofort nutzbar und stellen dann die Grundlage für Verhaltensmuster, die verschiedenen *Kata* der Manager dar und münden in die *Bunkai*, in das Verstehen warum und wann welche Kata wirkt.

Ihre innere Haltung ist die entscheidende Grundlage, um sich selbst und dann Teams oder Unternehmen nach den Ideen des Qi-Management zu entwickeln. Daher haben wir der Ebene des persönlichen Qi-Managements einen bedeutenden Teil in diesem Buch gewidmet.

Quellenverzeichnis Teil I

Bücher

Gan, Shaoping (1997): Die chinesische Philosophie. Wissenschaftliche Buch-gesellschaft, Darmstadt.

Hoops, Wiklef (1992): Analogien und ihr didaktisches Potential". Deutsches Institut für Fernstudien, Universität Tübingen

Jossé, Germann (2005): Balanced Scorecard – Ziele und Strategien messbar um-setzten. Deutscher Taschenbuch Verlag, München

Kano, J. (1981) In: Das Budo ABC. Dreieich-Sprendlingen

Kaplan, Robert S. und Norton, David P. (1997): Balanced Scorecard. Schaeffer-Poeschl Verlag, München

Koch, Heinrich; Kupka, Sonja (1996): Traditionelle chinesische Medizin. Schat-tauer Verlag, Stuttgart

Kubat; Herbert (2007): Führen wie ein Samurai. Orell Füssli Verlag AG, Zürich

Kubny, Manfred (2002): Qi, Lebenskraftkonzepte in China – Definitionen, Theorien und Grundlagen. 2. Auflage, Karl F. Haug Verlag, Heidelberg

Möller, Hans-Georg (2001): In der Mitte des Kreises – Daoistisches Denken. Insel Verlag, Frankfurt am Main und Leipzig

Nippa, Michael (2004). Markterfolg in China. Physika-Verlag, Heidelberg

Page, Michael (1997): Die Kraft des Chi. Wilhelm Heyne Verlag, München

Peters, Dana (2008): Einsatz der Balanced Scorecard im Risikomanagement. CT Salzwasserverlag

Regenbogen, Arnim; Meyer, Uwe (2005): Wörterbuch der philosophischen Begriffe. Felix Meiner Verlag, Hamburg

Ritz, Markus (2004): Qi, das Aktivpotential in der TCM, 1. Auflage, Thews Verlag. Durchhausen

Sackmann, Sonja A. Bertelsmann Stiftung (2004) Erfolgsfaktor Unternehmens-kultur, mit kulturbewusstem Management Unternehmensziele erreichen und Identifikation schaffen – 6 Best Practice-Beispiele. Gabler Verlag

Trevisan, A. (1991): Aikido – Das große Lehr- und Übungsbuch. Scherz-Barth-Verlag, Bern

Watts, A. (1986): Vom Geist des Zen. Suhrkamp Verlag, Frankfurt.

Weick, K. E. (1985): Der Prozess des Organisierens. Suhrkamp Verlag, Frankfurt am Main

Yon, Don (2004): Innere Kampfkünste. Books on Demand Verlag, Norderstedt

Interviews

Herr Lan (2011). Die zitierten Gespräche führte die Studentin Lin Lan im Rahmen der Erstellung ihrer Thesis 2011 mit ihrem Vater, dem Manager und Unternehmer Lan, einem Zeitzeugen.

Afra, Sina (2011, 2012, 2013): CEO der Markafoni Gruppe, Istanbul

Abschlussarbeiten

Backs, Frederic (2012): Qualitative Benchmarkingstudie ausgewählter Preisträger des Fabrik-des-Jahres-Wettbewerbs hinsichtlich der gelebten Unternehmens-philosophie und -kultur zur Erreichung einer Schlanken Produktion (Hochschu-le Pforzheim)

Keller, Linda (2010): Analyse der Balanced Scorecard als Managementtool im Chi-Management (Hochschule Pforzheim)

Lan, Lin (2011): Qi Management – Chinesische Philosophie im Leben und im Ma-nagement (Hochschule Pforzheim)

Bischoff, Robin (2012): Entwicklung und Validierung eines Praxismodells der BSC 2.0 - Qi-Status (Hochschule Pforzheim)

Stiehlau, Thomas (2008): Chi Management - Die Bedeutung ganzheitlicher Betrach-tungsweise für das logistische Prozessmanagement (Hochschule Pforzheim)

Internet

URL 1:   http://wirtschaftslexikon.gabler.de/Archiv/73509/kaizenv4.html

URL 2:   http://www.artelino.com/artikel/samurai.asp

URL 3:   http://de.wikipedia.org/wiki/Pierre-Simon_Laplace

URL 4:   Gabler Wirtschaftslexikon (Stichwort: Joint Venture)
          http://wirtschaftslexikon.gabler.de/Archiv/968/joint-venture-v9.html

URL 5:   http://www.haier.cn.about/culture_20y.shtml

URL 6:   http://www.haier.cn.about/culture_21y.shtml

URL 7:   http://www.haier.cn.about/culture_20y.shtml

URL 8:   http://www.haier.cn/about/culture_25y.shtml

URL 9:   http://www.haier.cn/about/culture_index_detail01.shtml

URL 10: http://www.haier.cn/about/culture_index_detail34.shtml

URL 11: http://www.haier.cn/about/culture_index_detail34.shtml

URL 12: https://www.projektmagazin.de/glossarterm/top-down

URL 13: http://www.onpulson.de/lexikon/561/bottom-up-ansatz/

URL 14: http://de.statista.com/statistik/lexikon/definition/144/zeitreihenanalyse

URL 15: http://wirtschaftslexikon.gabler.de/media/114/36282.png

URL 16: http://www.wirtschaftslexikon24.com/d/abc-analyse/abc-analyse.htm

URL 17: http://www.lehrer-online.de/nutzwertanalyse.php

URL 18: http://www.auto.de/(tm/mid); 24.1.2013

URL 19: Tooltechnic Systems Gruppe (angepasste Vision)
          http://www.tooltechnicsystems.com/artikel/artikel_weiterleiten.cfm?id=10
          9&CFID=24688200&CFTOKEN=12077130&jsessionid=2a30e70fa0db7f
          515772TR&&url_hk=1

URL 20: Tooltechnic Systems Gruppe, Unsere 11 persönlichen Werte
http://www.tooltechnicsystems.com/artikel/artikel_weiterleiten.cfm?id=50
6&CFID=24688200&CFTOKEN=12077130&jsessionid=2a30945446c11
b366348TR&&url_hk=3

URL 21: Tooltechnic Systems Gruppe, Unsere 11 persönlichen Werte
http://www.tooltechnicsystems.com/artikel/artikel_weiterleiten.cfm?id=50
6&CFID=24688200&CFTOKEN=12077130&jsessionid=2a30945446c11
b366348TR&&url_hk=3

URL 22: Tooltechnic Systems Gruppe (URL3), Mitarbeiter werden Mitunternehmer
http://www.tooltechnicsystems.com/artikel/artikel_weiterleiten.cfm?id=57
&CFID=24688200&CFTOKEN=12077130&jsessionid=2a30945446c11b
366348TR&&url_hk=3

URL 23: http://wirtschaftslexikon.gabler.de/Archiv/17984/enterprise-resource-planning-system-v9.html

URL 24: http://wirtschaftslexikon.gabler.de/Archiv/54610/economies-of-scale-v6.html

Teil II
Persönliches Qi-Management – neue Formen der Stressnutzung

8. Qi – noch besser verstehen und nutzen

Wie in Teil I schon anhand verschiedener Beispiele erläutert, hat der Begriff Qi im chinesischen Sprachgebrauch viele Bedeutungsinhalte. In der Konzeption des Qi-Management verfolgen wir den Ansatz, der Qi als alles durchfließende Energie begreift. Freie, kreativ einsetzbare Energie steht Ihnen als Manager dann in entsprechendem Ausmaß und Form zur Verfügung, wenn Sie sich im Gleichgewicht, „im Lot" befinden.

Begehen Sie an dieser Stelle aber nicht den Gedankenfehler, Gleichgewicht mit Stillstand oder etwas Negativem zu verwechseln, im Gegenteil. Innere Balance bietet gerade die Grundlage zur optimalen Aktion und Reaktion und zur optimalen Ressourcennutzung. Der Dichter Novalis drückte es so aus: „Stärke lässt sich durch Gleichgewicht ersetzen und im Gleichgewicht sollte jeder Mensch bleiben, denn dies ist eigentlich der Zustand seiner Freiheit."[1]

Der Mensch als Individuum wirkt energetisch innerhalb seines „Systems" und auf sein Umfeld. Ebenso wirkt das Umfeld auf das Individuum. Das Gleichgewicht sollte also sowohl im einzelnen Menschen selbst, als auch zwischen ihm und seinem Umfeld angestrebt werden. Lassen Sie diese Sätze für einen Moment auf sich wirken und überdenken Ihre persönliche Situation.

> Die richtige Menge und der entsprechende Fluss des Qi gibt Gleichgewicht, macht Leistung möglich.

Stressmanagement, wie wir es verstehen, ist persönliches Energiemanagement. Üblicherweise wird Stressmanagement zu stark auf eine Stressvermeidung reduziert. Die ganzheitliche Herangehensweise des persönlichen Qi-Management eröffnet aber neue Zugänge zu diesem Themengebiet, weitet verengte Blickfelder und ermöglicht neue Erfahrungen. Über- und eben auch Unterbelastung vermeiden und das eigene Handeln auf allen Ebenen des persönlichen Seins aktiv ge-

---

[1] Uerlings, Herbert, Novalis, (1998); Georg Philipp Friedrich Freiherr von Hardenberg, war ein deutscher Schriftsteller der Frühromantik, Philosoph und Bergbauingenieur.

J.K.A. Gottschalck, A. Heinz-Trossen, *Qi-Management – Die Kata der Manager*, DOI 10.1007/978-3-642-41304-9_8, © Springer-Verlag Berlin Heidelberg 2014

stalten, das ist die Basis des Erfolges. *Optimale Ressourcennutzung- und ausbau sind möglich, wenn wir energetisch ausgeglichen leben können.*

Sobald wir aus dem Gleichgewicht kommen, sind wir im Stress.

Schon seit vielen Jahrhunderten basiert die Traditionelle Chinesische Medizin (TCM) auf dieser Erkenntnis. Es ist nach der TCM erforderlich, Qi richtig zu dosieren, im Fluss zu halten und immer wieder neue Energie „nachzufüllen". Das Stressmanagement, wie wir es betrachten, hat also historische Wurzeln.

9. Stress und Leistung

Ob wir Energie mobilisieren können, motiviert sind und optimale Leistungen erbringen können, hat also immer etwas damit zu tun, ob wir uns im Gleichgewicht
der Kräfte, oder anderenfalls umgangssprachlich „im Stress" befinden.

Aber Stress ist nicht gleich Stress. Entscheidend für den Menschen ist das richtige
Quantum und die Art des Stresses, den er empfindet. Schon Paracelsus[2] hat erkannt, dass nicht alles giftig ist, was Gift ist. Welche Wirkung eintritt, hängt von der
Dosierung ab. Dasselbe gilt für den Stress. Das richtige Quantum (Eustress) kann
auch hier förderlich sein. Entscheidend ist, ob und wie sich der gesamte Organismus an die neuen Herausforderungen „anpasst".

Die Stress-Leistungskurve zeigt diesen Zusammenhang. Grundsätzlich verläuft die
Kurve bei jedem Menschen, bereinigt von individuellen Ausschlägen, tendenziell in
diesem Kurvenverlauf, wenn keine entsprechenden Phasen der Entspannung stattfinden.

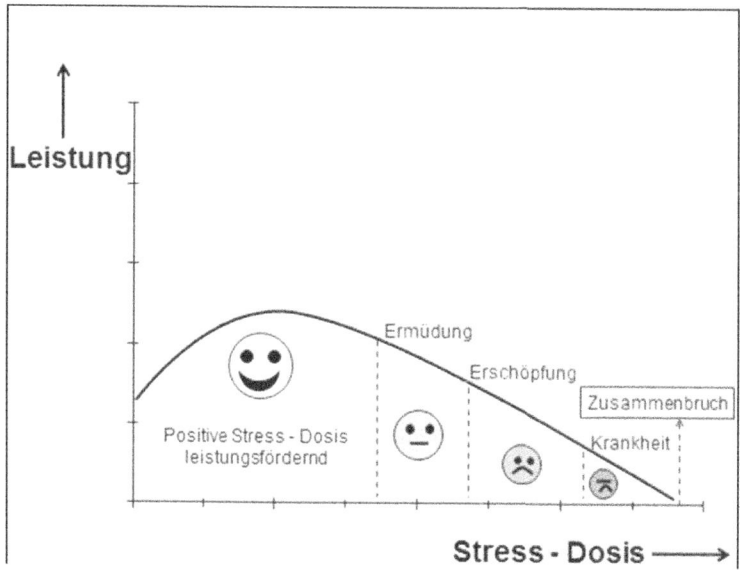

Abb. 36: Stress-Leistungskurve

---

[2] Philippus Theophrastus Aureolus Bombastus von Hohenheim, genannt Paracelsus, geb. 1493 in
Egg, in der Schweiz, war ein Arzt, Alchemist, Astrologe, Mystiker, Laientheologe und Philosoph.

J.K.A. Gottschalck, A. Heinz-Trossen, *Qi-Management – Die Kata der Manager*,
DOI 10.1007/978-3-642-41304-9_9, © Springer-Verlag Berlin Heidelberg 2014

Allerdings zeigen neuere Untersuchungen, dass immer mehr Menschen infolge von übermäßigem Stress (Disstress), besonders aus dem beruflichen Umfeld, öfter erkranken und häufiger in Frührente gehen. Da der Krankenstand seit Jahren auf niedrigem Niveau liegt, ist der gegenläufige Trend bei den psychischen Erkrankungen umso alarmierender. Diese stiegen seit 1998 kontinuierlich und legten 2010 so stark zu wie noch nie.

Die Bundesregierung hat in ihrer Antwort auf eine kleine Anfrage zu psychischen Belastungen in der Arbeitswelt, Angaben der Bundesanstalt für Arbeitsschutz und Arbeitsmedizin zitiert, nach denen für 2010 der Anteil von psychischen Erkrankungen an allen Krankschreibungstagen 13% betrug – was einer Verdopplung des Anteils seit 2000 entspricht.[3]

Interessante Ergebnisse liefert auch der Gesundheitsreport 2011 der DAK, der junge Erwerbstätige bis zum Alter von 29 Jahren analysierte.[4] Der Report wartet mit einem unerwarteten Ergebnis auf: Rund 60 % der befragten jungen Arbeitnehmer haben das Gefühl, mehr leisten zu können als im Job verlangt wird. Diese dauerhafte Unterforderung kann nach unseren Erfahrungen zu psychischen Problemen führen.

Generell nehmen nach dem Report psychische Erkrankungen auch bei Jüngeren zu. Mit fast 10 % war die Gruppe der 18- bis 29-Jährigen am stärksten betroffen. Die niedrigsten Werte fanden die Forscher bei den über 65-Jährigen (6,3 %). Ältere Menschen waren jedoch häufiger von einem *Burnout* betroffen. Während nur 1,4 % der 18- bis 29-Jährigen zum Zeitpunkt der Befragung darunter litten, gaben 6,6 % der 50- bis 59-Jährigen an, extrem gestresst und ausgebrannt zu sein. In diesem Punkt haben die „sozioökonomisch Bessergestellten" ausnahmsweise das Nachsehen: Bei der Depression nimmt die Häufigkeit der Erkrankung ab, je höher der sozioökonomische Status ist. Für das Burnout-Syndrom gilt das Gegenteil. Das Risiko der Erkrankung steigt, je besser es einem Menschen wirtschaftlich

---

[3] Vgl. Bundes Psychotherapeuten Kammer „Studie zur Arbeitsunfähigkeit 2012";
(BT-Drs. 17/9478); (BMAS/BAuA 2012)
[4] (URL 25)

geht und je höher seine Bildung ist.[5] Wenn Sie sich auf der Karriereleiter hoch-gearbeitet haben oder dies anstreben, sollten Sie aufgrund dieser Erkenntnisse im eigenen Interesse sensibel werden! Bereits 2009 resümiert die DAK in ihrem Bericht:

„... *insbesondere chronischer Stress in der modernen Arbeitswelt ist ein ernsthafter Risikofaktor für seelische Krankheiten ...*"[6]

In unserer praktischen Arbeit haben wir beobachtet, dass infolge von Stressein-wirkung immer mehr Menschen unter Leistungsabfall, schwindender Lebensquali-tät und mangelnder Lebensfreude leiden. In der Folge treten psychosomatische Erkrankungen, Berufs- und Partnerschaftsprobleme, Tablettenabhängigkeit, Niko-tinsucht und Alkoholismus auf – nur, und dies ist das Alarmierende - trotz der vie-len wissenschaftlichen Erkenntnisse in der Praxis:

Meistens wird der Zusammenhang zwischen all den Störungen und dem Stress nicht erkannt!

Genau hier kann das Qi-Management hilfreich sein, da Ganzheitlichkeit im Sinne von Ursache, Wirkungskomponenten und Nahtstellen beachtet werden, und die handelnden Menschen einen besonderen Stellenwert haben.

Als wichtigen Baustein haben wir im folgenden Abschnitt Wissen und Erfahrungen rund um den „*ominösen Begriff Stress*" zusammengestellt.

---

[5] Aktuelle „Studie zur Gesundheit Erwachsener in Deutschland" (DEGS1) des Robert Koch-Instituts (RKI). Dazu befragten und untersuchten Ärzte und Mitarbeiter des RKI über 3 Jahre (von 2008 bis 2011) einen repräsentativen Querschnitt der Bevölkerung zu ihrem Gesundheitszustand. Die Antworten und Untersuchungsergebnisse von etwa 8.000 Menschen zwischen 18 und 79 Jahren spiegeln den Gesundheitszustand der Bevölkerung in Deutschland wieder.
[6] (URL 26)

10. Wie entsteht Stress und was geschieht, wenn wir im „Stresszustand" sind?

Die Stress auslösenden Faktoren, „Stressoren" genannt, können tatsächlich oder vermeintlich wirksam sein. Das gilt für die Formen Disstress wie Eustress. Entscheidend ist, wie die Faktoren vom Individuum wahrgenommen werden. Für eine Person ist eine Situation beispielsweise eine Gefährdung des eigenen Wohlergehens, einer anderen sind die Faktoren *„eigentlich egal"*. Schon vor 1900 Jahren erkannte der griechische Philosoph Epiktet diesen wesentlichen Faktor:

„Nicht die Dinge selbst, sondern nur unsere Vorstellungen über die Dinge machen uns glücklich oder unglücklich."[7]

Stressoren wirken individuell unterschiedlich. Was für einen Menschen äußerst belastend wirkt, kann ein anderer als angenehm empfinden. Je nachdem wie er die Faktoren bewertet. Lassen Sie uns dies anhand eines alltäglichen Beispiels verdeutlichen. Sie können sich, wenn Sie im Stau stehen, immer mehr in den Ärger darüber hineinsteigern. Es wird Ihnen zunehmend schlechter gehen. Unterstützend wirken dabei Gedankenspiele oder gar Aussagen wie *„Das darf doch nicht wahr sein!"* oder *„Immer passiert mir das!"*

Sie könnten aber auch akzeptieren, dass es nun mal ist, wie es ist. Warum geben Sie sich nicht einfach mal dem Genuss hin, die verbissenen, ärgerlichen Gesichter der anderen Autofahrer zu betrachten, die nicht über die Fähigkeit verfügen, eine Situation als gegeben und kurzfristig nicht veränderlich akzeptieren zu können. Jede Wartezeit, jede Verzögerung bietet eine wunderbare Gelegenheit zur Schulung Ihres Geistes und die Möglichkeit, sich zu konditionieren. Sie haben die Entscheidung. Bevorzugen Sie die Schädigung Ihre Nerven und Ihrer Physis oder ziehen Sie den bestmöglichen Nutzen aus Ihrer jeweiligen Lage.

Charon, Atomphysiker und Weiterentwickler der Einstein'schen Relativitätstheorie, behauptet, dass es die absolute Objektivität nicht gibt. Stattdessen seien die Din-

---

[7] Vgl. Weinkauf, W. (2002)

J.K.A. Gottschalck, A. Heinz-Trossen, *Qi-Management – Die Kata der Manager*, 131
DOI 10.1007/978-3-642-41304-9_10, © Springer-Verlag Berlin Heidelberg 2014

ge und die Welt so, wie das, was wir von ihr denken.[8] Das ähnelt den Weisheiten des Philosophen Epiktet. Vereinfacht ausgedrückt lautet seine Botschaft: Wer überwiegend negativ denkt, ist einfältig und macht sich selbst das Leben schwer.

Wir formulieren im persönlichen Qi-Management hierzu die These:

> *Wer es erlernt hat, die innere Entscheidungsfreiheit mit entspannter Wachsamkeit zu nutzen, mit positiven wie scheinbar negativen Einflüssen in einer Position der Ausgeglichenheit umzugehen, ist auf dem richtigen Weg.*

Wir Menschen bräuchten eigentlich dringend ein „Antistress-update"! Grundsätzlich reagiert unser Organismus in Stresssituationen wie vor Millionen Jahren, als unsere Vorfahren noch Jäger und Sammler waren. Wird eine Gefährdung des Wohlergehens wahrgenommen, erfolgt automatisch eine „Alarmreaktion" des Körpers über das vegetative Nervensystem. Es wird mobil gemacht für Kampf oder Flucht, Hormone werden ausgeschüttet, Fette, Eiweiße und Zucker ins Blut geschwemmt, der Blutdruck steigt, die Herzschlagfrequenz wird erhöht und so weiter. Das bedeutet, dass zugunsten dieser aktivierenden Prozesse die erhaltenden, regenerierenden wichtigen Funktionen wie Verdauung, Sexualfunktion und Immunsystem gedrosselt werden.

Was einst überlebensnotwendig und nützlich war, richtet sich heute meist gegen uns selbst. Der zivilisierte Mensch des 21. Jahrhunderts ist oft nicht in der Lage, diese an und für sich positive und gesunde Energie in der betreffenden Situation umzusetzen. Der Körper rüstet automatisch zu Höchstleistung, kann sich aber nicht abreagieren. Die enorme Energiezufuhr bringt den Qi-Haushalt aus dem Gleichgewicht. Kein Wunder also, dass permanente Reizüberflutung in Form von Dauerstress zur ernsthaften Bedrohung des Menschen werden kann. Physische und psychische „Stressprodukte" werden vor allem deshalb nicht adäquat abgebaut, weil der Umgang mit dieser Art der Zuschussenergie nicht gelernt wurde.

---

[8] Charon, J. E. (1983)

Genau hier setzt das persönliche Qi-Management an. Machen Sie sich bewusst, dass es sich bei Stressreaktionen nicht um physiologische Prozesse handelt, denen Sie hilflos ausgeliefert sind. Es gibt geeignete Werkzeuge, mit denen Sie Einfluss auf die zusätzliche Energiezufuhr nehmen können. Versuchen Sie, Stresssituationen immer weniger als Bedrohung wahrzunehmen, sondern als Chance![9] Ihre Gesundheit und Ihr berufliches Wohlergehen werden es Ihnen danken.

---

[9] Wie das funktionieren kann, wurde teilweise in Teil I angedeutet und wird ausführlicher im Folgenden beschrieben.

11. Verdeckte und offene Erscheinungsformen des krankmachenden Stresses

Sehen wir den Tatsachen einmal ins Gesicht. Sowohl im beruflichen als auch privaten Alltag sind wir häufig aus unserem Gleichgewicht gekommen. Im Qi-Management sprechen wir hierbei von negativem, zu wenig oder zu viel Qi. Besonders unter dem Deckmantel der Umtriebigkeit wird hektisch zugedeckt, projiziert und verdrängt. In manchen Fällen geht es gar so weit, dass Stress als Statussymbol verstanden wird. „Sorry, keine Zeit für dich, ich bin im Stress." Einen Satz wie diesen haben Sie sicher schon einmal in einem Gespräch gehört – vielleicht haben Sie selbst ihn sogar ausgesprochen? Wird ohne Ende und um jeden Preis, ohne Rücksicht auf die eigene Gesundheit, einem fragwürdigen Erfolg hinterhergejagt, um sich weitere Statussymbole zuzulegen, ist man ganz schnell in einem Teufelskreislauf.

Was können Sie besser machen? Zunächst einmal sollten Sie darauf achten, dass Ihr Erfolg nach Möglichkeit mit innerer Zufriedenheit gepaart ist. Manche Menschen klettern die Leiter des Erfolgs sehr hoch, um oben zu erkennen, dass die Leiter an das falsche Gebäude gelehnt war. Schon der erste Schritt auf dem Weg (Do) zum späteren großen Erfolg sollte sinnvoll, bewusst und damit für Sie wertvoll gegangen werden.

Schauen Sie sich um. Zuweilen scheint es, als sei der Laptop am Strand genauso wichtig wie die Badebekleidung. Das Abschalten wird unmöglich. Ständig einsatzbereit, in Action sein, ist längst nicht nur das Mantra des Yuppie. Fast jeder Zwölfjährige braucht das neueste „mega coole Statussymbolhandy", I Phone, I Pad, usw. mit wechselbarem Outfit, den eigenen Computer und den eigenen Fernseher am besten im Schlafzimmer – „Plastik-Hedonismus in der Außenwelt".

Und wie verhält es sich mit dem extrem leistungsorientierten, ausschließlich nur auf beruflichen Erfolg fixierten Manager? Hier drängt sich die Frage auf, was es nutzt, mit fünfundfünfzig Jahren, bestückt mit zwei Herzkathetern und dem neuesten eleganten Upperclass-Wagen, endlich, nach dem sechzehn Stunden Arbeitstag nach Hause in die Luxuswohnung zu fahren, während die Lebensge-

J.K.A. Gottschalck, A. Heinz-Trossen, *Qi-Management – Die Kata der Manager*, 135
DOI 10.1007/978-3-642-41304-9_11, © Springer-Verlag Berlin Heidelberg 2014

fährtin auf preisgünstigem Discounter-Sofa ihre sexuellen Bedürfnisse anderswo befriedigt? Eine Modebegrifflichkeit hierzu ist „Work-Life-Balance". Wie weit verbreitet dieses Denken bereits ist, zeigt sich allein dadurch, dass die Suchmaschine Google über 15 Millionen Beiträgen zu diesem Begriff anzeigt. Allerdings wird bei der Gegenüberstellung der Begriffe schon suggeriert, dass das in einem wirklich positiven, sinnerfüllten Leben auf der einen Seite (Life) und auf der anderen Seite der Waage die Arbeitswelt (Work) als Gegenspieler zu finden sind. Genau so soll es aber nicht ablaufen. Der private Bereich ist nicht ausschließlich positiv und der berufliche Bereich sollte in keinem Fall überwiegend negativ wirken. Daher hat das Qi-Management im Team und Unternehmen genau das Ziel, auch hier den Weg zur Balance für die Mitarbeiter zu ermöglichen.

Die Balance der Mitarbeiter ist ein wichtiger Softfaktor und finanzwirksam.

Seit 1974 existiert der vom amerikanischen Psychoanalytiker Freudenberger geprägte Begriff „Burnout". Er hatte dieses Phänomen zunächst bei besonders engagierten, aufopferungsvollen Menschen festgestellt. Das Burnout-Syndrom ist international nicht als Krankheit anerkannt, sondern gilt als ein Problem der Lebensbewältigung. Es handelt sich um eine körperliche, emotionale und geistige Erschöpfung, häufig aufgrund beruflicher Überlastung. Diese wird meist durch Stress ausgelöst, der aufgrund verminderter Belastbarkeit und falschem Umgang nicht bewältigt werden kann.[10]

In Deutschland, zuweilen sogar als „Managerkrankheit" bezeichnet, kann das Burnout-Syndrom in sieben Phasen[11] unterteilt werden. Auszugsweise und stichwortartig:

---

[10] Die Internationale statistische Klassifikation der Krankheiten und verwandter Gesundheitsprobleme (ICD, engl.: International Statistical Classification of Diseases and Related Health Problems) ist das wichtigste, weltweit anerkannte Diagnoseklassifikationssystem der Medizin. Es wird von der Weltgesundheitsorganisation (WHO) herausgegeben.

[11] Die Phasen treten nicht immer genau in dieser Reihenfolge auf und gehen fließend ineinander über. Freudenberger hatte den Burnout-Zyklus in zehn Phasen unterteilt.

Phase 1

Übergroßes Engagement, Beruf allein ist Lebensinhalt

Symptome:

Das Gefühl unentbehrlich zu sein; tiefere eigene Bedürfnisse werden vernachlässigt: Es wird geglaubt nie Zeit zu haben; Misserfolge und Enttäuschungen werden verdrängt oder projiziert

Folgen:

Ermüdungs- und Erschöpfungszustände; Energie schwindet

Phase 5

Sinnentleerung und Verflachung auf der sozialen, emotionalen und kognitiven Ebene

Symptome:

Gesteigerte Gleichgültigkeit; nichts interessiert; auch Hobbys werden aufgegeben

Folgen:

Heilung aus eigener Kraft kaum möglich; Isolation schreitet immer mehr voran

Phase 7

Andauernde Verzweiflung und Schwankung zwischen Hoffnungslosigkeit und Aggressivität

Symptome:

Massive Depressionen; absolute Verzweiflung; generalisierte Hilflosigkeit

Folgen:

Das Leben scheint sinnlos; professionelle Hilfe ist unbedingt erforderlich

Wenn Sie sich in der Beschreibung der Phase eins wiedergefunden haben, sollten bereits Ihre „Alarmsirenen" schrillen!

Während Amerikaner von *„desk rage"* sprechen, wenn der Kollege infolge eines Wutanfalles Gegenstände zertrümmert oder Mitmenschen attackiert, verhält sich der Durchschnittsjapaner eher introvertiert und „schluckt" den Stress bis zum Zusammenbruch. Mittlerweile ist dieses Phänomen als *„Karoshi"* – Tod durch Überarbeitung – bekannt.

Burnout, desk rage oder karoshi sind sicher extreme Erscheinungsformen des krankmachenden Stresses und nicht jeder vielbeschäftige Manager ist notwendigerweise ein zukünftiger Burnout-Patient. Klar ist jedoch, dass gerade Menschen, die Verantwortung sowohl personeller als auch materieller Natur übernehmen, besonders gefährdet sind. Aus diesem Grund ist es besonders wichtig, dass Entscheidungsträger rechtzeitig Schutzmaßnahmen ergreifen. Von einem gesunden, motivierten Teamleiter profitieren das Unternehmen, die Mitarbeiter und allen voran der Betroffene selbst. Im Sinne unseres Qi-Management ist es unerlässlich, und das ist unsere ausdrückliche Empfehlung, immer wieder über ehrliche Selbstreflektion den tieferen, inneren eigenen Zufriedenheitsgrad zu erkunden. Stellen Sie sich immer wieder die „Sinnfrage".

Die Zeit für die Selbstreflektion ist immens wertvoll. Sind Sie es sich wert?

Wer über lange Jahre nur für die Firma lebt, scheitert irgendwann. Studien aus den USA zeigen, dass mehr und mehr hoch qualifizierte Fach- und Führungskräfte unter *„Hurry Sickness"* leiden, einer wachsenden Unfähigkeit, die freie Zeit überhaupt noch entspannt zu erleben[12]. Viele finden den Beruf befriedigender als die Arbeit zu Hause und bewerten die dort erbrachten Leistungen mit 86 % viel besser wie die Leistungen in der Familie mit 59 %, berichtet die amerikanische Soziologin Arlie Russel Hochschild, Professorin an der kalifornischen Berkeley-Universität.[13] Eine Befragung von Eltern der höheren Einkommensklassen hat gezeigt, dass lediglich 9 % der Befragten Beruf und Familie miteinander vereinbaren könnten. 89 % der gut verdienenden Angestellten lebten lieber mit der Zeitnot, statt vorhandene Teilzeitangebote in Anspruch zu nehmen. „Der müde Vater oder die müde Mutter flieht aus der Welt der ungelösten Konflikte und ungewaschenen Wäsche in die verlässliche Ordnung, Harmonie und gute Laune der Arbeitswelt", erläutert die Soziologin: „Das Unternehmen wird mehr und mehr zum Zuhause, während die Familie an Bedeutung verliert." Mit anderen Worten: *„Work-Life-Balance"* ist gar nicht erwünscht. Anspruchsvolle Arbeit verschafft schließlich auch Befriedigung und Selbstvertrauen und verleiht dem Leben einen Sinn.

---

[12] Vgl. Kappler, R. (2000), S.71-73
[13] Vgl. Russel-Hochschild, Arile (2013)

Doch wovon hängt es ab, dass einer die Belastungen scheinbar spielend meistert, während ein anderer sich bei gleichen Aufgaben verzehrt und früher oder später innerlich ausbrennt? Die innere Haltung sei wichtig, sagt auch Management-Coach Rupert Lay[14]. Der langfristig Erfolgreiche sei strebsam und zielorientiert wie andere auch, habe aber immer eine gewisse Distanz zu den inneren und äußeren Ereignissen. Das entspricht den Grundgedanken des Qi-Management.

Ein praktisches, Ihnen möglicherweise persönlich bekanntes Beispiel für die *„Eigenstress-Erzeugung"* liefert der Umgang mit der täglichen E-Mail-Flut. Kaum jemand kann widerstehen, gleich mal nachzusehen, wer geschrieben hat, wenn das Eingangssymbol am PC oder Smartphone blinkt. Es könnte ja etwas Wichtiges und Eiliges sein - auch wenn es das in der Regel nicht ist. Mit der Konzentration jedoch ist es erst einmal vorbei. Bis zu 150 E-Mails bearbeitet so manche Führungskraft täglich, das kostet Stunden an Arbeitszeit.

Wir empfehlen, die persönliche Energie besser zu managen und nach dem Motto „Weniger ist mehr" zu agieren. Schauen Sie beispielsweise seltener nach neuen Emails. Wenn Sie Ihr Postfach dann aber einmal öffnen, gehen Sie konzentriert vor und reagieren, archivieren oder löschen sofort. Anschließend können Sie sich mit gutem Gewissen wieder mit Ihrer verbliebenen Arbeit beschäftigen. Wichtig ist auch, eine E-Mail freie Zeit (z. B. abends, Wochenende) einzuplanen. Insbesondere Nutzern internetfähiger Smartphones dürfte der vermeintliche Segen ständiger Erreichbarkeit das ein oder andere Mal schon als Fluch vorgekommen sein. Hier hilft ein ganz einfacher Trick: Handy abschalten! Dann kommen Sie erst gar nicht in Versuchung, sich von E-Mails oder sozialen Internet- Netzwerken ablenken zu lassen.

Wer am Ende des Tages alles geschafft haben und nicht geschafft sein will, sollte nur einen Teil seiner Zeit für Aktivitäten verplanen und ausreichend Zeit für Unvorhersehbares und einen kreativen Freiraum reservieren.[15]

---

[14] Vgl. Lay, Ruppert (1999),
[15] Mehr zu diesem Thema finden Sie unter Kapitel 6.4 in Teil II „Persönliches Zeitmanagement".

Kaum einer macht Karriere, solange er nur erledigt, was sowieso zu seinen Aufgaben gehört. Wenn eine Führungskraft sich Zeit nimmt, um aktiv und kreativ Qi-Management anzuwenden, nutzt sie die Chance auf positive Erlebnisse für das Team und für sich selbst. Die eigentlichen Herausforderungen in Sport, Beruf und Alltag finden in unserem Inneren statt – sich den eigenen Ängsten stellen, der Mutlosigkeit, dem Versagen, dem Ego und anderen individuellen Dämonen. *Jeder selbst ist sich der eigene Gegner, und alle Erfolge und jeder Lohn sind ganz und gar persönlicher Art.*

Nun geht es aber nicht einfach nur darum zu lernen, mit negativem Stress umzugehen, sondern auch darum, wie er sich in positives Qi umwandeln lässt. Und es geht um generelle Techniken, die zu Erfolg verhelfen, die Zufriedenheit und Ausgeglichenheit bewirken und uns den Zugang zu den eigenen, auch tiefer liegenden Ressourcen erschließen. Wie in den asiatischen Kampfkünsten geht es um das Erlernen persönlicher Kihon (Grundtechniken) , Kata (sinnvolle Anwendung mehrerer Grundtechniken) und Bunkai (Anwendungserfahrung).

12. Stressmanagement und Kampfkunst

Kampfkunst ist Meditation in Bewegung. Es geht darum, sich eigentlich natürliche Bewegungsabläufe bewusst zu machen und so konzentriert zu üben, dass sie anschließend selbstverständlich, automatisch und unbewusst ausgeführt werden können. Dazu gehört auch, sich in den Anderen, den Trainingspartner oder den Gegner „hineinzudenken".

Die wichtigsten Inhalte der Kampfkünste beschreiben die fünf Bausteine: Geist, Körper, Kraft, Harmonie und Technik.

Obwohl diese Bausteine untrennbar zusammengehören und erst die allmähliche Realisierung ihrer Einheit zur wahren Kunstfertigkeit führt, betrachten wir die Aspekte zunächst einmal getrennt.

Geist

Der Geist (Shin) - im Sinne von „Wachsamkeit" und „Aufmerksamkeit" - ist der wichtigste der fünf Bausteine, da alle anderen in ihn einmünden. Die Spannung des Körpers, die durch richtige Atmung entfaltete Kraft, das Aufsuchen einer harmonischen Distanz zum Gegner, sowie die technische Geschicklichkeit können intensiv wirken, solange der Geist ununterbrochen auf die Situation konzentriert ist. Dazu ist es erforderlich, den Geist in eine Haltung der Nicht-Haltung (Mokuso) zu lenken.[16] Damit ist bildlich gemeint, die Gedanken wie Wolken am Himmel vorbeiziehen zu lassen, damit der Geist selbst unbewegt und ruhig bleiben kann Nur wenn der Geist nicht an der Vergangenheit oder Zukunft haftet, kann man die Möglichkeit zum effektiven Handeln wahrnehmen. Deutlich wird hier die Bedeutung der Techniken der inneren Kampfkünste. Denn nur wer es beherrscht, sich in Krisensituationen nicht von eigenen Erwartungen, Hoffnungen oder Befürchtungen dominieren zu lassen, wer „leer ist wie ein Spiegel", kann die Absichten anderer rechtzeitig und verzerrungsfrei erkennen..

Körper

Befindet sich der Geist in Mokuso, so kann der Körper frei und leicht - wie von selbst - handeln. Der geistigen Haltung des Mokuso entspricht im körperlichen Be-

---

[16] Vgl. Musashi (1984), S.85f

J.K.A. Gottschalck, A. Heinz-Trossen, *Qi-Management – Die Kata der Manager,*
DOI 10.1007/978-3-642-41304-9_12, © Springer-Verlag Berlin Heidelberg 2014

reich der Zustand des sogenannten Sutemi.[17] Beispielsweise kann der „Sutemi-Zustand" bei der korrekten Ausübung von Tai Chi erreicht werden, über gleichmäßige, gleichförmige, langsam und bewusst ausgeführte Bewegungsanläufe. Dieser Zustand wird begleitet von einem Muskeltonus, der genau in „der rechten Mitte" zwischen Anspannung und Erschlaffung liegt. Wenn die Körperhaltung vollkommen ist, dann ist es auch die Bewegung, die ihr folgt.

Kraft

Unter Kraft subsummiert man in den asiatischen Kampfkünsten, nicht nur die reine Muskelkraft, sondern alle wirkenden Energien, alle Formen des Qi, wie zum Beispiel auch die mentale Kraft.

Da die universelle Energie[18] konstant ist, sollte man in jeder Handlung des Lebens seine Energie vollkommen einsetzen; denn so „kann man die frische, neue Energie aufnehmen, die da fließt wie das Wasser".[19] Vielleicht haben Sie auch schon die Erfahrung gemacht, wenn Sie mit Ihrer Konzentration nur „halb" anwesend waren bei Schulungen, Arbeitsvorgängen, Konfliktlösungsprozessen, hat Sie das viel Kraft gekostet, fühlten Sie Sich hinterher ausgelaugt. Waren Sie aber „voll" dabei, auf die Sache konzentriert, fühlten Sie Sich danach besser und nicht so ausgebrannt. *Seien Sie also fokussiert!*

Auch bei der Konzentration des Geistes auf eine Kampfsituation ist es wichtig, seine Energie vollständig zu nutzen. „Wenn man im Kampf auch nur einen Rest von Energie zurückhält, kann man nicht gewinnen".[20] Der vollständige „Einsatz" ist möglich, wenn augenblicklich, bei vollem bewussten Tun, die Energie direkt „aufgefüllt" wird, was bei taktierendem Zurückhalten von Energie nicht möglich ist. Das „Auffüllen", die Aufnahme des Qi geschieht nach asiatischer Auffassung insbesondere durch die Atmung. In den Kampfkünsten wurden daher viele Techniken entwickelt, die auf die Schulung der Atemkraft gerichtet sind. Weitere unverzichtbare

---

[17] Sutemi meint in etwa den Körper aufgeben und fallenlassen, das Ich vergessen und allein dem kosmischen System folgen. Man gibt das Haften an den Dingen auf.
[18] Unter universeller Energie subsummieren wir alle stofflichen, feinstofflichen und energetischen Erscheinungsformen des Qi. Hierfür gilt der „Energieerhaltungssatz".
[19] Vgl. Deshimaru (1978), S.45
[20] Vgl. Deshimaru (1978), S.46

Quellen für den Erwerb von Qi sind die adäquate Nahrungsaufnahme[21] und die Beziehungen zu anderen Menschen.

Harmonie

Nach Auffassung der klassischen asiatischen Philosophen bedeutet Leben ständiges „in Beziehung sein" mit der Umwelt. In der Kampfkunst erlernt und erlebt man dies. Die Entfaltung der eigenen geistigen und körperlichen Kräfte, ist sehr stark durch das Verhältnis zum Gegenüber, zum Trainingspartner, beeinflusst. Wer angreift, muss die eigene „rechte Mitte" das „Ma-ai"[22] verlassen, um sich zum Anderen hinbewegen und ihn schädigen zu können. Wer angegriffen wird, ist gehalten, Ma-ai wiederherzustellen, um den Schaden rechtzeitig von sich abzuwenden. Die Wiederherstellung von Ma-ai geschieht dadurch, dass der Angegriffene sein Handeln auf den Rhythmus des Gegners abstimmt und nicht gegen dessen Bewegung, sondern mit ihr arbeitet. Dieses Prinzip wird im Japanischen als *„Wu-wei"* bezeichnet, was hier so viel bedeutet wie „nicht festhalten" oder „positives Annehmen des Wandels, der Veränderung".[23]

Es lohnt sich, einen genaueren Blick auf *„Wu-wei"* zu werfen, da in ihm eine große Portion des Geheimnisses und der Raffinesse asiatischer Kampfkunst enthalten ist. Bewegungen sind für einen Beobachter nur dann wahrnehmbar, wenn er sich im Verhältnis zum bewegten Objekt in Ruhe befindet. Wirkliche Stabilität resultiert folglich erst daraus, dass man sich dem Rhythmus einer beobachteten Bewegung anpasst und sich auf eine Bewegung mit ihr einlässt. Diese Überlegung gilt analog für die Beobachtung eines Angriffs auf die eigene Person. *Wenn Sie sich in innerer Ruhe befinden, können Sie alle Aktionen Anderer besser wahrnehmen.*

Man soll einen Angriff nicht abwehren, indem man die gegen uns gerichtete Kraft blockiert oder Gegenkräfte mobilisiert. Besser wird dem Angriff zunächst durch Nachgeben ausgewichen, sodass der Gegner buchstäblich ins Leere läuft. Nach-

---

[21] Wir verweisen allgemein auf Veröffentlichungen, die sich vertieft mit ausgewogener Ernährung befassen.

[22] Ma-ai, meint in der japanischen Kampfkunst den *„räumlichen und mentalen Abstand"* zwischen den Kämpfern, in dem sie noch im *„Gleichgewicht"*, in Ruhe sind. Jede Änderung ist dann eine Reaktion auf eine Aktion des Gegners und bedeutet, zumindest kurzfristig, ein erzwungenes „Ungleichgewicht".

[23] Vgl. Watts (1986), S.30

dem der Angreifer auf diese Weise „abgelenkt" wurde, kann man den Fortgang seiner Bewegung so begleiten, dass man gerade durch das Mitbewegen für sich einen Zustand der Ruhe erreicht. Aus dieser Ruhe heraus ist es leicht möglich, den Gegner zu kontrollieren.

Technik

Die einzelnen physischen Techniken, werden je nach Disziplin als Schlag, Tritt, Hieb, Streich, Stoß, Wurf, Hebel usw. ausgeführt. Zusammengefügt zu kurzen Abläufen, werden sie als Grundtechniken, Kihon geübt. Je nach simulierter Kampfsituation wurden von vergangenen Meistern unterschiedliche Reihenfolgen von Grundtechniken zu den traditionellen Formen (Kata) zusammengestellt, die eine bis mehrere Minuten andauern.[24] Die *„inneren Techniken"* wie Meditations-, Entspannungs- und Atemtechniken, oder auch die Kenntnis der Meridiane und Nervenbahnen stellen das zweite und geheimnisvolle Gebiet der Meister der Kampfkunsttechniken dar.

Einen guten Einblick dieses bewährten Aufbaus vermittelt natürlich der empfehlenswerte Besuch eines Trainings, insbesondere dann, wenn man die Bewegungen selbst nachahmen und üben möchte.

Ein praktisches Beispiel als Anregung für Sie:
Das Training in einer Übungsstätte (Dojo) beginnt in der Regel mit dem Zazen. Zazen kann man als „einfach nur bewusst sitzen" übersetzten. In entspannter Haltung den Geist zu Ruhe kommen lassen, ohne dabei zu verkrampfen „nichts zu denken" und so zur eigenen Mitte finden, ist der Sinn dieser Phase. Selbst wenn ein beginnender Schüler in diesen wenigen Minuten nur damit beschäftigt ist, seine Haltung in Richtung Entspannung auszurichten, fühlt er automatisch *„in sich hinein"* und blendet die äußeren Einflüsse teilweise aus. Der Ärger in der Schule, der Stau bei der Anfahrt, der gemeine Tritt im letzten Training, die Schlampigkeit eines Mitarbeiters, schrittweise erlernt der Übende, seine Gefühle zu stabilisieren. Kombiniert mit einer Bauchatmung ist schon diese Vorbereitung auf das eigentliche Training wertvoll. Versuchen Sie es einmal. Einfache Übungssequenzen finden Sie auch am Ende dieses Kapitels.

---

[24] Vgl. Trevisan (1991)

Ein Beispiel aus unseren Managementkursen „Tai Chi und Qi Gong für Manager":
Ein Manager, der viele Kihon schon beherrschte, teilweise auch die Kata, also die
Kombination der Kihon, war im Kampf sehr fahrig und ungeduldig, was immer
wieder zu gravierenden Fehlern führte. Er erkannte erst im persönlichen, reflektie-
renden Gespräch und der dann folgenden Übungspraxis, dass es seine Geisteshaltung war, die ihm Erfolg oder aber Misserfolg einbrachte. Es stellte sich heraus,
dass keine entsprechende Differenzierung seiner eigenen Fähigkeiten stattfand.
Immer wieder suchte er die Ursache seiner Misserfolge im Außen.

Unser Teilnehmer kam weiter, weil er unter anderem trainierte, die Fixierung auf
den Sieg loszulassen und das Gedankenkarussell um das eigene Ego zugunsten
der Erfassung der Gesamtsituation aufzugeben. Und das nicht indem er denken
sollte, „ich soll nicht denken", sondern über die Konzentration und Achtsamkeit im
Hier und Jetzt. So war es ihm möglich, den Fluss der Energie zu erfassen und zu
nutzen. Dies versetzt ihn nun in die Lage, intuitive und gedankenfreie unmittelbare
Handlungen blitzschnell erfolgreich umzusetzen.

Unser Teilnehmer hatte registriert, wie er im Sinne der Ganzheitlichkeit über seine
Aktion und Reaktion das Geschehen positiv verändern konnte. Über seine gemachten Erfahrungen mit Tai Chi hat er ein neues erfolgreicheres Handlungskonzept abgespeichert.

Kontinuierliches Auseinandersetzen mit den Techniken ist von großem Vorteil, da
der gesamte Organismus lernt die Einheit von Körper, Geist, Verhalten und Psyche zu harmonieren. Wie im Zazen, so gilt in den Kampfkünsten allgemein:
*„Etwas nur halb zu tun, ist nicht gut. Man muss es bis zum Grund ausschöpfen,
sich ihm vollkommen hingeben".*[25]

Würden Sie einen Kuchen halb fertig backen? Wasser kochen, Kaffee besorgen,
die Tasse hinstellen und dann aber aufhören? Das wäre verschwendete Zeit. Entweder richtig oder gar nicht, dazwischen liegt verschwendetes Qi.

---

[25] Vgl. Deshimaru (1978), S.45

Wenn bei der vorausgegangenen Darstellung der Eindruck entstanden ist, dass das Erlernen einer asiatischen Kampfkunst unter dem Aspekt des persönlichen Qi-Management interessant und gewinnbringend sein kann, aber keine „*partielle*" Sache ist, die mit „*ein paar Mal mitmachen*" bereits verinnerlicht, erlernt ist, dann hat dieser Abschnitt ein wichtiges Ziel erreicht.

Denn die faszinierende Leichtigkeit, mit der Meister ihre Kampftechniken ausüben und demonstrieren können, täuscht auf den ersten Blick über das langjährige hohe Ausmaß disziplinierter Anstrengung hinweg, dem der gesamte Organismus in der Einheit von Körper und Geist wiederholt ausgesetzt war, um diese Kunstfertigkeit hervorzubringen. Allerdings können wir aus jahrzehntelanger eigener Erfahrung bestätigen, dass die meiste Zeit des Übens, wenn es gelang, sich ganz auf die momentane Lernsituation einzulassen, als zeitlos, schön, ja oft glücklich empfunden wurde.

Je nach Zielsetzung bedeutet das für Sie als Übenden, ein gewisses Maß an Selbstbeherrschung und Geduld einzuüben, um trotz unausweichlicher Phasen der Mühe, jene Ebene automatisierter Bewegungsabläufe zu erreichen, mit deren körperlicher Erfahrung ein intensives Gefühl von Freude und Erfüllung verbunden ist. Ein „*Absitzen*" der Übungszeit wäre reine Verschwendung.

So gesehen hat Kampfkunst an sich auch wenig mit esoterischen Strömungen, der Macht über andere zu siegen oder den teilweise zweifelhaften Verlockungen des „*New Age* zu tun". Physische und psychische Techniken werden schrittweise erlernt, vertieft und nach bewährten Mustern kombiniert. Wenn Sie Lust bekommen haben, probieren sie es aus.

Wir möchten allerdings deutlich herausstellen, dass es uns nicht darum geht, Manager in eine asiatische Kampfkunstschule zu beordern. Wir haben uns bemüht, die Erkenntnisse, die Wirkungskomponenten aus den Kampfkünsten und der Meditation Ihnen für Ihr persönliches Qi-Management schmackhaft zu machen. „*Bewusst-Sein*", mentale Techniken, Atmung, Akzeptieren, Loslassen – all diese Werkzeuge helfen Ihnen, wenn Sie sich die Zeit zum Üben nehmen.

13. Handwerkskoffer für das persönliche Qi-Management

Wir haben ausgewählte Techniken, praktisches Handwerkszeug, im „Handwerkskoffer - unter besonderer Beachtung der „vier Ebenen des menschlichen Seins"" für Sie zusammengestellt.

Abb. 37: Der Handwerkskoffer der vier Ebenen des menschlichen Seins

Nicht nur in der therapeutischen Arbeit, auch in Management-Schulungen begegnen uns „geplagte Menschen", mit Burnout-Syndromen, Depressionen, pathogenen Angstzuständen oder Arbeitssucht, die oft eine jahrelange Odyssee hinter sich haben. Meist wurde wenig erfolgreich „nur geredet" (mentale Ebene) oder auf der Verhaltensebene Ratschläge erteilt.

Manager flüchten oft in noch mehr Engagement, noch mehr Arbeit und missachten dabei ihre tieferliegenden eigenen Bedürfnisse. Sie sind nicht mehr „auf dem Weg"! Dabei sind die Grundtechniken, die Kihon des persönlichen Qi-Managements, relativ einfach zu erlernen. Wie schaffen sie den Einstieg?

J.K.A. Gottschalck, A. Heinz-Trossen, *Qi-Management – Die Kata der Manager*, DOI 10.1007/978-3-642-41304-9_13, © Springer-Verlag Berlin Heidelberg 2014

13.1   Die Basis

Sind die Grundbedürfnisse wie Nahrungszufuhr, Schlaf und Sexualität abgedeckt, erkennen viele Menschen ihre tatsächlichen, tieferen Bedürfnisse und erreichen Glückszustände, wenn sie drei Eigenschaften praktizieren und leben:

> **Bewusst Sein, Akzeptieren, Loslassen.**

Interessanterweise bilden diese drei Aspekte die Säulen asiatischer Kampf- und Meditationstechniken. Was können sie im beruflichen und privaten Alltag für sich übernehmen?

Nach unserer Erfahrung stellt sich eine wirklich positive Veränderung von Gesundheit und Leistungsfähigkeit dann ein, wenn auf der Basis des „Bewusst Seins", der Akzeptanz und des „Loslassen Könnens", alle vier Ebenen des menschlichen Seins (Körperlich-Vegetative Ebene, Emotional-Psychische Ebene, Mentale Ebene, Verhaltensebene) berücksichtigt werden.

Sie benötigen zuerst Grundtechniken (Kihon), die sie üben und dann gezielt einsetzten können. Dann brauchen Sie ein Verständnis der Zusammenhänge (Bunkai), also was auf und zwischen diesen Ebenen wirkt.

13.2   Die Wirkungsmechanismen

Aus den Gesetzen der Physik wissen wir, dass eine optimale Wirkung erzielt werden kann, wenn verschiedene Kräfte in die gleiche Richtung ziehen. Jede traditionelle Kampfkunstausbildung zielt auf das Erlernen und Beherrschen dieser Grundlagen ab. Der Übende erlernt in einer sinnvollen Reihenfolge, bei der jeder Übungsschritt einen Sinn an sich hat, wie er in einer Kampfsituation[26] aus Körper und Geist eine harmonische Einheit bilden kann. Wenn wir keine Einheit von Körper und Geist (genauer: der vier Ebenen) bilden, vergeuden wir enorme Energie und bringen uns im Extremfall sogar in Gefahr. Den *„Wirkungsmechanismus"* der vier Ebenen zeigen die Abbildungen 38 und 39:

---

[26] Im erweiterten Sinn kann jede Konfliktsituation im beruflichen Alltag als Kampfsituation betrachtet werden.

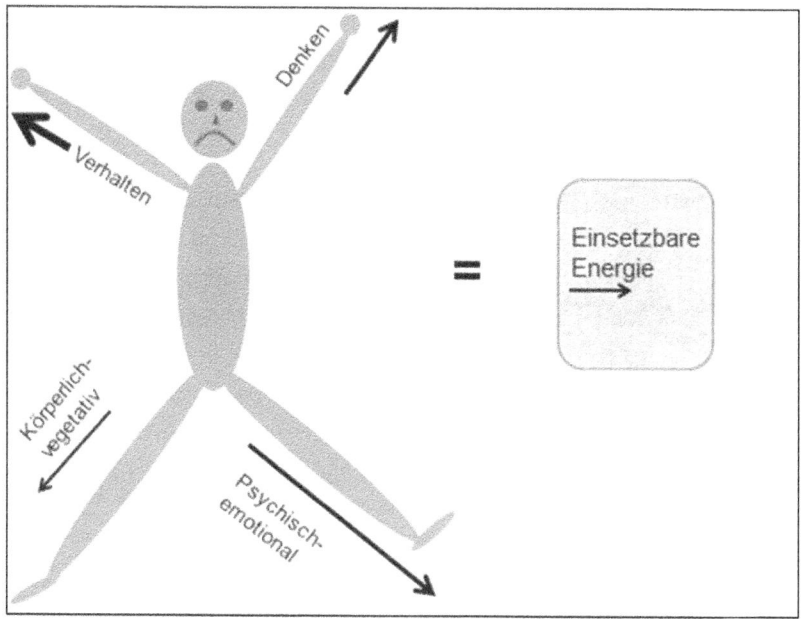

Abb. 38: Die vier Ebenen sind nicht im Einklang

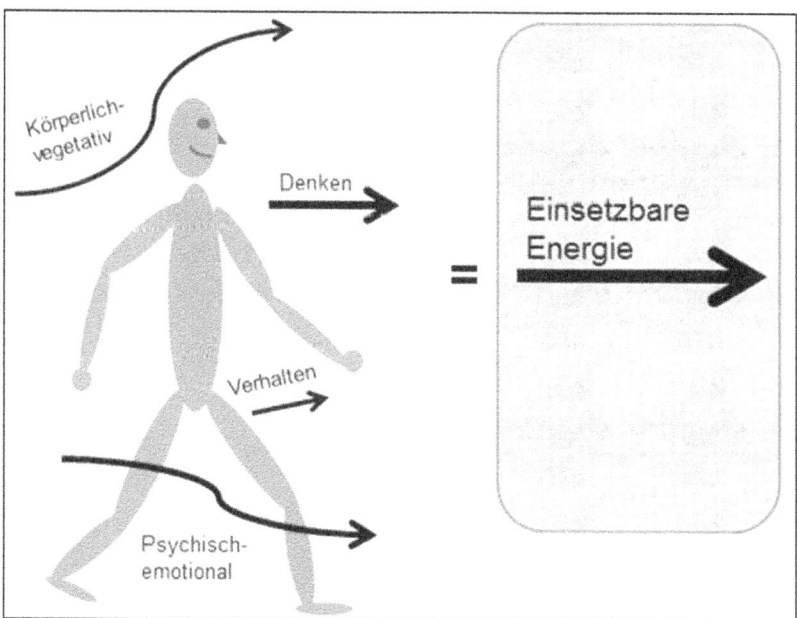

Abb. 39: Die vier Ebenen sind im Einklang

Möglicherweise haben Sie es selbst schon erlebt: Oft signalisiert uns der Körper, dass er Erholung und Ruhe braucht. Dies ignoriert der Geist aber und leitet die „Pillen-Einwurfaktionen" ein, um genauso weiterzumachen wie zuvor. Dem kurzfristigen Hype folgt fast zwangsläufig der „GAU"!

Ein weiteres Beispiel[27] verdeutlicht, was sie auch nicht nachmachen sollten: Abteilungsleiter Herr X stabilisiert seine Abteilung, in der Mängel im Bereich von Organisation und Teamarbeit vorliegen, mit eigenem hohen, aber ungesunden Einsatz. Er hilft sich, natürlich nur kurzfristig, mit Beruhigungsmitteln und Alkohol. Sein Chef ist „kurzsichtig" und zufrieden. Herr X wird gelobt, ist zufrieden und kommt in einen Teufelskreislauf. Bei einer genaueren, ganzheitlichen Betrachtung wird klar, dass das System nur durch kompensatorische Mittel „scheinbar" stabil bleibt. Um betriebliche Systeme mit einem tatsächlich stabilen, dauerhaft positiven Trend auszustatten, bedarf es mehr.

Was wäre im Sinne des Qi Management zu tun? In unserem Beispiel des Abteilungsleiters würde das zunächst bedeuten, dass nach einer gesamtheitlichen Analyse, auf der Ebene 1[28] eine individuelle Verbesserung der Situation des Abteilungsleiters über Maßnahmen aus dem Stressmanagement notwendig ist. Zeitgleich kann die Organisation im Team, möglichst mit dem Team, überarbeitet werden. Auf der Ebene 2 werden die Rahmenbedingungen für die Entwicklung der Teammitglieder geschaffen. Durch die Abgabe von Aufgaben und Kompetenzen an das Team, wird kreativ einsetzbare Zeit für den Abteilungsleiter gewonnen. Im Sinne des Delegationsverfahrens wird den Mitarbeitern mehr Eigenverantwortung gegeben, die sich dann aufgewertet und anerkannt fühlen und so aktiver mitdenken, mitgestalten, und besser motiviert sind. Das wirkt positiv auf jeden Beteiligten.

---

[27] Wir beziehen uns hier auf Erfahrungen aus unserer Beratungsarbeit.
[28] Wir erinnern an die Einteilungen
Qi-Metamodell:
Ebene 1 Das Individuum (Der Manager)
Ebene 2 Das Team (Gruppe)
Ebene 3 Die Organisationseinheit (z. B. Unternehmen)
Ebene 4 Supply Chain

Die vier Ebenen des menschlichen Seins:
Ebene 1 Körperlich-vegetativ
Ebene 2 Verhalten
Ebene 3 Emotional-psychisch
Ebene 4 Mental
Die Reihenfolge der menschlichen Ebenen ist beliebig.

Der Abteilungsleiter schafft die Rahmenbedingungen, um seine Mitarbeiter zu fördern und kann seinen Freiraum nutzen, um entsprechend anspruchsvolle Arbeiten zu verrichten, die für ihn Freude und Herausforderung sind. Der Kernpunkt ist, die vorhandene Energie des Einzelnen und des Teams zum Fließen zu bringen. Das heißt auch Hindernisse, ob organisatorischer, technischer oder psychischer Art zu erkennen, die unveränderbaren Rahmenbedingungen zu akzeptieren und Störungen bestmöglich zu beseitigen. Denn:

Nicht Konflikte sind schädlich und destruktiv,

sondern der unterlassene oder falsche Umgang mit ihnen.

Wobei bestmöglich nicht unbedingt 100 % bedeutet, denn das ist sehr oft sowohl Illusion als auch vollkommen unökonomisch. Sie erinnern sich noch an das Pareto-Prinzip?

Im Sinne des ganzheitlichen Ansatzes sind bei Verbesserungsprojekten auch die gegebenen Rahmenbedingungen der Ebene 3 zu berücksichtigen. Das kann die Unternehmensphilosophie sein oder aber ganz pragmatisch, das eben erst erfolgreich eingeführte SAP Programm.[29]

Auf der übergeordneten Ebene sind die Bedingungen zu schaffen, dass unser Abteilungsleiter sinnvoll handeln kann und darf. Gibt es eine Unternehmensphilosophie? Sind die Strategien und Ziele logisch daraus abgeleitet? Sind die Unternehmensziele dem Einzelnen bekannt und sind damit die eigenen Ziele/Vorgaben bekannt? Und letztlich, aber entscheidend: sind die Ziele anspruchsvoll, aber erreichbar, oder einfach nur „ungesund"? Bei der Zielformulierung ist der Detaillierungsgrad von großer Bedeutung. Falsche oder missverstandene Zielsetzungen führen zu unerwünschten Resultaten.

---

[29] Wir erleben immer wieder, dass solche Programme den Mitarbeitern von „zentraler" Stelle übergestülpt werden, was zu erheblichem Mehraufwand führt. Besser wäre es, bedarfsgerechte Programme zu installieren und die Mitarbeiter von Anfang an in ihrer Anwendung zu schulen.

Wenn man den Grundgedanken des Qi-Management folgt, sollte unser Abteilungsleiter daran gemessen werden, ob und wie er sein Team unterstützt und weiterentwickelt. Er muss hierzu von erfahrenen Kollegen angeleitet werden, die ihm die Bunkai der anspruchsvollen Werkzeuge erklären und die ihn korrigieren. So wie es ein guter Sensei mit seinen wissbegierigen Schülern macht.

Analog zur Vereinigung zweier bedeutender traditioneller chinesischer Philosophien, dem daoistischen „Wu Wei" dem, „Lassen", und der konfuzianischen Reglementierung empfehlen wir: Ziele sollten konkret und gut verständlich benannt werden. Gleichzeitig sollte den Durchführenden aber möglichst viel Handlungsspielraum und Kreativität bei der Umsetzung eingeräumt werden. Die Rahmenbedingungen zur erfolgreichen Lösung von Aufgabenstellungen zu schaffen, das ist die Kernaufgabe der jeweils übergeordneten Ebene, nicht die Erledigung der Aufgabe! Hier sollten Sie sich immer wieder hinterfragen!

Wenn gesetzliche Restriktionen zu beachten sind, sollte Klarheit geschaffen werden, wo die Kreativität ihre Grenzen hat. In Audits haben wir immer wieder feststellen müssen, dass aufgrund von Halbwissen, entweder wirtschaftliche Lösungen gefunden wurden, die aber klare Gesetzesverstöße dargestellt haben, oder aber Gestaltungsspielräume aus Angst nicht genutzt wurden. Die mangelnde Qualität der Kommunikation kann hier zum Stressfaktor für das Unternehmen, die beteiligten Teams und natürlich für jedes Teammitglied werden.

Einige Top-Manager arbeiten sich ganz hoch, indem der „Kostenfaktor Mensch" blindwütig reduziert wird. Andere Unternehmen haben mit den Jahren „Personalspeck" angesetzt. Rationalisierung von Zeit zu Zeit kann sinnvoll sein, insbesondere wenn das KVP-Programm (Kontinuierliche Verbesserungsprozesse), die permanente Anpassung an Entwicklungen nicht funktioniert hat. Aber wie? Ganz entscheidend für die Motivation der verbleibenden Mitarbeiter, ist die faire Gestaltung der Maßnahmen. Auch hierdurch kann die Energie im Unternehmen, das Qi geweckt bzw. erhalten werden.

13.3 Eigenverantwortung

„Die Verantwortung liegt beim Chef und eigentlich beim Unternehmen. Außerdem bin ich eben vorbelastet und kann sowieso nichts ändern!"

Falsch! Neuere Forschungsergebnisse[30] bestätigen die Wichtigkeit und Möglichkeit der eigenen Einflussnahme. War es bisher möglich, sich hinter der biologischen Vorbestimmtheit zu verstecken, weil ja die Gene dafür verantwortlich sind, dass der Mensch übergewichtig, traurig, nervös, depressiv oder unglücklich ist, so kommt diese Aussage nach Meinung der Forscher nun einer Ausrede gleich. Nicht nur, dass wir uns trotz ungünstiger Genvarianten und dem Einfluss der Umwelt, durch unser Denken und Handeln, diesen ungünstigen Dispositionen entziehen und positiv leben können, wir können sogar auf die Erbanlagen verändernd einwirken.

Unser Denken und Verhalten modifiziert die Gehirnstruktur. Die Gene steuern den Menschen, aber auch wir Menschen können unsere Gene steuern. Man könnte sagen: Gene lernen aus Erfahrung!

Je nachdem, welche Umwelteinflüsse, Gedanken und Verhalten auf die Gene wirken, bestimmt das ganz wesentlich darüber, welche körperlichen und psychischen Zustände entstehen. Das erklärt wohl auch, warum Meister der Kampfkünste auch oder teilweise erst im hohen Alter Leistungen zeigen, die schier unglaublich erscheinen.

Der Mensch funktioniert im Sinne eines kybernetischen Systems. Selbsttätige, verbindende Steuerungs- und Regulierungsmechanismen wirken und es gibt keine klare Wirkungsabgrenzung der vier Ebenen. Das bedeutet, jede Änderung auf einer Ebene, zieht eine Veränderung auf den anderen Ebenen nach sich. Geht es uns z. B. psychisch schlecht, können wir durch verändertes Denken und Verhalten auch diesen psychischen Zustand verbessern.

Sie haben es also in der Hand! Statten Sie sich mit Ihren persönlichen Werkzeugen aus. Ihr Handwerkskoffer ist dann besonders wertvoll, wenn Sie die darin befindlichen Werkzeuge auch praktisch nutzen, sie ausprobieren und damit Erfah-

---

[30] U. a. von: Stuart Baker; Jaakko Kaprio; Ruth Hubbard; Moshe Szyf; Michael Meaney

rungen sammeln. Viele haben Ideen, haben Wissen und Träume aber handeln nicht. Deshalb brauchen wir alle „eigenverantwortliches TUN".

Wissen ist Macht, meint man,

Wissen macht aber nichts, solange man nichts damit macht.

Folgen wir Albert Einsteins Argumentation, *so geht alles Wissen über die Wirklichkeit und ihre Nutzbarmachung von der Erfahrung aus und mündet in ihr.*[31] Eine chinesische Weisheit besagt Ähnliches: *Nutze das Qi der Erfahrung.*

Alle Bücherweisheit dieser Welt

ist wie ein Tropfen im riesigen Meer der Erfahrung.

Nutzen und sammeln Sie Erfahrungen. Wenden Sie Anregungen, Techniken, die zu Ihnen passen, die Ihnen zusagen, tatsächlich praktisch an.

Sie sollten eine Einheit von Körper, Geist und Psyche im Handeln und Verhalten anstreben. Wir unterscheiden die

- Verhaltens-Ebene
- Mentale-Ebene
- Emotional-psychische-Ebene
- Körperlich-vegetative-Ebene

Die vier Bereiche sind wie Zahnräder in einem Getriebe zu verstehen, die ineinander greifen. Jedes einzelne Zahnrad beeinflusst die Anderen. Verändern Sie auf einer Ebene etwas, so werden sich die anderen drei Bereiche ebenfalls verändern.

Verhalten, Denken, Psyche oder Körper,

verändern wir eine dieser vier Komponenten,

verändern sich auch die anderen drei.

---

[31] Vgl. Seelig, Carl (2005), S.114

13.4 Verhaltens-Ebene

Negative Auswirkungen von Stress können durch Über- oder Unterforderung entstehen.

Störungen treten auf, wenn das Gleichgewicht des Qi, zwischen Anstrengung und Erholung, zwischen Anspannung und Entspannung nicht mehr gegeben ist.

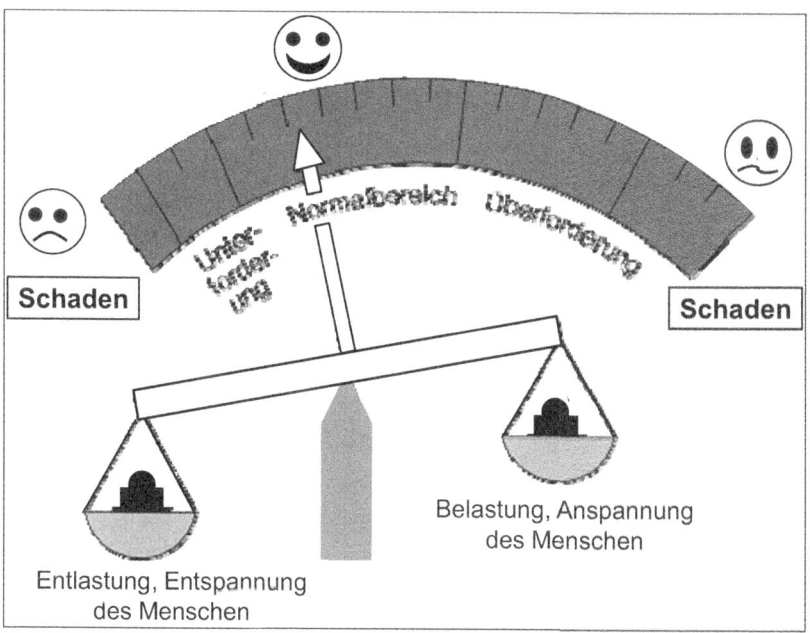

Abb. 40: Belastungs- und Ruhephasen sollten „gleichgewichtig" sein

Ein erster Schritt in die richtige Richtung ist die Loslösung von der Fixierung auf Krankheit und Negatives, zugunsten einer Hinwendung zur Gesundheit, zur Erhaltung der Homöostase, zur eigenverantwortlichen Prävention. Kurz gesagt:

Übernehmen Sie Selbst die Verantwortung für Ihr Wohlergehen.

Das klingt banal, jedoch investieren viele Menschen mehr Zeit und Energie in die Planung zum Kauf ihres Autos oder des Urlaubes als in die Lebensplanung. Stellen Sie sich öfter die Fragen:

Was ist wirkliche Sinnerfüllung für mich?
Mache ich tatsächlich oft das, was mir echte Freude und tiefere Zufriedenheit gibt oder sehe ich mich als Spielball fremder Mächte?

Handeln Sie nicht nach dem bekannten Motto. *„Ich kaufe Dinge, die ich nicht brauche, mit Geld, das ich nicht habe, um Leuten zu gefallen, die ich nicht leiden kann."*

Die überhöhte Orientierung an der möglichen Beurteilung anderer, geht zu Lasten der eigenen Kreativität und der eigenen Verantwortlichkeit. Oft scheint es einfacher, sich in den *„emotionalen Nebel"* der Enttäuschung und Frustration zu hüllen. Man hatte erwartet, dass „die Anderen" merken, dass man sich schlecht fühlt. „Sie hätten etwas ändern sollen und nichts ist passiert!" Statt die empfundenen Defizite zu kommunizieren, wird weiter abgewartet und das negative Gefühl nicht verstanden zu werden nimmt immer mehr zu. So ist es leichter, sich als Opfer zu fühlen, zu lamentieren und die Anderen für das eigene Elend verantwortlich zu machen. Machen Sie es besser! Übernehmen Sie selbst die Verantwortung für Ihr Wohlergehen und konzentrieren sich auf das, was Sie wollen, nicht auf das, was Sie eigentlich nicht wollen. Seien Sie lösungsorientiert statt problemorientiert und richten Sie sich nach *„Erreichungszielen"*, statt nach *„Vermeidungszielen"* aus.

Verfolgen Sie *„Erreichungsziele"*, so sind Sie erfolgsorientiert und emotional positiv besetzt.[32] Verfolgen Sie *„Vermeidungsziele"*, so konzentrieren Sie sich auf *„Misserfolgsfaktoren"*, Negatives und was Sie vermeiden wollen. *„Vermeidungsziele"* zu verfolgen und somit problemorientiert zu sein, ist so als würden sie bei der Fahrt auf der Autobahn ständig in den Rückspiegel schauen.
Bedenken Sie, die größtmögliche Wirksamkeit, den direkten Zugang, den stärksten Einfluss zur Veränderung haben Sie unmittelbar bei sich selbst.

---

[32] Im Abschnitt „Mentale Ebene" gehen wir näher auf „Ziele" ein.

Es gilt, Risikofaktoren (im weitesten Sinne das, was das eigene Wohlergehen gefährdet) zu *erkennen, zu akzeptieren* und nach Möglichkeit zu *ändern*. Die Basis für das Erkennen und die Akzeptanz der Risikofaktoren ist das *Bewusst-Sein*. Was verstehen wir darunter?

> **Kein Bewusstes Sein ohne Achtsamkeit,**
> **keine Achtsamkeit ohne Bewusstsein.**

Vielen Menschen fehlt eben dieses *Bewusst-Sein*. Sie sind unzufrieden und schätzen gar nicht, was sie bereits besitzen, ihre Familie, Freunde oder den Arbeitsplatz. Vor ca. 100 Jahren war es für die meisten Menschen in unserem Kulturkreis nicht möglich sich frei für einen Beruf, den Partner oder den Glauben entscheiden zu können. Man sollte sich in gewissen Zeitabständen einen ruhigen Moment gönnen und sich wieder „*be-Sinn-en*" auf die grundsätzliche Wertschätzung des „*im Moment leben Könnens*".

Grundsätzlich wird über die Arbeit, die Berufstätigkeit, auch Verbundenheit zwischen Menschen erzeugt. Die Frage ist: welchen „*Zugang*"[33] bzw. Einstellung haben wir generell zur Arbeit? Die innere Einstellung macht das Erleben in der Arbeit aus, weniger die Art der Tätigkeit. Gedanken prägen unsere Erlebniswelt! Das „*innere Ja zur Arbeit*", die Akzeptanz der realen Bedingungen, macht eine aktive, konstruktive Auseinandersetzung möglich, auch mit Problemen, die nun als Herausforderung gesehen werden können. Das Leben wird dann ganzheitlich erfahren und beginnt nicht erst reduziert mit dem Feierabend. Die Wertschätzung und Wahrnehmung der Einmaligkeit der Gegenwart, Aufmerksamkeit und Konzentrationsfähigkeit ist nur möglich, wenn auch Interesse an dem was getan wird besteht, also beispielsweise an der Arbeit, an einer Diskussion, an der Trainingsstunde.

„*Achtsamkeit im Arbeitsprozess ist die Voraussetzung für kreative und effiziente Arbeitsergebnisse, für Weiterentwicklung und Innovation.*"[34]

> **Bewusst Sein setzt Wahrnehmen voraus**
> **und Wahrnehmung wiederum Achtsamkeit.**

---

[33] Im Sinne von, „*Einstellung zu*"
[34] Pietzko, A. in: Galuska, J. (2010), S.54

Was bedeutet Achtsamkeit in diesem Kontext?

Achtsamkeit bedeutet, nicht im Vergangenen und in Zukunftsvisionen gefangen zu sein, sondern das Geschehen des Momentes in allen Facetten zu erfassen. Man lässt es zu, dass alles was geschieht oder über die Sinne wahrgenommen wird in das Bewusstsein *„einfließt"*. Das bedeutet, wertungsfrei das Wahrgenommene zu akzeptieren, als die eigene Interpretation der Realität, ohne verdrängen oder vermeiden zu wollen.

Warum? Weil es nun einmal jetzt tatsächlich so ist!

Achtsamkeit bringt persönlichen Mehrwert und entfaltet das Bewusstsein. *„Bewusst-Sein"* heißt das wertschätzen, was wir haben. Es bedeutet scheinbar kleine, einfache, alltägliche Dinge wahrnehmen und würdigen, statt ständig frustriert zu sein, weil ich Dies und Jenes noch nicht besitze oder noch nicht erlernt habe. Würdigen Sie auch die kleinen Erfolge! Statt sich auf Misserfolge zu konzentrieren und negatives Energiepotential aufzubauen, registrieren Sie bewusst auch kleinere Fortschritte, orientieren sich am Erfolg, so konditionieren Sie sich positiv und bauen sich selbst auf.

Fortgeschrittene Kampfsportler beherrschen nach jahrelangem Üben ihre Grundtechniken und wenden sie intuitiv an. Meditations-, Entspannungs- und Atemübungen bereiten darauf vor, im Kampf oder Wettkampf die Rahmenbedingungen so wahrzunehmen, wie sie sind. Man verschwendet kein Qi mit dem Fluchen über den unebenen Boden, sondern bezieht diese Gegebenheit in die Vorbereitung der Aktionen ein. Es ist in dieser Situation auch gleichgültig, ob der Gegner oder Sportpartner beim letzten Treffen unhöflich oder unfair war. Das *„Jetzt"* hat Bedeutung. Wut, Ärger, negative Assoziationen kosten Energie, lenken ab und blockieren den freien Energiefluss. Seien Sie zielorientiert.

Als besondere Bewusstseinsförderung sah Heinz-Trossen schon 1981[35] das *„Randori"*, den Übungskampf, die Vorstufe des Kampfes im Judo.

Im Randori sollen unter komplexen, realen Bedingungen, gegen den Widerstand des Partners, Techniken auf ihre Wirksamkeit hin erprobt werden. Im spielerischen *„Gewahr werden"* wird über erspüren versucht mit der Umwelt in Einklang zu

---

[35] Heinz-Trossen, A. (1981), S.46f

kommen. Die Wahrnehmung erfolgt hierbei hauptsächlich über sogenannte kinäs-
thetische, taktile Empfindungen. Darunter versteht man die Fähigkeit der unbewussten Steuerung der Körperbewegungen. Über den Vollzug der Bewusstma-
chung des eigenen Körpers und der des Partners im Bewegungszusammenhang,
gelangt der Ausführende im Idealfall in den Zustand, in dem er „eins" wird mit der
Umwelt. Dieser Zustand, in dem Handlungen durchsetzt mit Bewusstsein ausgeführt werden, nennt man im Zen *„Geistesgegenwart"*.

Da es im Randori *keinen* Sieg und *keine* Niederlage gibt, fällt es den Übenden
leicht, sich gegenseitig Hinweise über die Schwächen einer ausgeführten Technik
zu geben. Der Prozess des gegenseitigen *„positiv Kritisierens"* schafft eine günstige Atmosphäre, in der ausprobiert und gelernt werden kann. Kreativität und Vor-
stellungskraft können sich frei entfalten. Es wird erfahren, wie die Entkrampfung
schrittweise entsteht, indem die totale Fixierung auf die eigene Person und
„krampfhaftes gewinnen wollen" losgelassen wird. Über einfühlendes *„Mitgehen"*[36],
kann die Kraft des Gegners genutzt werden. Im Randori können Manager real erfahren, wie angenehm es ist einen Widerstand aufzulösen. Dadurch wird es möglich, aus dem ruhigen Gemütszustand, die verinnerlichten Techniken blitzschnell,
intuitiv zur Anwendung zu bringen. Angestrebt wird ein Transfer der Anwendung
und der damit gemachten Erfahrungen in den Arbeitsalltag. Im Sinne von J. Kano
dem Begründer des Judo, bedeutet das, das Prinzip der *„Größtmöglichen Wirksamkeit"* umzusetzen.[37] Erst wenn die Realität wahrgenommen und akzeptiert
wurde, kann eine sinnbringende Änderung erfolgen. Wobei stets zu bedenken ist,
dass *„die Wirklichkeit"* eine individuelle Wahrheit ist und von vielen Faktoren bestimmt wird.

Am Beispiel *„des Sehens"* kann man sich das verdeutlichen. Wir nehmen *„beim
Sehen"* ca. ein Gigabyte an Informationen pro Sekunde auf. Diese Datenmenge
entspricht etwa 500000 Buchseiten, die erst einmal verarbeitet werden wollen.
Unser Vorwissen, Glaubenssätze und Erfahrungen filtern hier schon mit, was wie
aufgenommen, oder gelöscht wird. Durch bewusste veränderte Betrachtung der
Geschehnisse ist es so möglich, Aspekte der Realität zu erkennen, die üblicher-

---

[36] Hier können entscheidende Kihon verinnerlicht werden. Über das taktile, momentane Empfinden,
die Konzentration auf den Moment und den daraus entstehenden nächsten Schritt
und zwar **nur** den unmittelbar folgenden.
[37] Vgl. auch Teil I.

weise unberücksichtigt blieben. Umgekehrt haben Sie es sicher auch schon erlebt, dass Sie tatsächlich vorhandene Dinge nicht bewusst erkannt haben, weil Ihre Filter gewirkt haben.

„Bewusst Sein" heißt beispielsweise, auch abschalten, umschalten können, um sich am Ende eines schwierigen Arbeitstages auf *berufsfreie"*Dinge einlassen zu können.

Gelingt Ihnen dies, werden sie mehr Erfolg haben. Dann ist es Ihnen eher möglich, auch unter enormen Druck, „unter Action" gelassen und konzentriert auf alle Ressourcen zurückzugreifen. Ihr Qi, ihre Energie entsprechend zu managen sollte Ihnen in Fleisch und Blut übergehen. Einige Anregungen hierzu:

- Nicht so genau wie möglich, sondern so genau wie erforderlich.
- Erkennen, wenn Leistungswunsch in Zwang umschlägt.
- Weitergabe von Aufgaben und Verantwortung.
- Täglich ein realistisches Arbeitspensum setzen und nach Abarbeitung wirklich aufhören zu arbeiten.

Voraussetzung für dieses persönliche Qi-Management ist es, dass Sie vorausschauend die Bedingungen geschaffen haben, so handeln zu können. Sie können Aufgaben und Verantwortungen nur sinnvoll delegieren, wenn in Ebene 2 und 3, also im Qi-Management des Teams und Unternehmens die Voraussetzungen hierfür geschaffen wurden. Organisatorische Regelungen, Informationsflüsse, Qualifizierungen ggf. sogar die Entlohnungs- und Beförderungsregelungen stellen Randbedingungen dar.

Ein vernünftiger Sportler allgemein oder ein Kampfsportler speziell geht auch nicht ohne Training in einen Wettkampf. Er hat sich aufgewärmt, falls nötig seine Schutzausrüstung angelegt, kennt die Regeln und versteht diese.

Schaffen sie auch in ihrem Umfeld die erforderlichen Bedingungen. Das kann dauern, aber der längste Weg beginnt mit dem ersten Schritt und schon über den Start kann man sich freuen.

Persönliches Zeitmanagement[38]

„Wo ist nur die Zeit geblieben?"

„Wieder kam ich nicht dazu, das Wichtige zu erledigen!"

„Ich stehe unter Zeitdruck!"

„Ich habe viel zu wenig Zeit!"

Wir alle kennen solche oder ähnliche Aussagen. Hier kann eine bewusste[39] Zielorientierung helfen, die immer wieder vergegenwärtigt werden sollte. Ihre immer wiederkehrenden Fragestellungen könnten etwa lauten: *„Was ist mein bewusstes Ziel? Was will ich wirklich?"* und danach: *„Wie kann ich erreichen was ich wirklich will?"*.

Warum das so wichtig ist, kann folgende Geschichte illustrieren. In einem armen Land versucht ein Mann, an einem Flussufer mit der Hand Fische zu fangen, ein anderer Mann schaut ihm eine Weile zu und bietet ihm schließlich an, zu zeigen wie man ein Netz knüpft, da man damit besser fischen kann. Der Fischer hört aber nicht richtig zu und antwortet schließlich: *„Dafür habe ich keine Zeit, ich muss jetzt Fische fangen."*

Das klingt vielleicht nach *„ganz weit weg"*. Wenn wir uns umschauen, stellen wir aber fest, dass diese Vorgehensweise keine Seltenheit ist. Oft haben wir keine Zeit für das Wesentliche, perfektionieren stattdessen das Unwesentliche.

> ### Der Weg ist das Ziel.
> **Jeder Tag, jede Stunde, jede Minute**
> **ist unwiederbringlich und kann Teil eines erfüllten Lebens sein.**

Eigentlich haben sehr viele Menschen ziemlich viel freie Zeit zur Verfügung, schaffen es aber auch hier, *sich Freizeitstress zu machen*. Oft wird in die Freizeit (Wochenende, Ferien) alles reingepackt, was man theoretisch machen könnte, was

---

[38] Da es unzählige Abhandlungen zu dieser Thematik gibt, gehen wir nur kurz auf einige Kernpunkte ein.

[39] Bewusst deshalb, weil unsere Erfahrungen gezeigt haben, dass häufig „unbewusst" z. B. nach Statussymbolen im Äußeren gejagt wird, während innerlich die „Verarmung" voranschreitet.

praktisch bei ruhiger Betrachtung aber gar nicht funktionieren kann. Die Erwartungshaltung ist zu hoch und zwangsläufig kommt die Frustration.

Überprüfen Sie auch einmal wie viel Zeit Sie mit intensiven, tiefergehenden Gesprächen mit Ihrem Partner investieren, besonders für die *„Zeit nach den Flitterwochen".* Oder gönnen Sie sich wieder einmal ein Stück Natürlichkeit. Wo können Sie das besser erleben als in der Natur. Die *„große Überwindung"* wird direkt belohnt. Falls Sie schon gefangen sind, brechen Sie aus und verlassen den *„fast food Käfig des Mattscheiben gesteuerten, zeitfressenden Illusions-Konsums".*

13.5   Mentale Ebene

Denken und leben Sie positiv, im Jetzt!

Die Asiaten sprechen vom Qi des Denkens. Erinnern Sie sich an unsere Hinweise zur Macht Ihrer Gedanken?

Von Placebo Effekt bis zur selbsterfüllenden Prophezeiung; Ihr Unterbewusstsein fragt nicht, ob Ihre *grausigen* Gedanken der Realität entsprechen. Es reagiert, als seien Ihre Gedanken die Wirklichkeit.

Wer es *„schafft",* permanent über seine Defizite und Unvollkommenheit nachzugrübeln, darüber was alles passieren könnte einerseits und „hätte ich doch" andererseits, der *„schafft"* sich selbst. Man lässt den Geist in der Vergangenheit und Zukunft herum hüpfen und steht sich *„im Jetzt"* damit selbst im Weg. Der Mensch als *„Sonderspezi"* schafft es, über gedankliche Assoziationen an Geschehnisse, die bereits Jahre zurückliegen, oder die in der Zukunft erwartet werden und vielleicht nie (so) eintreten, sich selbst in der Gegenwart zu belasten, teilweise sogar krank zu machen. Jeder Gedanke wirkt augenblicklich physiologisch, auf jede Zelle, auf das Gefühl und auf das Verhalten, wirkt nach innen und nach außen.

Sie alle haben eigentlich die Macht Ihrer Gedanken schon erlebt. Wenn Sie an etwas sehr Unangenehmes denken, geht es Ihnen körperlich und emotional schlecht. Wenn Sie an etwas Angenehmes denken, ruft dies wiederum eine angenehme Reaktion hervor. Beachten Sie in diesem Kontext unseren Warnhinweis:

> **Achtung!**
> **Humor kann Ihrem Misserfolg, Ihrem Ärger,**
> **Ihrer Antriebslosigkeit und Ihrer Angst schaden!**

Schon Marc Aurel hat diesen komplexen Mechanismus auf den Punkt gebracht, indem er sinngemäß darstellt, *dass es die Gedanken sind, die das Leben des Menschen glücklich oder unglücklich machen.* Auch Mahatma Gandhi vertrat die Meinung, dass ein Mensch ausschließlich das Produkt seiner Gedanken sei und dass er so wird wie er denkt. Ähnlich auch die Aussage von Henry Ford: *„ Egal, ob Sie denken, Sie könnten etwas besonders gut oder gar nicht – Sie behalten in jedem Fall recht"*[40] Viel zu häufig setzen wir in diesem Sinne durch unser Denken belastende, behindernde Prozesse in Gang. Sie sollten Sich immer wieder bewusst machen:

> **Wer permanent positiv, gut denkt, gewinnt Energie, steigert seine Leistungsfähigkeit, nutzt seiner Kreativität und Gesundheit.**

Vielleicht kennen Sie aber auch solche *„schädlichen Einstellungen"* aus eigener Erfahrung:

- Ich bin für alles verantwortlich.
- Es ist wichtig, immer Recht zu haben.
- Ich will immer perfekt sein.
- Mir ist es wichtig, dass mich alle mögen.

Nach unserer Erfahrung gibt es da ein Gegenmittel: Streichen sie diese Sätze sofort aus ihrem Denken. Noch gefährlicher sind absolut negative Zukunftsvisionen, die man *„Katastrophierungen"* nennt. Der Begriff ist quasi Programm. Diese *„Katastrophierungen"* entfalten Ihre größte Wirkung, wenn sie nicht nur gedacht, sondern auch noch ausgesprochen werden. Aber Sie können Ihr Denkmuster schrittweise verändern. Auch hierzu einige Beispiele:

---

[40] (URL 27)

Negatives Denkmuster	ändern in	Positives Denkmuster
Das schaffe ich nie.		Ich kann es schrittweise schaffen.
Ich habe immer Pech.		Ich hatte schon viel Gutes erlebt und werde auch zukünftig Glück erfahren.
Es wird alles immer schlechter.		Zur Zeit läuft es nicht so gut, aber ich weiß, dass alles im Fluss ist und es wird auch wieder besser.
Meine Lage ist hoffnungslos.		Meine Lage ist eine Herausforderung, der ich mich stelle.
Die Umsätze werden immer weiter zurückgehen.		Die Umsätze werden wieder steigen.
Das wird bestimmt ein Flop.		Es kann ein Erfolg werden.
Ich habe keine Chance.		Es gibt so viele Chancen und Möglichkeiten, deshalb entscheide ich mich für das Positive.

Programmieren Sie mit positiven Gedanken Ihren Weg zum Glück. Mit negativen Gedanken programmieren Sie Ihr Unglück, setzen sich unter Druck, nehmen sich die Kraft und Zuversicht, machen sich selbst klein. Sie nötigen Ihr Unbewusstes alles zu tun, um das Negative Realität werden zu lassen, da jeder Gedanke eine seinem Wesen entsprechende, identische Reaktion des Unbewussten hervorruft. Ihr Unterbewusstsein ist bestrebt, die negativen Aussagen Realität werden zu lassen. Sie können aber auch mit gleichem oder sogar weniger Energieeinsatz mit der Kraft Ihrer positiven Gedanken Ihre Erlebniswelt angenehmer, erfolgreicher und glücklicher gestalten.

Die Reaktionen Ihres Denkens wirken auf allen vier Ebenen des menschlichen Seins. Sie glauben das nicht? Ein Beispiel zur Körperebene zum sofortigen Ausprobieren: Stellen Sie sich eine dicke, reife knallgelbe Zitrone vor, die Sie jetzt in Dreiecksteile schneiden. Dann stellen Sie sich vor, Sie beißen kräftig in die Zitronenscheibe hinein und saugen den ganzen Saft aus.

Bei den meisten Menschen produzieren plötzlich die Speicheldrüsen vermehrt Speichel. Obwohl alles nur gedacht ist, ohne dass eine Zitrone vorhanden ist.

Diese Verknüpfungs-Prozesse laufen ständig ab, ob wir positive oder negative Gedanken haben. Es Handelt sich hier um einen der menschlichen „Lernmechanismen", das „klassische Konditionieren". So baut die Angst vor Misserfolg genauso entsprechende Denk- und Handlungsmuster auf wie die Hoffnung auf Erfolg. Lassen Sie sich nicht von der Maxime des Pessimisten leiten, der zu jeder Lösung das passende Problem findet. Statt zu denken „ich habe diese Probleme" könnten Sie besser denken „ich habe eine Herausforderung und jedes Problem hat mindestens eine Lösung".

Die Verarbeitung positiver oder negativer Gedanken führt zu völlig unterschiedlichen Aktivierungsmustern und verändert so dauerhaft auch die Schaltmuster im Gehirn.[41] Bringe ich also mein Gehirn dazu, sich mehr mit positiven Dingen zu beschäftigen, wird sich meine Wahrnehmung und Beurteilung verändern, es wird mir grundsätzlich besser gehen. Sie können entscheiden: Wollen Sie Verwalter und Vermehrer der eigenen Schwächen oder Kenner und Spezialist der eigenen Stärken sein?

Deshalb schenken Sie Ihren Gedanken Beachtung. Ständig führen wir innere Selbstgespräche. Hören Sie in sich! Werden Sie Herr/Herrin Ihrer Gedanken, statt sich von Ihren Gedanken tyrannisieren und hilflos dirigieren zu lassen. Sie haben es in der Hand oder besser im Kopf. Negativer Stress entsteht im Kopf, genauso wie Spitzenleistungen im Kopf entstehen, sportlich, beruflich und privat.

Weniger bekannt ist, dass wir uns durch die weitverbreitete Praxis des sogenannten „polarisierten Denkens"[42] gleich mehrfach schaden. Zum einen bewegen sich unsere Gedanken ohne großen Fortschritt oft im Kreis. Glaubenssätze, die hemmende, oder gar zerstörerische Wirkung haben, können nicht angepasst oder erweitert werden. Zum anderen sind wir durch die überwiegende Benutzung der Großhirnrinde fast nur auf den Intellekt, den logischen, linearen Teil, des Denkens reduziert.

---

[41] Vgl. Spitzer, Mannfred (2010)
[42] Gemeint ist hier: polarisierend im Sinne von „Schwarz-Weiß Denken", von „Abgeschottetem Denken" (Bsp.: es wird nur die eigene Abteilung beachtet) statt des ganzheitlichen, systemischen Denkens und der Polarisierung von rein mentalen versus intuitiven Prozessen

Ganzheitliches Denken nutzt aber die Großhirnrinde und das limbische System.[43] *Es beinhaltet alle drei Arten des Denkens über den Intellekt, die Vorstellung und das Gefühl und hat somit eine enorme Wirkungskraft.*[44]

Dabei geht es nicht darum, in die *„Tschaka, Tschaka, Tschaka"* oder *„Alles wird gut"* Rufe der früheren Motivationsgurus einzustimmen. Es geht darum, auf dem Boden der Realität zu bleiben und die gesteckten Ziele zu erreichen., Erfolg haben zu wollen, ohne eine entsprechende Zielsetzung, ist als wolle man mit einem Segelschiff ohne Kompass und Karte auf offenem Meer gezielt eine Insel ansteuern. Besser ist es sich seine persönlichen Ziele bewusst zu machen und die Umsetzungsschritte als kleine Etappen zu betrachten. So kann man Erfolge genießen und kleinere Rückschläge verlieren ihre Bedeutung. Man könnte es das *„Eichhörnchen-Prinzip"* nennen.

„Mühsam aber glücklich ernährt sich das Eichhörnchen".

Aber was heißt „entsprechende Zielsetzung"?
Der Erfolg einer Handlung bemisst sich am Erreichen des gesteckten Zieles.
Sie sollten ganz genau wissen, was ihre Ziele sind. Je genauer formuliert, möglichst in messbaren Fakten, desto besser. So wie ein Architekt das Haus zunächst in Plänen entwirft und danach bauen lässt, sind Ihre Gedanken *„der Quell des Werdenden".* Ganz wesentlich ist, dass Sie sich wirklich voll und ganz mit diesen Zielen identifizieren. Nehmen Sie sich hierfür die Zeit und entwickeln die entsprechende Begeisterung. Viele Menschen wundern sich, denn sie haben eine gute Ausbildung, einen starken Willen, kommen aber nicht zum gewünschten Erfolg. Möglicherweise beachteten diese Menschen die enorme, ungenutzte Kraft des Unterbewusstseins nicht. Wie können wir Einfluss nehmen auf das Unterbewusstsein?

Generell ist eine Verknüpfung des Zieles in der Vorstellung mit allen Sinnen (Hören, Sehen, Riechen, Schmecken, Sensomotorik) am günstigsten. Wie Sie das

---

[43] Das limbische System ist u. a. für die Verarbeitung von Emotionen und die Ausschüttung von körpereigenen Opioiden verantwortlich. Hier werden alle Eindrücke (Zwischen-) gelagert.
[44] Diese Technik, die wir *Energetisieren"* nennen, erlernen die Seminarteilnehmer innerhalb weniger Stunden und können sie dann praktizieren.

praktisch umsetzen können? Sie sollten sich die tolle Situation vorstellen, in der sie ihr Ziel erreicht haben. Wenn das Ziel klar ist, kann man sich ein „Bild" davon machen. Gestalten Sie ihr Zielfoto so detailliert wie möglich. Dieses Bild wird im Unterbewusstsein abgespeichert. Wenn es zudem mit einem starken Gefühl verbunden ist, wird unser gesamtes System ständig an der Realisierung dieses schönen Bildes arbeiten, ob wir es merken oder nicht. Sehr oft setzen wir uns aber selbst unnötige Grenzen. Durch die mentale „Schere im Kopf" wird vieles „beschnitten", durch typische Sätze wie „das geht so wie so nicht", oder „ich kann das garantiert nicht".

> Machen Sie sich frei im Denken, denken Sie über Grenzen hinaus und verlassen Sie alte Denkmuster, denn so entsteht Neues.

Wenn Sie sich wieder einmal selbst in negative Sphären hineingedacht haben, weil Sie sich ja für so erfolglos halten, vergegenwärtigen Sie sich mit einem Schmunzeln Ihren ganz frühen enormen Erfolg. Sie haben sich gegen ca. 300 Millionen „spermatische Mitbewerber" erfolgreich durchgesetzt.

13.6 Emotional-psychische Ebene

Wir alle sind biologische Frühgeburten. Wenn wir geboren werden, sind wir total auf Hilfe von außen angewiesen: neben der Nahrungszufuhr und Hygiene auch auf eine intensive emotionale Zuwendung wie Geborgenheit, Anerkennung usw. In unserer sozialen Grundstruktur brauchen wir also permanent emotionale Zufuhr, damit es uns gut geht. Obwohl wir nicht mehr in der extremen Ausprägung der ersten Lebensjahre sind, brauchen wir sie doch ein Leben lang. Deshalb schaffen und pflegen Sie soziale Beziehungen mit den Attributen Nähe, Vertrautheit und Geborgenheit, auch wenn sie keinen beruflichen oder monetären Gewinn bringen, nur um Ihrer selbst wegen. Auch hier trifft wieder die bekannte These zu „Der Weg ist das Ziel!".

Gute Beziehungen sind nur möglich, wenn wir uns davon lösen können, einzig die eigene Bedürfnisbefriedigung in den Mittelpunkt zu stellen. Beziehen Sie das

Wohlergehen anderer mit ein und schaffen Sie die Grundlage, für sich selbst aus den Beziehungen positives Qi zu *„be-ziehen"*. Eigentlich bekommen sie dieses Qi *„geliefert"* und zwar kostenlos.

Generell spielen Gefühle in unserer *„vernunfts- und mentallastigen"* abendländischen Kultur eine eher untergeordnete Rolle. Dabei wissen wir heute, dass all unsere Denk- und Verhaltensweisen wesentlich vom Gefühl beeinflusst sind. Die entscheidenden Impulse empfangen wir nicht aus der *„Vernunftzentrale"* dem Großhirn, sondern über unsere *„Gefühlszentrale"*, aus dem Zwischenhirn. Sogar ihre Entscheidung, nur faktisch und logisch zu sein, ist in ihrer Entstehung und Umsetzung gefühlsbestimmt. Gleichzeitig bewertet der Verstand ständig unsere Emotionen.

Deshalb ist es ganz wichtig, dass Sie Ihre Gefühle annehmen. Annehmen heißt nicht automatisch gut finden, das Gefühl wird lediglich *„annehmend registriert"*, *„ah so ist es jetzt"*. Gleich welcher Art die Gefühle sind, gehen Sie diesen Schritt, denn die Gefühle sind ein Teil von Ihnen und sie sind ja tatsächlich vorhanden. Verdrängen, projizieren und vermeiden schadet Ihnen.

Üben Sie sich auch darin, die scheinbar unwesentlichen, doch positiven Dinge des Alltags bewusst wahrzunehmen. Es sind oft die scheinbar unscheinbaren Dinge, die so viel bewirken können, wie z. B. ein Lächeln, ein freundliches Wort, oder jemand der Ihnen wirklich zuhört, frische, würzige Waldluft oder ein Regenbogen. Es sind fast immer Dinge, die nicht einmal Geld kosten. Wenn Sie diese Dinge bewusst und wertschätzend wahrnehmen können, wird sich ein Gefühl der Dankbarkeit einstellen. Scheinbar wahnsinnig bedeutende Dinge, beispielsweise ein verlorener Vertragspoker, wirken dann, im Kontext differenzierterer Wahrnehmung, weniger negativ auf Sie.

Ein einfacher Kihon, um sich darin zu üben, zu sensibilisieren, und auch eine direkte Wirkung zu erzeugen, ist folgender kostenloser Genuss. Gönnen sie sich ihre *„Siegerminuten"* und erinnern sich jedes Mal vor dem Einschlafen an drei Dinge, die Ihnen an diesem Tag Freude bereitet haben, für die Sie dankbar sind. Wenn es eben heute nicht mit dem Vertrag geklappt hat, war das Mittagessen einfach toll oder ihnen ist im Match gleich zweimal ein As gelungen, oder es waren die Minuten der Ruhe in der Sonne. Konditionieren Sie mental das angenehme Gefühl. *„Gesundes und ungesundes Denken"* oder Verhalten schließen einander aus. Es ist unmöglich, zur selben Zeit wütend und gelassen oder verärgert und freudig zu sein. So können Sie beispielsweise Ihre Reaktion auf Kritik grundsätzlich positiv konditionieren. Haben Sie bisher auf Kritik eher verärgert und aggressiv reagiert, können Sie sofort beginnen, sich jetzt neu zu konditionieren. Ein erster Schritt ist einfach getan.

Verinnerlichen Sie die Einstellung: „Ich erfahre wie diese Person über mich und mein Handeln denkt und das interessiert mich."

Wenn Ihnen das gelungen ist, wird der Schutzreflex des unüberlegten Angriffs, durch den Reflex des aktiven Zuhörens ersetzt.[45] Sie können mehr aufnehmen und fühlen sich besser. Sie akzeptieren dann zunächst einmal die Kritik, so wie sie ist, und können aus dieser Haltung angemessener reagieren. Möglicherweise ist die Kritik wirklich ungerecht und fies. Dann können sie mit der geschilderten einfachen Einstellungsänderung aber intelligenter und fast immer mit weniger Energieeinsatz reagieren.

Über das Erkennen eigener Gefühlsanteile wird es möglich, Ursache und Wirkung der momentanen Situation perspektivisch zu analysieren. Wenn Sie kritisiert werden, hören Sie gewöhnlich nicht mehr aufmerksam zu, sondern ein Gedankenkreis aus Angriff und / oder Verteidigung eröffnet sich:
„das ist gemein, ich will das nicht, ich muss mich verteidigen, der ist blöd, der greift mich an, das wird er büßen, usw."

Vielleicht laden Sie bildlich gesprochen schon Ihren Colt um zurückzuschießen. Die Eskalation ist eingeleitet. Bei entsprechender Achtsamkeit können Sie lernen zu erkennen, wann ein bestimmter Gedanke oder ein Gefühl einsetzt. Akzeptieren Sie dann diese Situation und schalten auf angemessene Reaktion um. So können Sie sich mit einfachen Techniken erfolgreich schützen, wenn negative Emotionen Sie *„besetzen"* und Ihr Denken bestimmen wollen.

---

[45] Vgl. Dalai Lama (2008)

13.7   Körperlich-vegetative Ebene

Auf der körperlich-vegetativen Ebene spielt die Nahrungszufuhr eine wesentliche Rolle. Die Chinesen sprechen vom wichtigen Qi der Nahrung. Vielleicht empfinden Sie den Hinweis auf die Bedeutung der Nahrungszufuhr als überflüssig. Würden Sie aber auch bei einem nicht so komplexen und sensiblen, wie dem menschlichen Mechanismus, z. B. beim Auto, so denken? Stellen Sie sich vor, Sie hätten Sich den neuesten, teuren Luxuswagen mit Twinturbo Diesel und variabler Ladegeometrie gekauft. Würden Sie dieses Auto mit billigstem Diesel tanken? Wohl kaum! Natürlich achten wir in diesem Fall auf optimale „Fütterung". Aber was geben wir häufig für Unmengen von Schrott zur Energiegewinnung unserem Verdauungsapparat und wundern uns dann, wenn wir nicht so leistungsfähig sind oder dick und träge oder gar krank werden. Seien Sie wenigstens so fürsorglich zu sich, wie zu Ihrem Auto. Es lohnt sich![46]

Expertenmeinungen zufolge verknüpfen sich Essverhalten und Gefühle schon im Säuglingsalter.[47] Die Verknüpfungen und Korrelationen gehen noch tiefer. Nach Spork[48] ist es erwiesen, dass eine gesündere Ernährungsweise die Schalter an den Genen günstig beeinflussen kann. Darin liegt Ihre Chance! Fast jeder Zweite entwickelt unter Stress das Bedürfnis nach sogenannter „Trostnahrung", meist Kohlenhydrathaltiges, Zuckerhaltiges oder Fetthaltiges, was in zu großen Mengen ungesund ist. Da das „in sich Hineinfressen" im Zusammenhang mit Stress oft automatisiert abläuft und uns schadet, gilt es diesen Automatismus zu durchbrechen.

Die Nahrungszufuhr dient in diesem Moment nicht dem natürlichen Zweck, dem Stillen von Hunger auf der körperlichen Ebene. Ein Defizit auf der emotionalen Ebene soll beseitigt werden. Ein höchst ungesunder Versuch, der die Bedeutung des emotionalen Qi und des Qi der Nahrung ignoriert. Wie sollten sie essen? Essen Sie *bewusst* und mit *Genuss*. Als ersten praktischen Schritt nach einem „emotionalen Sortieren" kann man beispielsweise zum Apfel greifen und nicht gleich zum Schokoriegel. Und hier sind Sie ihr eigener Qi-Manager. Schaffen Sie weit-

---

[46] Informationen für eine gesunde Ernährung erhalten Sie beispielsweise von Ihren Krankenkassen
[47] Macht, M. (2005).
[48] Spork, P. (2010)

sichtig die Rahmenbedingungen für ein sinnvolles Handeln. Besorgen Sie sich gesunde Nahrung vor einem Meeting, einer Prüfung oder einem anderen herausfordernden Termin. Wenn nur die Schokoriegel in Griffweite sind, was werden Sie wohl dann zu sich nehmen?

Bewegen Sie Ihren Körper und bei sportlichen Betätigungen darf man auch mal schwitzen. Einerseits werden dann Stresshormone blockiert, andererseits Endorphine, sogenannte *„Glückshormone"*, freigesetzt. Körperliche Betätigung, die den Puls hochtreibt macht *„Dickmachergene"* unschädlich, aktiviert und modifiziert Gene für einen gesunden Energiehaushalt. Falls gesundheitliche Bedenken bestehen, lassen sie sich zuerst untersuchen und *„gönnen"* sich dann im Rahmen der ärztlichen Vorgaben den gesunden Fluss des Qi.

Fast genial ist es, über die Atmung Einfluss zu nehmen, einfach achtsam zu sein beim Atmen. Da die Atemvorgänge *„automatisch"* über das autonome Nervensystem gesteuert werden, haben wir eigentlich keine Möglichkeit zu intervenieren und doch können wir den Atemvorgang willentlich beeinflussen. Dies verlangt nicht einmal einen besonderen Einsatz, denn wir atmen sowieso, solange wir leben.

> **So wie wir uns fühlen, so atmen wir. Genauso verhält es sich aber auch umgekehrt! So wie wir atmen, so fühlen wir uns.**

Also erlauben Sie sich, gesund atmen zu lernen. Meist wird die sogenannte Brust-Atmung praktiziert. Hierbei wird der Organismus über neurophysiologische Vorgänge aktiviert. Bei der Bauchatmung dagegen forcieren wir Entspannung, Ruhe und Gelassenheit. *Über den Atemvorgang regulieren wir sowohl körperliche als auch psychische Lebensenergie, das Qi.*

14. Entspannungs- und Meditations-techniken

14.1. Grundlagen

Abb. 41. Multitasking - falsch verstanden

Eine Sonderstellung unter den persönlichen Kihon, kommt den Entspannungs- und Meditationstechniken zu, die Teil jeder vernünftigen Kampfkunst sind und fester Bestandteil des Tagesablaufes des Managers sein sollten. Sie wirken auf allen 4 Ebenen des menschlichen Seins, entfalten vorbeugende Wirkung, helfen in *„der Situation"* und unterstützen bei Krankheiten und Regeneration, machen eine kreative Entfaltung über das begrenzte Denken hinaus möglich.

Alle Entspannungstechniken und Meditationen haben eines gemeinsam, die *„Einpunktkonzentration"*, d. h. sich auf eine einzige Sache zu konzentrieren. Diese totale Fokussierung, die Kindern leicht fällt, wenn sie *„im Hier und Jetzt völlig auf-*

J.K.A. Gottschalck, A. Heinz-Trossen, *Qi-Management – Die Kata der Manager*, DOI 10.1007/978-3-642-41304-9_14, © Springer-Verlag Berlin Heidelberg 2014

gehen", gleichsam *„Eins"* sind mit dem, was sie tun. Diese Fähigkeit ist uns Erwachsenen weitestgehend verloren gegangen.

Es ist im Gegenteil total *„in und hipp"* Multitasking im Alltag und beruflich zu praktizieren. Sich unterhalten, Radio hören, Zigarette rauchen und nebenbei Autofahren. Oder im Büro telefonieren, dabei E-Mails bearbeiten und ab und zu einen Blick auf den eingegangenen Geschäftsbrief werfen, das gibt Vielen einen Kick. Nach Eberspächer[49] funktioniert das Multitasking aber nur bei einfachen, routinemäßigen Aufgaben. Sollen anspruchsvollere Dinge bewältigt werden, versagt das Prinzip Multitasking vollkommen. Hektischer, verbissener Aktionismus, womöglich einhergehend mit negativer, angstbesetzter Gedankenstruktur, wirkt privat und im Arbeitsprozess kontraproduktiv.

Ruhevolle Wachheit und Gelassenheit fördern Offenheit

und die Möglichkeit unsere ureigenste Wirkungskraft,

das Qi und die Kreativität freizusetzen.

Geniale Ideen, überdauernde Konzepte, sind zu allen Zeiten,

hauptsächlich aus intuitivem und kreativem Denken entstanden.

Durch Meditation können - normalerweise nicht zugängliche - Bewusstseinsebenen, tiefere Erkenntnisquellen, dem Denken zugeführt werden. Zum einen kann durch die ständige Anwendung von Entspannungs- und Meditationstechniken gesünder mit den Faktoren umgegangen werden, auf die der Betroffene scheinbar keinen Einfluss hat.

Zum anderen wird die Entstehung neuer Nervenzellen im *Hippocampus* ermöglicht, der Region, welche die Kognition (Lernen, Verknüpfen, Behalten) steuert.[50] So können schrittweise immer mehr neue, vorher nicht bedachte, aber machbare Veränderungsmöglichkeiten ins Kalkül gezogen werden, wodurch sich die Grundlage für die Entscheidungsfindungen verbessert. Für den Neurowissenschaftler Mc Ewen, ist es über naturwissenschaftliche Beweisführung (s. u.) erwiesen, dass Me-

---

[49] Eberspächer, Hans (2008)
[50] Vgl. Der Spiegel 48 (2008)

ditationstechniken zu positiven, messbaren, physiologischen Veränderungen des Gehirns führen.[51] *Betreiben Sie Gehirntuning auf diese höchst gesunde Weise.*

Unsere Intuition ist eine geniale „Kreativquelle", die sich nicht selbst beschränkt und somit über grenzenloses Potential verfügt. Warum sollten wir sie nicht nutzen? *Kreativität im Zusammenspiel mit der Ratio – ein geniales Team.*

Das, was wirklich richtig, wichtig und gut ist für den Menschen, das kann jedes einzelne Individuum nur für sich selbst wissen. Allerdings bleibt vielen Menschen diese enorm wichtige Information, diese Erkenntnis, verborgen, unter dem blind-wütigen Aktionismus Mantel *des Scheins im Außen.* Hier bietet sich Ihnen eine große Chance. Man sollte sich die Frage nach dem Wesentlichen stellen, bevor man auf dem Totenbett liegt. Denn wenn dort die Erkenntnis auftaucht: ich habe zu wenig in enge Beziehungen investiert, zu viel Zeit mit Arbeit ohne Erfüllung verbracht, mich zu wenig mit den Kindern befasst, zu viel in Statussymbole inves-tiert, die ich besitzen wollte, ohne sie dann wirklich genießen zu können, ist nicht mehr viel zu ändern.

> **Deshalb arrangieren Sie jeden Tag so,**
> **als ob er das tatsächliche Leben wäre.**

Leben Sie nicht so, als würde das wahre, schöne Leben später beginnen, wenn Sie endlich oben sind auf der beruflichen Karriereleiter, oder in einem halben Jahr, wenn der Urlaub beginnt, Sie Freizeit haben, Sie das neue Auto bekommen usw. Nein, erlauben Sie sich jetzt angenehme Gefühle, gute Gedanken. Leben Sie jetzt schon die Essenz, die mit Statussymbolen und Ähnlichem gesucht wird.

Zufriedenheit kommt aus dem, was wir sind, nicht aus dem, was wir haben.
Erlauben Sie sich mehr „zu SEIN".

> **Das, auf was wir uns konzentrieren, wächst und gewinnt an Bedeutung.**

---

[51] Vgl. auch: Davidson, R. (2004)

Das, was wir uns vorstellen, steuert unser weiteres Denken und Handeln. Angst, Vermeidungsverhalten und Problemorientierung blockieren uns, wohingegen zielorientierte Vorstellungen neue Handlungsperspektiven eröffnen und kreativ machen.

Um Kraft zu tanken, zur Ruhe zu kommen, müsste der Parasympathikus aktiviert werden. Da der Parasympathikus ein Teil des vegetativen Nervensystems ist, entzieht er sich eigentlich unserer direkten willentlichen Beeinflussung. Allerdings ist es möglich, mithilfe gezielter Entspannungsübungen, bei entsprechender Kontinuität und Dauer, willentlich und jederzeit eine Umschaltung in den *Entspannungszustand* einzuleiten. Daher leisten Entspannungsübungen und Meditation einen wesentlichen Beitrag zur Harmonisierung aller Lebensvorgänge.

Ihre positive Wirkung entfaltet sich insbesondere über die Regulierung des vegetativen Nervensystems und eine generell *„positive Färbung der Gedankenstruktur"*, die dann bestimmt wird von innerer Stärke, Ruhe und Gelassenheit. Dies genau ist der Zustand, der kreative Kräfte freisetzt. *Regelmäßige Meditation verändert die Architektur unseres Gehirnes.*

Mc Ewen u. a. haben herausgefunden, dass man durch Meditation sein *„...Gehirn regelrecht umtrainieren kann.*"[52] Regelmäßige Meditation bewirkt nach den Erkenntnissen der Wissenschaftler eine Regeneration der geschrumpften Neuronen, besonders im Hippocampus, was wiederum eine höhere psychische und kognitive Leistungsfähigkeit bewirkt. Diese Leistungssteigerung ist auch möglich, weil in der Meditation alte Stresserlebnisse und Verdrängtes, Blockierendes *„losgelassen"* werden kann. Die verdrängten Stresssituationen mit ihren negativen Begleiterscheinungen korrespondieren üblicherweise mit dem aktuellen Erleben und lassen so eigentlich harmlose Geschehnisse zur Bedrohung werden. Während der Meditation können im Unterbewusstsein verankerte Störfaktoren *„gelöst und losgelassen"* werden, d. h. verdrängte innere Reize werden von der mit ihnen verbundenen Angst abgekoppelt. Das führt zu mehr Selbstakzeptanz, geringerer Belastung und klarerem Bewusstsein, womit dann wieder mehr Energie zur konstruktiven Auseinandersetzung mit dem Alltagserleben zur Verfügung steht.

---

[52] Der Spiegel 48 (2008), S. 145

Lazar konnte nachweisen, dass sich die Konzentrationsfähigkeit auch bei älteren Probanden verbesserte, wenn sie regelmäßig meditierten. Interessant waren hier die Ergebnisse der Untersuchungen der entsprechenden Hirnregionen. Im Kernspin zeigte sich, dass sich die entsprechende Hirnregion vergrößert hatte. Das ist ein außergewöhnlicher Befund, da üblicherweise dieser Bereich im Alter schrumpft.[53] Andere Hirnforscher und Psychologen belegten in Studien, dass Studenten, die regelmäßig meditieren, gelassener mit Stress umgehen und Prüfungssituationen besser meistern.[54]

Es gilt auch als wissenschaftlich gesichert, dass Glücksempfinden mit einer gesteigerten Aktivität des linken Frontallappens (Teil der Großhirnrinde hinter der Stirn) einhergeht. Immer wieder haben Wissenschaftler eine Zunahme der Aktivität im linken Frontallappen bei kontinuierlich Meditierenden beobachtet,[55] also jenem Bereich, der bei der Stressregulierung eine Rolle spielt.

14.2 Erfahrungen mit Tai Chi und Qi Gong

Wie kann man all diese spannenden Resultate praktisch nutzen? Wir haben sehr gute Erfahrung zum *„gelungenen Umgang mit Stresssituationen im Arbeitsalltag"* mit Tai Chi und Qi Gong für Manager gemacht. Insbesondere die speziell für Manager entwickelten Qi Gong Sequenzen, die im Stehen, Sitzen oder Liegen durchgeführt werden können, sind nach Aussagen der Anwender sehr effizient.

Besonders beliebt sind die Kurzsequenzen *„für zwischendurch"*, die das Qi wieder *„auffüllen"* und sofort, wie auch langfristig körperliche Vitalität und mentale Leistungssteigerung bringen. Sie sind leicht erlernbar, flexibel einsetzbar und somit für stressgeplagte Manager sehr vorteilhaft.

Unter anderem berichten die Führungskräfte, die regelmäßig Qi Gong/Tai Chi anwenden, dass sie sich nicht mehr *„so leicht runterziehen"* lassen, sich nicht mehr so wie früher als Person angegriffen fühlen, mehr Distanz bewahren, sich besser

---

[53] (URL 28)
[54] International Journal of Psychophysiologie, Bd. 71 (2009)
[55] Dalai Lama (2005)

in Menschen und Situationen einfühlen können, ihre Aufmerksamkeit besser bündeln können. Sie sind geduldiger, können bessere Beziehungen zu ihren Mitarbeitern aufbauen und agieren generell emotional ausgeglichener.

Abb. 42: In der Ruhe liegt die Kraft

Positive Veränderungen der Arbeitnehmer konnte auch im Rahmen einer Befragung von 130 Tai-Chi-Chuan Schülern festgestellt werden. Eine *„erhebliche Verbesserung im Umgang mit der Arbeitssituation"* durch das Tai-Chi-Chuan Training wurde angegeben. Ferner konnte ein starker positiver Effekt auf die allgemeine Motivation und Leistungsfähigkeit sowie ein Zusammenhang der beiden Faktoren selbst nachgewiesen werden.[56]

Tai Chi und Qi Gong als wichtiger Teil der *Traditionellen Chinesischen Medizin*, begreifen und erfassen Geist, Körper und Psyche als eine Einheit. Häufig als „Jungbrunnen" bezeichnet, wird Tai Chi und Qi Gong zur Gesunderhaltung, zur

---

[56] Kuhn, Zephania (2011)

Prävention aber auch zur Heilung genutzt. Als *„Schule für das Leben"* wird Tai Chi und Qi Gong weltweit praktiziert. Philosophie und Wirkungskomponenten gehen weit über den reinen Entspannungseffekt hinaus. Gezielte Atmung und Achtsamkeit führen zur inneren Ruhe und Gelassenheit. Es soll ein erlebbares Verständnis für Yin und Yang, für Leere und Fülle, für Anspannung und Entspannung, für den Fluss des Lebens, des Qi geschaffen werden.

Die Koordination, das Zusammenspiel des *„schwimmenden Geistes"* mit den bewusst ausgeführten und so erfahrbaren Bewegungsabläufen und der gezielten Atmung, macht es möglich, dass der Mensch mit sich selbst, seiner inneren Kraftquelle in Kontakt kommt. Selbstheilungskräfte können aktiviert und das Immunsystem gestärkt werden. Die investierte Zeit für Meditation, Entspannung oder zum Beispiel für Tai Chi / Qi Gong macht sich in der Regel sehr schnell bezahlt. Oft berichten Teilnehmer schon nach wenigen Stunden voller Begeisterung über positive Veränderungen.

Wir möchten Ihre zukünftigen Techniken und Werkzeuge des persönlichen Qi-Management nochmals zusammenfassen:

- Bewusst-Sein und Sinnerfüllung
- Realistisches Handlungspensum
- Persönliches Zeitmanagement
- Bewusste Zielorientierung
- Lösungsorientiert statt problemorientiert denken und handeln
- Aufbau und Pflege emotionaler Verbindungen
- Gefühle wahrnehmen, akzeptieren und entsprechend reagieren
- Verstehen und Nutzen, dass die eigenen Gedanken die Erlebniswelt strukturieren
- Umsetzung beruflicher Sinnhaftigkeit
- Die Macht der Gedanken nutzen, Eigenverantwortung, Möglichkeit zur positiven Einflussnahme
- Regulierung durch Atmung
- Bewusste Nahrungszufuhr und körperliche Betätigung
- Entspannungs- und Meditationstechniken

14.3 Drei praktische Anwendungsmöglichkeiten

Wir haben zum Abschluss dieses Kapitels noch drei bewährte, praktische Übungen aus dem breiten Angebot der Entspannungs- und Meditationstechniken ausgewählt. Probieren Sie die Übungen doch einmal in Ruhe aus und praktizieren dann, was Ihnen am meisten zusagt. Denn ganz wesentlich beim praktischen Tun ist der sogenannte *Zugang*. Sie sollten nicht gegen einen inneren Widerstand ankämpfen müssen. Das würde Ihre Lernerfolge ausbremsen. So etwas wird aufgebaut, wenn Sie sich sagen: *„Na ja, dann mache ich halt meine Übungen"*, oder *„ich muss meine Entspannung machen"*.

Diese Zeiten sind wertvoll für Sie und immer gesundheitsfördernd. Ihren positiven Zugang fördern Gedanken wie: *„Das gönne ich mir jetzt"*; *„Das bin ich mir wert"*; *„Diese Zeit ist für mich"*; *„Es könnte mich weiterbringen"*.

Erstes Beispiel: **Bauchatmung**

Zur Atmung haben wir eine sofort wirkende Anwendungsmöglichkeit ausgewählt und für Sie auch illustriert:[57]

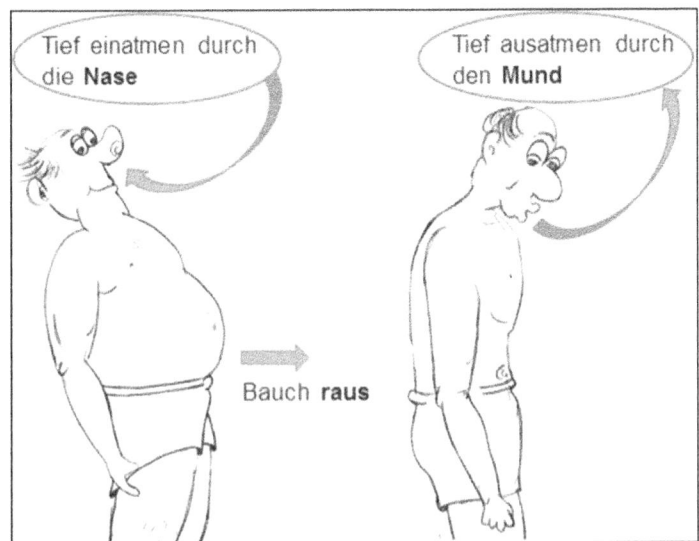

Abb. 43: Das parasympathische Atmen

---

[57] Nach einer Illustration von Elly Bender

- Durch die Nase einatmen, als würden Sie die Luft in den Bauch ziehen, Bauch wölbt sich nach außen.

- Durch den Mund ausatmen, Schultern fallen lassen, Bauch geht von selbst in Ausgangsposition zurück.

- Zunächst achten Sie nur auf die physiologischen Abläufe: Nase einatmen - Bauch raus, Mund ausatmen - Unterkiefer loslassen, Schultern fallen lassen.

- Nach einigen Atemzügen konzentrieren Sie sich auf die Vorstellung: Beim Einatmen neue, frische Energie aufzunehmen, beim Ausatmen loslassen und verbrauchte Energie, Negatives ausatmen.

Wenn Sie sich regelmäßig, jeden Tag fünf Minuten dieses bewusste Atmen *gönnen*, werden Sie ruhiger und gelassener. Ihr Qi, ihr Energiehaushalt wird verbessert. Schon bald genügen wenige Atemzüge, um den gleichen Effekt zu erzielen. Später kann dies für Sie eine wirkungsvolle, hilfreiche Technik in kritischen Situationen sein, wie beispielsweise vor oder in einer Prüfung, einer Besprechung, einer schwierigen, stressigen Kommunikation oder einem Wettkampf.

Zweites Beispiel:

Direkte, schnelle Stressentladung über Visualisierung, Anspannung und Entspannung

Die Fäuste ballen, anspannen und vorstellen, dass die negativen Empfindungen und Gedanken sich in den Fäusten stauen (Anspannung, Druck wird gespürt). Einige Atemzüge die Spannung halten. Mit entspannendem Ausatmen dann die Fäuste öffnen und *„loslassen"*. Das Ausatmen soll verbunden sein mit der Vorstellung, dass so viel Negatives entweichen kann, wie das Unbewusste bereit ist loszulassen.

Drittes Beispiel:

Stress ausleitendes Qi Gong

Stichpunktartig haben wir eine *„kleine Arbeitsanweisung"* für Sie erstellt.

Phase 1   Ins Gleichgewicht bringen

Sie stehen schulterbreit und spüren über ihre Füße wie ihr Körpergewicht verteilt ist. Ausjonglieren der Gewichtverteilung auf zwischen Fußballen vorne und Fersen hinten, Fußkannte links u. rechts. Mitte finden. Arme hängen seitlich entspannt. Auf Kopfhaltung achten, den Blick horizontal ausgerichtet.

Phase 2   Hände hoch und nach unten führen

Hände hochführen bis Brusthöhe (Handinnenflächen zeigen nach oben, Fingerspitzen zueinander), Hände drehen (Handinnenflächen zeigen nach unten) und bis Gürtelhöhe absinken lassen. Diese Handbewegung des Hebens und Senkens immer wieder wiederholen.

Phase 3   Gesamten Körper heben und senken

Sobald diese Auf- und Abwärtsbewegungen synchron, harmonisch und ohne, dass die Schultern hochgezogen werden, ausgeführt werden können, folgt der gesamten Körper diesem Bewegungsrhythmus. D. h. solange die Hände sinken, sinkt auch der Körper, gehen Sie langsam (einige Zentimeter) in die Knie und wieder hoch.

Phase 4   Mit der bewussten Atmung die Bewegung steuern

Nun kommt die bewusste Atmung dazu. Ab jetzt bestimmt der Atemrhythmus die Bewegungsabläufe. D. h. solange Sie ausatmen, sinken Körper und Hände ab, während des Einatmens treiben Körper und Hände hoch.

Phase 5

Vorstellen, negativen Stress auszuatmen, loszulassen

Während Sie ihren Körper und ihre Hände nach unten absinken lassen und ausatmen, stellen Sie sich vor, dass Sie angestauten negativen Stress ausatmen und loslassen. Versuchen Sie dabei nicht, das Negative genau zu definieren, ihr Unbewusstes weiß genau, was abzugeben ist. Vertrauen Sie ihm.

Phase 6   Vorstellen, negativen Stress auszuatmen und hinaus zu drücken

Beim Ausatmen von Negativem stellen Sie Sich zusätzlich vor, nach unten mit der Abwärtsbewegung gleichsam das Belastende aus sich herauszudrücken und es so loszulassen.

Bei dieser Übungssequenz erreichen Sie eine umfassende Wirkungsbreite, da Sie ganzheitlich agieren. Sie bewegen den Körper und verbinden Ihre „Energiequellen" im direkten Erleben zu einer Einheit. Sie arbeiten mit der linken Gehirnhälfte (faktisches Denken), der rechten Gehirnhälfte (bildliche Vorstellung), dem limbischen System (Gefühle) und dem Unbewussten im Kontext der Wirkungskomponenten des Qi Gong, also den Meridianen (Energiebahnen).

Viel Spaß beim „GÖNNEN" dieser Techniken.

Quellenverzeichnis Teil II

Bücher

Badura, Bernhard u.a. (2009): Fehlzeiten-Report 2008 - Betriebliches Gesund-heitsmanagement. Springer, Berlin, Heidelberg

Charon,`Jean.E. (1983): J`ai vècu quinze millards d`années. Paris

Dalai Lama (2008): Führen – Gestalten – Bewegen. Campus, Frankfurt/Main

Deshimaru, Taisen (1978): Zen in den Kampfkünsten Japans. Knaur, München

Eberspächer, Hans (2008): Gut sein, wenn's darauf ankommt - Erfolg durch Men-tales Training. Hauser, München

Galuska, Joachim (2010): Die Kunst des Wirtschaftens. Kamphausen, Bielefeld

Hempel, Hans-Peter (1995): Was lehrt Zen? Beltz-Verlag, Weinsheim

Lay, Rupert (1999): Führen durch das Wort. Wirtschaftsverlag Langen-Müller/Herbig, München

Mayer, Jan u., Herrmann, Hans-Dieter (2009): Mentales Training. Springer, Berlin

Molcho, Samy (1983): Körper-Sprache. Mosaik, München

Musashi, Miyamoto (1984): A Book of Five Rings. Astrolog, London

Russel Hochschild, Arlie (2013): Das gekaufte Herz - Zur Kommerzialisierung der Gefühle. Springer Fachmedien, Wiesbaden

Seelig, Carl,(Hrsg.), (2005): Albert Einstein Mein Weltbild. Ullstein, Berlin

Spitzer, Manfred,(2009): Aufklärung 2.0 - Gehirnforschung als Selbsterkenntnis. Schattauer Verlag für Medizin, Stuttgart

Spork, Peter, (2010): Der zweite Code: Epigenetik – oder wie wir unser Erbgut steuern können. Rowohlt, Reinbek bei Hamburg

Simmel, Georg (2009): Philosophie des Geldes. Neuauflage, Original: Leipzig, Duncker & Humblot 1907, Nachdruck: 2009 Anaconda, Köln

Trevisan, Adriano (1991): Aikido – Das große Lehr- und Übungsbuch. Scherz Verlag, Bern

Watts, Alan (1986): Vom Geist des Zen. Insel-Taschenbuch, Frankfurt/Main

Weinkauf, Wolfgang (2001): Die Philosophie der Stoa. Reclam, Stuttgart

Abschlussarbeiten

Heinz-Trossen, Alfons (1981): Zum Stellenwert des Judosports im Rahmen der Jugendarbeit mit Randgruppenjugendlichen (Diplomarbeit, Fachhochschule Wiesbaden)

Kappler, Ralf (2007): Chi-Management (Hochschule Pforzheim)

Kuhn, Zephania (2011): Mitarbeiter Motivation als Indikator der Leistungssteigerung im Kontext der Asiatischen Kampfkünste (Hochschule Pforzheim)

Internet

URL 25: DAK Gesundheitsreport 2011. Analyse der Arbeitsunfähigkeitsdaten. Schwerpunktthema: Wie gesund sind junge Arbeitnehmer?, http://www.dk.de, Presse Server, 15.02.2011

URL 26: DAK Gesundheitsreport 2009. Analyse der Arbeitsunfähigkeitsdaten. Schwerpunktthema Doping am Arbeitsplatz. http://www.dk.de, Presse Server, 12.02.2009

URL 27: Zitate und Weisheiten von Henry Ford, www.henry-ford.net, abgefragt am 05.07.2013

URL 28: „Junkfood lässt Gehirn schrumpfen", von Schultz, Nora, vom 18.01.2011 www.spiegel.de/wissenschaft/mensch

Zeitschriften

Baker, Stuart u.a. „Der Sieg über die Gene", in: Der Spiegel Nr. 32/2010

Blech, Jörg, „ Die Heilkraft der Mönche", in: Der Spiegel 48/2008: Seite 144-156

Davidson, Richard, J. (2004): "Well-being and affective style: Neural substrates and biobehavioural correlates". Philosophical Transactions of the Royal Society B: Biological Sciences 359 (1449): 1395–1411. doi : 10.1098/rstb.2004.1510 "Well-being und affektiven Stil: Neuronale Substrate und biobehavioural Korrelate", Philosophical Transactions of the Royal Society B. Biological Sciences 359 (1449), S.1395-1411.

Macht, Michael, Die Gefühle und das Essverhalten. In: Moderne Ernährung heute, 4/2005

Öffentlicher Anzeiger, Rhein-Zeitung, Bad Kreuznach, 22.04.2009

Teil III
Die Kommunikationskata

15. Von der Kunst, nicht nur zu reden, sondern auch etwas zu sagen

Zirka 80 % der Arbeit des Managements besteht aus dem, was allgemein als *„Kommunikation"* bezeichnet wird. Der wirtschaftliche Erfolg oder Misserfolg eines Unternehmens wird also ganz wesentlich dadurch bestimmt, wie Informationen innerhalb und zwischen den betrieblichen Ebenen fließen und wer mit wem auf welche Art und Weise kommuniziert.[1]

Umso wichtiger ist es, Kommunikation als entscheidenden Faktor in Arbeitsprozessen anzuerkennen und nicht als notwendiges *„Nebenprodukt"* abzutun. Betont werden muss an dieser Stelle auch, dass Informationsvermittlung gelernt sein will. Nicht von ungefähr kennt der Duden den Ausdruck *„Fachidiot"*. Tatsächlich reichen Sprachkenntnisse allein nicht aus, um fachgebundenes Wissen zu erwerben, geschweige denn anwenden oder vermitteln zu können.

Geprägt ist die unternehmensinterne Verständigung durch die Denk- und Verhaltensstruktur des jeweiligen Managers und durch seine Gewohnheiten bei der Zusammenarbeit mit seinen Kollegen. Die Kommunikation zwischen den Mitarbeitern ist auch geprägt durch die Rahmenbedingungen, die im Unternehmen gegeben sind.

Angemessene Interaktion[2] ist für eine gelungene Mitarbeiterführung unerlässlich und somit die eigentliche Kernaufgabe des Managers. Sie sollten sich stets darüber im Klaren sein, dass betriebliche Schäden, die durch kommunikationsbedingte Missverständnisse entstehen, enorm sein können. Es lohnt sich, Zeit in die richtige Wortwahl zu investieren. *Kommunikation ist ein Wirtschaftsfaktor!* Vermeiden Sie klassische Situationen des *„Aneinander-vorbei-Redens"*. Machen Sie klare Ansagen. Dies erfordert innere Gelassenheit und einen ständigen Prozess des persönlichen Hinterfragens und *„bewussten Tuns"*.

---

[1] Vgl. Harvard Business Manager, (Ausgabe 01.11.2012)
[2] Wir verstehen hierunter die wechselseitige Beeinflussung von Menschen, Kommunikationssystemen und allgemein wirkenden Systemen.

J.K.A. Gottschalck, A. Heinz-Trossen, *Qi-Management – Die Kata der Manager*, 191
DOI 10.1007/978-3-642-41304-9_15, © Springer-Verlag Berlin Heidelberg 2014

Nachhaltig erfolgreiche Entwicklungen setzen Manager voraus, die ihr *„Bewusst-Sein"*, ihr Denken und Handeln über Selbstreflektion erweitern und die Gesetzmä-ßigkeiten der Energieflüsse, des Qi, verstehen. *Gesucht werden leistungsfähige Führungskräfte, mit sozial verträglichen Leadershipqualitäten.*

Von großer Bedeutung sind hierbei persönliche Einstellungen, Wertorientierungen und Fähigkeiten des *„Perspektivenwechsels"* hin zur Ganzheitlichkeit.[3] Mecha-nisch ausgeführte, nachgemachte, unreflektierte, einzig auf Macht und Geld fixier-te Managementtechniken kreieren sinnentleerte, gierige Führungsgrobmotoriker mit egoistischem Tunnelblick. Aus einem auf Nachhaltigkeit und Gesundheit be-dachten Blickwinkel müssen diese Strategien scheitern. Wir wollen keine *„Moral Apostel"* sein, aber die letzte Wirtschaftskrise legte offen, wie gefährlich sich kurz-fristiges, rein monetäres Gewinndenken auswirkt und dass nachhaltiges, ganzheit-liches Management im Denken und Handeln erforderlich ist. Die Wirtschaftskrise zeigte unter anderem auch, wie schädlich sich das Verhalten einiger Gieriger auf den Ruf ganzer Berufsbranchen (Bank- und Finanzwesen) auswirken kann.

Während es an nachhaltig handelnden Managern fehlt, mangelt es an Mahnern keineswegs. Diese rekrutieren sich aus den unterschiedlichsten Disziplinen.

Volk[4] beispielsweise fordert:

„Es gilt, die segensreiche Wirkung des Mit-innerer-Ruhe-in-der-Welt-Stehens zur persönlichen Stabilisierung in destabilisierender Zeit wiederzu-entdecken, und für sich zurückzuerobern."

Aus innerer Ausgeglichenheit resultiert der Blick für wesentliche Zusammenhänge. Somit können sich auch adäquaten Handlungsalternativen ergeben, für die eigene Persönlichkeit, als auch für Andere. Aus einer *„kontraproduktiven Reizbarkeit"* wird sonst selbst bei harmlosen Anlässen aus einer aggressiven Grundhaltung vor-schnell beurteilt und verurteilt. Somit kann Wichtiges übersehen werden und wert-volle, wesentliche Aspekte können verloren gehen.

---

[3] Gemeint ist hier *„das Ganze"* im Blick zu haben, mit all den Konsequenzen für das momentane Tun, vergleichbar mit dem Handeln eines erfahrenen, verantwortungsbewusste Kämpfers wie in Teil I und II beschrieben.
[4] Volk, H. (2010)

In Stresssituationen schaltet unser Organismus automatisch auf eine Art *„Notfall-programm Überlebenssicherung"* um, in dem es nur noch um Flucht oder Angriff geht. So hilfreich diese instinktbedingte *„Neandertalhirn-Reaktion"* unseren Urahnen in der Steinzeit gewesen sein mag[5] – im beruflichen Alltag des 21. Jahrhunderts ist sie nicht nur wenig vorteilhaft, sondern gesundheitlich schädlich. Wichtig ist, dass eine Belastung an sich nicht per se entscheidend ist für eine tatsächliche oder vermeintliche Erkrankung. Subjektives Erleben wirkt sich entscheidend darauf aus, wie stark oder schwach wir physische und psychische Beanspruchungen empfinden. Unsere Erfahrungen bestätigen diese These. Hierzu ein praktisches Beispiel: In einem Unternehmen mit ca. 160 Mitarbeitern führten wir über ein Jahr Seminare mit allen 23 Führungskräften zur Kommunikation, Supervision und zum Stressmanagement durch. Im Beobachtungszeitraum von einem Jahr unmittelbar nach Beendigung der Maßnahme reduzierten sich die Fehlzeiten aller Mitarbeiter im Vergleich zu dem Jahr vor Beginn der Maßnahme um über 50 %. Die Auswertung anonymer Fragebögen bezüglich der Motivation, Identifikationsbereitschaft mit dem Unternehmen und der Arbeitszufriedenheit vor und nach der Maßnahme, fielen nach der Maßnahme bei allen Mitarbeitern signifikant positiver aus.

Die Führungskräfte wirken hierbei als *„Multiplikatoren"*. Mit ihren Fähigkeiten im persönlichen Qi-Management tritt eine bleibende positive Veränderung zunächst bei ihnen selbst ein und überträgt sich dann über die deutlich verbesserte Kommunikationskultur auf den gesamten Mitarbeiterstab.

15.1 Der Manager als „Sündenbock"

Manager werden häufig als *„Verursacher"* von Unternehmenskrisen gebrandmarkt und stehen unter enormem Druck von fast allen Seiten. Sie sind Schaltstellen der Kommunikation sowohl innerhalb als auch zwischen den Betriebsebenen. Ihre Grundtechniken in der Kommunikation, ihre Kihon, sind daher von besonderer Bedeutung für sich selbst, aber insbesondere auch für das Umfeld. Aber warum sind

---

[5] Das Stammhirn, als entwicklungsgeschichtlich ältester Teil des Gehirns, ist für essenzielle Lebensfunktionen zuständig und steuert u. a. Herzfrequenz, Blutdruck und Atmung. Es ist es für einige wichtige Reflexe verantwortlich.

diese Fähigkeiten so wichtig? Sie zu erlernen und das Wissen zu pflegen kostet doch nur Geld? Lohnt sich der Aufwand überhaupt?

Stellvertretend für die Vielzahl von Erhebungen zu diesem Themengebiet gehen wir hier kurz auf die Gallup-Studien ein. Seit 2001 führt das Gallup-Institut jährlich repräsentative Befragungen für Deutschland und diverse andere Länder durch. In ihrer neuesten Studie[6] kommen die Wissenschaftler zu dem Ergebnis, dass überwiegend *durch schlechtes Management* negatives Betriebsklima entsteht und Mitarbeiter demotiviert werden. Die Folge sind häufige Fehltage, Fluktuation der Beschäftigten und schlechte Produktivität. Dadurch entstehen *jedes Jahr Milliardenschäden im dreistelligen Bereich.*[7]

Allarmierend ist, dass gemäß der Studie nur 15 % der Arbeitnehmer (2012) in Deutschland wirklich engagiert arbeiten. Nur diese Mitarbeiter haben eine hohe *„emotionale Bindung"* zum Unternehmen. Dass dies keine Momentaufnahme ist, belegen die Vergleichswerte, die über elf Jahre mit gleichen Parametern erhoben wurden, und zwar nahezu unverändert von 16 % in 2001 und 15 % in 2012. Der große Rest, also 85 % aller Mitarbeiter, sind eher frustriert und unmotiviert. Schaut man sich diese Werte noch differenzierter an, schrillen die Alarmglocken noch lauter. Waren es nach der Studie in 2001 15 %, die bereits *„innerlich gekündigt"* hatten, sind es 2012 bereits 24 % der Arbeitnehmer, also ca. jeder vierte Mitarbeiter. Dadurch geht wertvolles Potential verloren. Die Energie, das Qi ist vorhanden, wird aber nicht erschlossen; die Angestellten schöpfen ihre Fähigkeiten nicht voll aus. Die wesentlichen Gründe für demotivierte Mitarbeiter sind nach Darstellung der Wissenschaftler:

- Es wird nicht klar und eindeutig *kommuniziert.*
- Es wird zu wenig Initiative der Mitarbeiter zugelassen und ihre Meinungen werden nicht ausreichend gewürdigt.
- Mitarbeiter arbeiten auf einer Position, die sie nicht in all ihren Fähigkeiten fordert.

---

[6] Pressemitteilung vom 02.07.2013, s. auch unter: (URL 29)
[7] Gallup geht für die BRD in 2012 von einem volkswirtschaftlichen Schaden von 112-138 Milliarden Euro aus, der durch die geringe Motivation der Mitarbeiter verursacht wurde.

- Zu wenig Lob und Anerkennung für gute Arbeit.
- Mitarbeiter wissen nicht genau, was von ihnen erwartet wird.
- Es wird zu wenig vermittelt, dass die Arbeit wichtig und wertvoll ist.
- Vorgesetzte interessieren sich nicht für den Mitarbeiter als Mensch.
- Den Mitarbeitern fehlt die emotionale Bindung zum Unternehmen.
- Besonders bei Veränderungsprozessen bremst zu lange Ungewissheit.
- Mitarbeiter sind oft nur Betroffene, nicht Beteiligte.

15.2   Die Kata erfolgreicher Unternehmen

Erfolgreiche Unternehmen reagieren auf die Ergebnisse, indem sie beispielsweise moderne Vergütungsstrukturen einführen. So entwickelte die Deutsche Telekom ein neues Vergütungssystem, welches unter anderem den Grad der Mitarbeiterzufriedenheit als Bewertungskriterium in die variablen Vorstandsgehälter mit einbezieht.[8] Auch der VW-Konzern arbeitet neuerdings mit einem sogenannten Langzeitbonus, der nicht nur durch Absatz- und Renditesteigerungen, sondern auch von Kunden- und Mitarbeiterzufriedenheit beeinflusst und über vier Jahre berechnet wird.[9] Begründet sind diese Entwicklungen natürlich auch durch das neue Gesetz zur Angemessenheit von Vorstandsgehältern. Ziel dieses Gesetzes ist eine Vergütungsstruktur, die nachhaltig und langfristig ausgelegt ist und sich nicht nur den kurzfristigen Zielen der Gewinnerwartung und Aktienkursentwicklung orientiert.[10]

In ihrer zehnten Ausgabe des Fehlzeiten-Reports kommen Badura und andere zu dem Ergebnis, dass im Arbeitsprozess die Kommunikation - insbesondere der vertrauensvolle Umgang miteinander - und die gegenseitige Wertschätzung gepflegt werden sollen. Ist dies nicht der Fall, häufen sich Missverständnisse und Konflikte. Diese wiederum führen zu einer Abnahme der Qualität und Produktivität sowie Unternehmensbindung und Gesundheit.[11]

---

[8]   (URL 30)
[9]   (URL 31)
[10]   (URL 32)
[11]   Badura u. a., 2009

Schlechte Kommunikation kann bei allen Beteiligten zu Irritationen oder sogar zu vielfältigen psychischen bzw. psychosomatischen Belastungen führen. Es entsteht ein Teufelskreis: Schlechte Kommunikation führt zu mehr Belastung, mehr Belastung wiederum erzeugt schlechtere Kommunikation usw.

Umgekehrt wirkt sich „angemessene Kommunikation" ausgesprochen positiv auf Geist und Körper und somit auf Arbeitsklima und Produktivität aus. Sie sehen, die Kommunikation ist ein höchst sensibler Stellhebel.

Bleiben wir bei den Gewinnerwartungen der Unternehmen. Der volkswirtschaftliche Schaden des Krankenstands durch arbeitsbedingte, psychische Belastungen in Deutschland summiert sich auf 6,3 Milliarden Euro pro Jahr.[12] Die verminderte Leistungsfähigkeit vor der Krankheit ist hier noch nicht einmal einkalkuliert. Da der allgemeine Krankenstand seit Jahren auf niedrigem Niveau liegt, ist der gegenläufige Trend bei den psychischen Erkrankungen umso alarmierender. Sie stiegen seit 1998 kontinuierlich und legten 2010 so stark zu wie noch nie. Zudem führen psychisch bedingte Arbeitsausfälle zu den längsten Fehlzeiten in den Betrieben. Im Schnitt handelt es sich dabei um 22,5 Tage.[13]

15.3   Psychosoziale Faktoren

> *Stress ist zum betriebswirtschaftlichen Problem geworden.*

Psychosoziale Probleme wirken sich ganz selten nur auf einzelne Mitarbeiter aus. Meist haben sie gravierenden Einfluss auf ganze Teams oder auf das gesamte Unternehmen.[14] Für Stefan Lang, medizinischer Leiter bei BASF, gehören daher Stress- und Gesundheitsmanagement zu den wichtigsten Aufgaben im Führungsstab.[15]

Erfolgreiche Unternehmen haben auch hier ihre Kata entwickelt und reagieren auf die neuesten wissenschaftlichen Erkenntnisse wie die folgenden Beispiele zeigen.

---

[12] Der Spiegel, Nr. 30, 25.7.2011, S.60
[13] Präventionsbericht der Verbände der Krankenkassen, (2010), S.32
[14] Zur Gefährdung der Manager: siehe Teil II.
[15] Der Spiegel, Nr. 30, 25.7.2011, S.68

Die Deutsche Telekom befragt regelmäßig all ihre Mitarbeiter, wie sie über die Intensität der psychischen Belastung und das Thema Gesundheit im Unternehmen denken.[16] Aufgrund der Erkenntnisse aus dieser Umfrage hat die Telekom eine Reihe innerbetrieblicher Maßnahmen vorgenommen, um die physische und psychische Gesundheit ihrer Mitarbeiter zu fördern.

Adidas führte individuelle Gleitzeiten ein und bietet den Mitarbeitern neuerdings die Möglichkeit, während der Arbeitszeit „abzuschalten", Auszeiten zu nehmen, zu entspannen und Sport zu treiben.

Trumpf bietet hochflexible Arbeitszeitmodelle. So können Arbeitnehmer in einem Zeitkorridor von 15-40 Std. pro Woche selbst entscheiden, wie und wann sie arbeiten wollen.

Bosch zieht Krankheitstage und Unfallzahlen der Mitarbeiter als Kriterium der Leistungsbewertung der vorgesetzten Manager heran.

BASF setzt in allen Niederlassungen weltweit ein „Stressmanagement-Programm" ein.

Auch unsere Erfahrungen mit Unternehmensseminaren zu den Themen Stressmanagement, Tai Chi, Qi Gong, Rauchentwöhnung oder Kommunikationstraining bestätigen den wirtschaftlichen Effekt solcher Maßnahmen. Es wurde hierbei immer wieder deutlich, dass sich ein aktives Gesundheitsmanagement nicht nur für Global Player, sondern auch für kleinere und mittelständige Unternehmen lohnt.[17] Leider herrscht jedoch gerade im Mittelstand oft der Irrglaube, es seien zu wenig Finanzmittel zur Umsetzung der Maßnahmen vorhanden. Wir wollen hier zu einem Umdenken ermuntern!

Langfristige Zukunftsinvestitionen in die Gesundheit der Mitarbeiter sind notwendig, da besteht kein Zweifel. Sie alleine führen jedoch nicht zum Erfolg. Manchmal sind es schon die einfachen kurzfristigen, naheliegenden und kostengünstigen Varianten, die große dauerhaft positive Effekte erzielen können. Auf Mitarbeiterebene könnte dies zum Beispiel eine einfache fünf- bis zehnminütige Gymnastik sein.

---

[16] Der Spiegel, Nr. 30, 25.7.2011, S.61
[17] Siehe weiter oben: "Reduzierung der Fehlzeiten um mehr als 50 %"

Seit Jahrzehnten ist bekannt, wie erfolgreich Unternehmen in China und Japan diese gesundheitsfördernden Maßnahmen anwenden. Qi Management bedeutet an dieser Stelle, für die Mitarbeiter entsprechende Rahmenbedingungen zu schaffen. Konkret sollte bei unserem Beispiel der Gymnastik die Zeit dafür „gerne" bereitgestellt und als „wichtig" behandelt werden. Auch Vorgesetzte sollten mitmachen. Die Trainer können meist aus der Belegschaft rekrutiert werden. Externe Hilfe kann sinnvoll sein, ist aber nicht immer notwendig! *Nutzen Sie das vorhandene Know How, es ist unschlagbar günstig!*

Nach einer wissenschaftlichen Erhebung von Larry Chapman[18] *zahlt sich jeder Euro volkswirtschaftlich fünffach aus*, der in betriebliche Prävention, in die Gesundheit und somit in die Leistungsfähigkeit der Mitarbeiter investiert wird. In den Firmen selbst sei der Faktor noch höher. Dieses wirtschaftliche Potential gilt unabhängig von der Unternehmensgröße.

Kommen wir zurück zum Manager. Im Verständnis der Ganzheitlichkeit und der aufgezeigten Interdependenz wird deutlich, dass sich im *„System Mensch"* nicht nur Körper, Psyche, Verhalten und Denken gegenseitig beeinflussen, sondern dass ein Mensch auch auf andere Menschen wirkt. Um mit Schulz von Thun`s Worten zu sprechen[19]:

> **„Willst Du ein guter Manager sein, schau erst mal in dich selbst hinein."**

Unser eigenes Denken und Handeln hat Konsequenzen für andere, bedingt deren Reaktion auf unser Tun und wirkt somit wiederum auf uns zurück. Diese Beeinflussung kann man sich wie eine Teamarbeit vorstellen, entweder *„als inneres oder als äußeres Team"*.

Das innere Team[20] wirkt in uns selbst über das Zusammenspiel von Körper, Psyche und Geist und Seele. Positive Gedanken beeinflussen unser persönliches Wohlbefinden, was sich wiederum unmittelbar vorteilhaft auf unser Verhalten auswirkt.

---

[18] Journal of Management Studies, (2005), S. 30ff
[19] Schulz von Thun (2006)
[20] Spezielles zum „Inneren Team", siehe Kapitel 16.1.3

Das äußere Team stellt das Zusammenspiel zwischen uns, also dem inneren Team und anderen dar. Unser Denken und Handeln wirkt unmittelbar auf unsere Umwelt, wir machen gewissermaßen einen *„äußeren Eindruck"*. Ist das ein *„guter Eindruck"*, entstehen positive Synergieeffekte, denn motivierte Kollegen stecken bekanntlich an. Wichtig ist dabei vor allem eines:
Nur wenn das innere Team eingespielt ist, kann auch das äußere Team gut funktionieren. Nur wer sich selbst managen kann, „managt" auch andere erfolgreich!

Wir haben verdeutlicht, dass die Kommunikation ein wesentliches Element im betrieblichen Geschehen darstellt. Deshalb verdient sie bei der Umsetzung des Qi Management eine besondere Beachtung. Im Zentrum der Kommunikation steht der Manager, quasi als Schaltzentrale.

Immer wieder registrieren wir in Work Shops, Kriseninterventionen und Coachings, dass es nicht die komplizierte Kommunikationsmatrix und auch nicht die ausgefeilte, neueste Power-Point-Präsentation ist, die weiterhilft. Wirklich hilfreich ist die Vermittlung und Anwendung der Kommunikationsbasics im Kontext des Qi-Management, abgestimmt auf die jeweilige Situation im Unternehmen. Werden *„die alten Hilfsmittel"* dann doch einmal zur Lösung praktischer Aufgaben angewandt, kommen viele Manager oft zur Erkenntnis *„warum haben wir das eigentlich nicht schon vorher gemacht?"* Möglicherweise wurde auf der übergeordneten Managementebene kein Wert darauf gelegt, galten *„alte Hilfsmittel"* eben als unmodern oder wurden die Rahmenbedingungen für die Anwendung nicht geschaffen.

Wir haben Ihnen eine Auswahl wichtiger Management-Kihon (Grundtechniken der Kommunikation) zusammengestellt. Sie sollten sich darüber bewusst werden, was für Sie persönlich in Ihrer privaten oder beruflichen Situation anwendbar ist, womit Sie sich wohlfühlen und sich die entsprechenden Techniken *„gönnen"*. Der tägliche Gebrauch, das Training der Techniken, bringt direkten Nutzen und führt Sie zu Ihrer persönlichen Kommunikations-Kata. In kritischen Situationen können Sie dann, durch die durch regelmäßige Übung erworbene Routinen, Ihre neuen Fähigkeiten sicher, reflexartig *„herausspielen"* und somit gelassener und erfolgreicher Denken und Handeln.

16. Qi Handwerkskoffer der Kommunikation

Abb. 44: Der Qi Handwerkskoffer der Kommunikation

Wir füllen jetzt den Qi–Handwerkskoffer der Kommunikation unter besonderer Berücksichtigung der wichtigen Rolle des Managers.[21] Dabei greifen wir auf teilweise seit Jahren bewährte Werkzeuge zurück, die wir selbst schon zu unseren Studienzeiten erlernt haben und die immer noch sehr gut praktisch nutzbar sind.[22] Einige davon werden Ihnen bekannt sein. Vielleicht wenden Sie sie sogar schon an? Womöglich verfügen Sie bereits über einen guten Werkzeugkoffer und Sie müssen Ihn nur öffnen oder neu sortieren. Vielleicht entdecken Sie im Folgenden aber auch neues *„brauchbares Handwerkszeug".*

---

[21] Der Handwerkskoffer erhebt keinen Anspruch auf Vollständigkeit. Viele Anregungen verdanken wir den Werken von Schulz von Thun, die wir zur Vertiefung empfehlen.

[22] Besonders ergiebig sind in diesem Zusammenhang die Werke von Schulz von Thun und Paul Watzlawick.

J.K.A. Gottschalck, A. Heinz-Trossen, *Qi-Management – Die Kata der Manager,*
DOI 10.1007/978-3-642-41304-9_16, © Springer-Verlag Berlin Heidelberg 2014

16.1.   Ebene 1: Der Manager, das Individuum

16.1.1   Unsere Kraftquelle, das Denken[23]

Wenn wir verstanden haben wie mächtig unsere Gedanken sind, werden wir mehr auf sie achten. Es gilt, Wirkungszusammenhänge zu erkennen und zu nutzen.

Wie denken wir und was bewirkt dieses Denken? Die bisherigen Ausführungen über das Denken sollten verdeutlichen, dass Denken und *„Bewusst-Sein"* großen Einfluss auf betriebliche Abläufe und die Zusammenarbeit im Unternehmen haben.

Wie aber steht es mit uns als Individuen? *„Cogito ergo sum – Ich denke, also bin ich".* Dieser von René Descarte geprägte Sinnspruch ist allgemein bekannt. Anders ausgelegt und auf das Qi-Management übertragen ließe sich auch sagen: *So wie ich denke, bin ich, handele ich.*

Ein praktisches Beispiel hierzu, wie Sie es vermutlich schon oft erlebt haben. Nehmen wir an, Sie fühlen Sich nach einem Gespräch verletzt, angegriffen und beleidigt. Schon erlebt? Ungeachtet der Tatsache, ob der andere es so gemeint hat oder nicht, reagieren Sie eher negativ, destruktiv und meist mit Aggression oder resignativem Rückzug. Möglicherweise haben Sie da aber etwas total missverstanden! Üben Sie sich darin, positiv zu reagieren. Zuerst verabschieden Sie sich von der unsinnigen Alltagsschizophrenie *„Das darf doch nicht wahr sein!".* Es ist so!!

Dann stellen Sie Ihr Ego selbstschützend zurück und fragen sich: „Was ist los mit diesem Menschen? Was sind seine Motive? Hat er mir möglicherweise sogar etwas geliefert, das mir wichtige Hinweise gibt?"

Überdenken Sie Ihre Grundeinstellung! Extreme *„Ich-Bezogenheit"*, häufig genährt aus bedingungsloser Karrieresucht, ohne Rücksicht auf andere und vor allem auf die eigene Gesundheit, ist selbstzerstörerisch. Oft begleitet von Aggression, Ellenbogenmentalität, Heuchelei und Betrug hat dies zwangsläufig ein schlechtes Verhältnis zu anderen Menschen zur Folge. Denn seien wir mal ehrlich: Wer arbeitet schon gerne mit einem Egomanen zusammen?

---

[23] Siehe hierzu ausführlich Teil II die Ausführungen zum persönlichen *Stressmanagement*

Im Übrigen ist es nach unserer Erfahrung falsch zu denken, Gefühle hätten am Arbeitsplatz nichts zu suchen, weil es hier nur um *„die Sache"* gehe. Genau durch diese Haltung werden gerade neue Konflikte ausgelöst und bereits bestehende ausgeweitet, was dann wiederum enormes Human- und Finanzkapital verschlingt.

Natürlich haben Gefühle einen großen Einfluss auf unser Denken und Handeln. Das betrifft sowohl unser privates als auch unser berufliches Umfeld. Wissenschaftler sprechen in diesem Zusammenhang von mehr als 80 % *„Bauch"* und weniger als 20 % *„Kopf"*, die unser Denken und Handeln beeinflussen. Klar ist, dass dieser wesentliche Einflussbereich nicht unterschätzt werden darf. Menschliche Gefühle sind de facto ein wesentlicher Bestandteil des betriebswirtschaftlichen Geschehens. Mehr noch! Nach unserem Verständnis der menschlichen Wirkungsmöglichkeiten verdienen es alle vier Ebenen des menschlichen Seins, berücksichtigt zu werden: *Die mentale, die emotional-psychische-, körperliche- und die Verhaltensebene.*[24] Im Qi-Management wird der Mitarbeiter nicht nur als Funktionsrollenträger, sondern als ganze Person gesehen und behandelt. Das ist anspruchsvoll und erfordert mehrdimensionales Denken. Ein guter Manager beschränkt sich nicht allein auf die Sachebene, sondern bezieht emotionale Faktoren, also sowohl seine als auch die Gefühle seiner Mitarbeiter, in seine Entscheidungsfindung ein. Solche Fähigkeiten fallen leider nicht vom Himmel, sondern müssen gründlich trainiert werden, bis sie sprichwörtlich in Fleisch und Blut übergehen und zur natürlichen Handlungsmaxime werden. So mühselig der Weg dorthin zunächst erscheinen mag, er zahlt sich aus und kann sogar richtig Spaß machen *„Der Weg ist das Ziel!"*

Fragen Sie sich dabei stets, wie und auf welche Weise Sie mit anderen Interagieren[25] und welche Reaktionen Sie damit hervorrufen. Besonders dann, wenn wir mit Problemen konfrontiert werden, gibt es immer Verbindungen zu unseren eigenen, tieferen Schichten. Um erfolgreich agieren zu können, sollten diese nicht ignoriert, sondern genutzt werden. Möglich ist dies, wenn die *„ eigenen Anteile"* [26] klar *„ identifiziert"* werden.

---

[24] Zur Vertiefung Teil II „Persönliches Qi-Management".
[25] Soziale Interaktion ist die aktive Wechselwirkung von wenigstens zwei Akteuren oder Organisationseinheiten.
[26] Siehe auch die folgenden Ausführungen zum „inneren Team".

16.1.2   Das Sensitivitätszentrum - Die drei Computer

Wie funktioniert unser Denken? In Bruchteilen von Sekunden registriert und selektiert das Gehirn alle Reize. Zunächst wird die Information in ihrem emotionalen Gehalt geprüft wie zum Beispiel:

- Besteht eine Gefahr für mein Selbstwertgefühl, werde ich bedroht, empfinde ich Sympathie?

- Danach erfolgt die Überprüfung, ob eine Übereinstimmung mit der Wert – und Normorientierung vorliegt.

- *Jetzt erst* erfolgt die Auseinandersetzung mit den rein kognitiven, datenorientierten, sachlichen Aspekten des Gesendeten.

Man kann sich diesen kybernetischen Prozess wie ein Netzwerk (Abb. 45) aus drei Computern vorstellen, die wie Filter auf den Informationsfluss wirken:

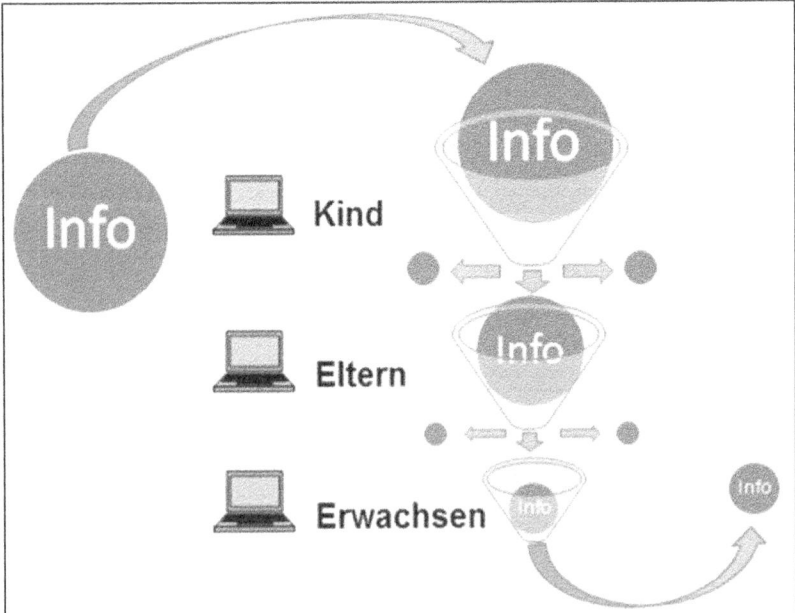

Abb. 45: Das Sensitivitätszentrum dargestellt als drei hintereinander geschaltete, Informationen filternde Computer

Wie im Bild zu erkennen, ist die Informationseingabe zu Beginn (vor dem Kind-Computer) noch groß, allerdings kommt am Ende der Verarbeitungskette (Erwachsener-Computer) dort im Gehirn, wo die sachlichen, faktischen Informationen verarbeitet werden, nur noch wenig an.

Der „*Kind-Computer*" steht für die Kindheit, da in den ersten Lebensjahren grundlegende Strukturen und Lösungsmechanismen, also Wahrnehmungs- und Reaktionsvorgänge auf emotionaler Ebene geprägt werden. Hier geht es unter anderem um die gefühlsmäßige Bedrohung des „Selbst". Der „*Eltern-Computer*" prüft, wie weit die Information mit den verinnerlichten Norm- und Wertvorstellungen übereinstimmt. Der „*Erwachsener-Computer*" symbolisiert das „*Erwachsener-Ich*", das rein sachlich und vernunftorientiert vorgeht.

Stellt man sich diese drei „Einheiten" als ein Netzwerk verbundener Computer vor, die über Informationen „*Strom*" erhalten, so kann es sein, dass der „*Erwachsener-Computer*" tatsächlich kaum Strom abzapfen kann, also auch keine Informationen aufnehmen kann, weil der „*Kind-Computer*" und der „*Eltern-Computer*" bereits die vorhandene Energie absorbiert haben.

Übertragen auf den Menschen bedeutet dies, dass uns Informationen zunächst auf der besonders in der Kindheit entwickelten Gefühlsebene ansprechen. Dieser empfindsame Teil unserer Persönlichkeit dominiert und gibt der aufgenommenen Information ihre Bedeutung.

Generell wird aus allen drei Computern gesendet und der Empfänger nimmt mit den Kind, Eltern, und Erwachsener Computern auf. Wird das „*empfindliche Selbstbild*" des Empfängers stark negativ angesprochen, etwa bei einer „*niedermachenden*" Kritik, die zudem noch ungerecht erscheint, ist der Empfänger nicht mehr in der Lage, die Sachargumente herauszuhören. Er kann sie dementsprechend tatsächlich nicht annehmen. Eine vom Sender gewollte Verhaltensänderung des Empfängers wird durch diese emotionale Blockade verhindert.

Wir werden später, wenn es um das *"äußere Team"*, die Mitarbeiter geht, näher auf Blockaden und Widerstände eingehen und zeigen, wie sehr sich dies auf die Zusammenarbeit im Unternehmen auswirken kann.

Zunächst bleiben wir bei den Vorgängen im Individuum.

16.1.3   Das innere Team

Führen Sie innerliche Selbstgespräche? Wie oft? Welcher Qualität? Warum wir Sie fragen? *In Ihnen agiert Ihr persönliches inneres Team!*

Ein Miteinander und Gegeneinander findet nicht nur zwischen den Menschen im „Außen", sondern auch permanent in uns im *„Inneren"* statt, in Form von bewussten und weniger bewussten *„Selbstgesprächen"*.

Diese Regungen, nennen wir sie innere Stimmen, melden sich zu jedem Ereignis und beeinflussen unser Denken, Fühlen und Handeln. Die inneren Stimmen und Empfindungen sind oft widersprüchlich. Diese *„Streithähne"* können zu seltsamen Verhaltensweisen führen, im schlimmsten Fall bis hin zur Handlungsunfähigkeit. Gelingt es allerdings, diese normale innere menschliche Pluralität zu einem positiven inneren Team zu machen, so ist das Qi im Gleichklang und es entstehen positive Synergieeffekte. Zum einen ist man dann *im Gleichgewicht mit sich selbst*, zum anderen können so durch angemessenes Verhalten alle Beteiligten weitergebracht werden. Die Technik des *„Inneren Teams"* können Sie anwenden, wenn Sie für sich ein persönliches Problem lösen wollen, aber auch in der direkten Kommunikation mit anderen.

Ein geeignetes Instrumentarium für die innere Konfliktbearbeitung ist *„der Zyklus der 5 Phasen"* in Anlehnung an Schulz von Thun[27]: Diese gedanklichen 5 Phasen sollten möglichst oft durchlaufen werden:

1. **Identifikation** der Teilnehmer herstellen und alle Stimmen, Empfindungen und Gedanken wahrnehmen.
2. **Monolog**: Anhörung der Einzelstimmen, auch die, die sonst nicht gehört werden.

---

[27] Wie bereits erwähnt, greifen wir hier auf Schulz von Thun zurück, zu diesem Thema besonders: Miteinander reden(2002), S. 45-51

3. **Dialog**: Sich miteinander *„auseinander-setzen"*, den Konflikt austragen.
4. **Würdigung, Akzeptanz!** Wozu ist es gut, dass es diese und jene Stimme gibt?
5. **Teambildung** und konkrete **Entscheidung** herbeiführen.

Hierzu zwei Beispiele aus dem persönlichen Bereich:

Beispiel eins: Sie müssen zeitnah entscheiden, sich für eine längere, intensive Fortbildung anzumelden oder nicht. Statt chaotisch hin- und hergerissen zu werden, oder was sehr oft vorkommt, nur der „lautesten" Stimme zu folgen und die anderen unberücksichtigt zu lassen, durchlaufen Sie die fünf Punkte:

1. Sie identifizieren und benennen die inneren Stimmen, etwa die Fürsorgliche, die Egoistische, die Ehrgeizige, die Ängstliche usw.

2. Sie hören die einzelnen Stimmen wie die *„Fürsorgliche"*, die sich Sorgen macht um die Partnerin und Kinder, für die Sie dann weniger zur Verfügung stehen. Oder die *„Ängstliche"*, die befürchtet, dass diese Herausforderung Sie gesundheitlich überfordert.

3. Nun konfrontieren Sie innerlich die unterschiedlichen Stimmen und ihre Argumente miteinander.

4. Manchmal gibt es unangenehme Stimmen oder Beweggründe, wie z. B. das Gefühl unangemessene Angst zu haben. Würdigen Sie ihre Existenz, vielleicht hat sie eine Schutzfunktion.

5. Betrachten Sie die Stimmen wie einzelne Diskussionspartner an einem Tisch, bilden Sie einen annehmbaren Kompromiss und setzen ihn praktisch durch konkrete Entscheidungen um.

Beispiel zwei: Sie sollen ein Seminar für Mitarbeiter durchführen, sind nervös, aufgeregt und irritiert. Einerseits wollen Sie die Chance nutzen und eine perfekte, umfangreiche Präsentation vorlegen, andererseits sollte diese kurz und *„griffig"* sein, oder sollten Sie doch besser ganz absagen?

1. Sie identifizieren und benennen die inneren Stimmen, etwa die Perfektionistische, die Praktische, die Ängstliche, die Rationale, usw.

2. Sie hören die einzelnen Stimmen wie die „Perfektionistische", die alles,
   auch das kleinste Detail einbringen will. Die „Praktische", die nur das Nö-
   tigste, praktisch anwendbare bevorzugt, oder die „Ängstliche", die ständig
   suggeriert „Ich versage, das schaffe ich nicht".

3. Nun konfrontieren Sie die unterschiedlichen Stimmen, Argumente. Hören
   Sie sich alle Argumente an, oft steht hinter einer scheinbar negativen Stimme ein fördernder Gedanke.

4. Ergründen Sie die tieferen Beweggründe der einzelnen Stimmen, nehmen
   wir z. B. die Versagensangst. Hier ist zunächst die *unbedingte Akzeptanz*
   wichtig. Wenn die Angst verdrängt oder überspielt wird, wird sie sich einen
   Weg bahnen und womöglich unverhofft in ungünstigen Momenten auftreten
   und großen Schaden anrichten. Setzen Sie Sich im Vorfeld mit ihrer Angst
   auseinander. Achten Sie in diesem Kontext auch auf Ihre gedankliche Pro-
   grammierung (*Katastrophierung*)[28].

5. Bedenken Sie, die inneren Streithähne sind ja da, es gilt ihre Intention zu
   erkennen und ihre Energie im Kompromiss als Synergieeffekt zu nutzen.
   Wenn sich beispielsweise der *Perfektionist* in Ihnen mit dem *Praktiker* oder
   Realisten einigt, kann dadurch die Angst auf den positiven *Eustress*[29] reduziert werden.

In weniger komplizierten Situationen ist die innere Konfliktbearbeitung in kurzer
Zeit, einigen Minuten möglich. In schwierigen Situationen sollten Sie, falls möglich,
Bedenkzeit nehmen. Diese Zeit ist gut investiert, da der sonst in der Regel später
erforderliche „*Reparaturaufwand*" aufgrund ungeschickter Reaktionen fast immer
ein Vielfaches an Energie und Zeitaufwand erfordert. Im Qi-Management sollten
Sie als Manager immer wieder die Erkenntnis umsetzen:

> **Zu leiten haben Sie das persönliche innere Team und
> das äußere Team, bestehend aus ihren Mitarbeitern.**

---

[28] Siehe hierzu auch Kapitel 6.5, Teil II.
[29] Siehe hierzu auch Kapitel 3, Teil II.

16.1.4 Wahrnehmung und die Totalität der Nachricht

> *Voraussetzung für den Empfang von Botschaften und Nachrichten, für innere Verarbeitung, Einschätzungen, Empfindungen, Kommunikation und anschließendes Handeln ist die* **Wahrnehmung.**

Üblicherweise sind innere (subjektive Wirklichkeit) und äußere Realitäten (objektive Wirklichkeit) in ihrer *„klaren Existenz"* für Menschen nicht erlebbar. Warum ist das so? Wir nehmen diese Realität nicht neutral wahr, sondern reagieren sofort physisch und psychisch. Auf diesem Weg nehmen wir direkt Einfluss darauf, wie sich uns die „Wirklichkeit" darstellt. Dadurch schaffen wir unsere ganz *„persönliche Realität"*.

> *Was wir erleben und erkennen sind unsere Beziehungen zu den Dingen und Ereignissen.*

„Diese Wahrnehmung", die entscheidend unser Selbstbild und das Verhalten gegenüber der Umwelt gestaltet, wird häufig für *„die Wirklichkeit"* gehalten. Dabei wird übersehen, dass Wahrnehmen individuell determiniert und multifaktoriell beeinflussbar ist. Bereits das Wahrnehmen ein und desselben Bildes kann für mehrere Betrachter, ja sogar denselben Betrachter verschiedene *„Wirklichkeiten"* zeigen. Bei den Wahrnehmungen von Bildern handelt es sich um relativ einfache Vorgänge. Wie groß ist dann erst die Gefahr einer Wahrnehmungsverschiebung in der komplexen zwischenmenschlichen Interaktion?

Unser Gehirn nimmt alle Informationen auf, den gesamten Kontext der Mitteilung, die äußeren Umstände, aber auch unsere unmittelbaren inneren Reaktionen.

Das bedeutet, dass nicht nur die Nachrichten selbst in ihrer dargestellten Komplexität, den Faktoren Gestik, Mimik, Körperhaltung und Klang der Stimme, sondern auch die Nachricht begleitende Gerüche, Farben, Geräusche, Hitze, Kälte, Licht, Assoziationen, Überzeugungen, Ängste aufgenommen werden.

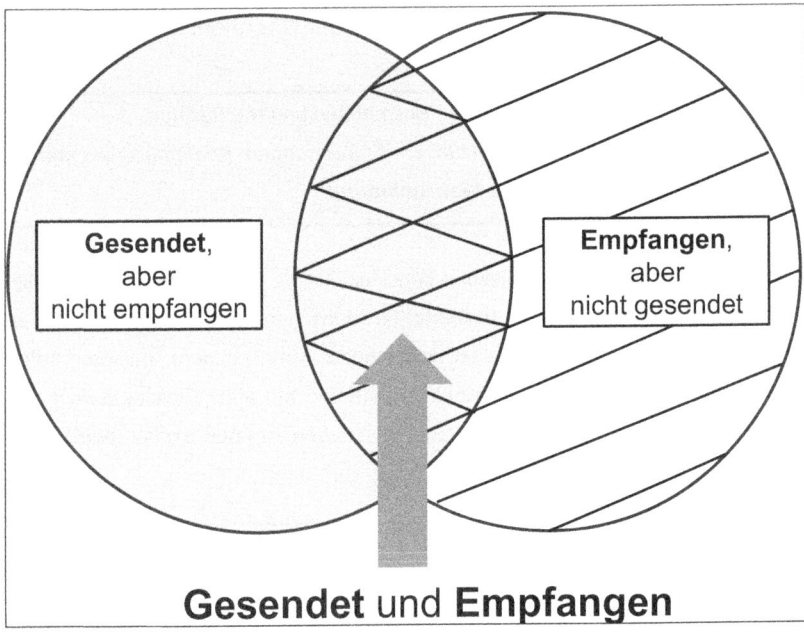

Gesendet und Empfangen

Abb. 46: Die gesendete Information entspricht nie der empfangenen Information

So können im Prozess der Wahrnehmung diverse *„Fehlerquellen"* die Realität verzerren wie:

- Äußere Reize, die über die Sinnesorgane aufgenommen werden (zum Beispiel Licht, Luftverhältnisse, die täuschen, wie etwa eine „Fata Morgana" in der Wüste).
- Innere Parameter wie z. B. Erwartungshaltungen, Befürchtungen, Erfahrungen, Ängste, Assoziationen, Phantasien, Überzeugungen, falsche Interpretation der Inhalte durch einseitige Wahrnehmungsausrichtung (zum Beispiel: Eine Hilfskraft bringt Vorschläge ein, die aber deswegen nicht entsprechend gewürdigt werden, weil von dieser Person keine besonderen Ideen erwartet werden).

- Hormonelle und andere Erkrankungen wie beispielsweise Schilddrüsenprobleme, Erkrankungen der Entgiftungsorgane (zum Beispiel: Niere, Leber), Hirnerkrankungen.

- Über Reize auf sensorischen Leitungsbahnen kann das gesamte Nervensystem Einfluss darauf nehmen, was dem Gehirn übermittelt wird.

Deshalb ist eine generelle Achtsamkeit[30] für den erfolgreichen Manager unerlässlich, das Gespür für die *„Eigenanteile"*, das Verständnis für die *„Ganzheitlichkeit"* und die Komplexität der Zusammenhänge.

Denn was passiert oft auf dem Weg zwischen den *„Denkzentralen"* von Kommunikationspartnern? Der Sender hat eine gute Idee und will diese mitteilen und damit beim Empfänger etwas erreichen. Aber zwischen Sender und Empfänger lauern viele potentielle Kommunikationsstörungen:

„gedacht" ist nicht gesagt...

„gesagt" ist nicht gehört...

„gehört" ist nicht verstanden...

„verstanden" ist nicht einverstanden...

„einverstanden" ist nicht gekonnt...

„gekonnt" ist nicht getan...

„getan" ist nicht richtig getan...

„richtig getan" ist nicht dauerhaft beibehalten[31]

Genau hierfür sind unsere Hinweise zum Umgang mit Kommunikationswerkzeugen gedacht, um dauerhafte, adäquate Vermittlung und Annahme mit entsprechender Umsetzung zu erreichen!

---

[30] Zur Vertiefung siehe Kap. II
[31] In Anl. Konrad Lorenz (1903-1989), österreichischer Verhaltensforscher

16.1.5 Die Drei-Punkte-Formel nach Heinz-Trossen

Wenn also die zwischenmenschliche Kommunikation so bedeutend und voller Tücken ist, sollte es doch ein relativ unkompliziertes, generell anzuwendendes Hilfsmittel geben, das eine *erfolgreiche* Kommunikation sicherstellt!?

Viele Jahre haben wir nach einer kurzen, prägnanten und erfolgversprechenden Vorgehensweise in der zwischenmenschlichen Kommunikation gesucht. Als Baustein des Qi-Management soll sie generell und auch in der *„Eigenkommunikation"* anwendbar sein. Wir glauben, dass dieser Anspruch mit der folgenden *„drei Punkte Formel nach Heinz-Trossen"* praktisch erreicht werden kann. Die jahrelangen Erfahrungen mit dieser Methode sind durchweg sehr positiv, vorausgesetzt natürlich, sie wurde von dem oder den Beteiligten konsequent angewandt.

Die Drei-Punkte-Formel nach Heinz-Trossen

Wahrnehmen => Akzeptieren => Reagieren

1. Bewusst Wahrnehmen

Versuchen Sie zunächst eigene und fremde Faktoren so wahrzunehmen, wie sie in ihrer *„klaren Existenz"*[32] tatsächlich sind. Etwa so, als wären Sie ein außenstehender, bewertungsfreier Beobachter. Sie beobachten also bewusst die Gesamtsituation, bestehend aus *„Eigenem und Fremdem"*:

Eigenes: Körperempfindungen, Emotionen, Gedanken, Verhalten
Fremdes: Verursacher, Fakten *„im Außen"*

Durch diese *„schützende Wahrnehmung"* bleiben Sie *„bei sich selbst"* und sind in der Lage, relativ schnell und sicher zu unterscheiden, was in Ihnen selbst begründet und was fremdverursacht ist. Sie nehmen dabei eine objektive Analyse ihrer

---

[32] Siehe auch Kapitel 16.1.4 „Wahrnehmung und die Totalität der Nachricht".

eigenen subjektiven Wahrnehmung und Empfindungen vor. Stellen Sie sich zum Beispiel vor, dass man Sie ungerecht behandelt und die Kränkung schlägt Ihnen derart auf den Magen, dass Sie Bauchschmerzen bekommen. Sie können sich nun dadurch schützen, dass Sie das subjektive Schmerzempfinden möglichst wertfrei für sich selbst feststellen. Wenn Sie nicht denken *„mein Magen schmerzt"*, sondern *„da ist Magenschmerz"*, erzeugen Sie Distanz zu negativen Empfindungen und bleiben Dame und Herr Ihrer Lage. Sie reduzieren die Gefahr, durch Ihre Gefühle überwältigt zu werden.

2. Akzeptieren

Was auch immer wahrgenommen wird, ist dann *„Teil unseres Selbst"*, und als solches anzuerkennen. Wie auch alles von außen Wirkende sich im Moment nun einmal *„so"* dem Betrachter darstellt.

3. Adäquates Reagieren

In dieser Phase folgt auf Ihre Aktion – das Akzeptieren Ihrer Gefühle und der gegebenen Umstände – nun Ihre Reaktion. Was Sie erlebt und reflektiert haben, geben Sie nun verbal wieder. Hat Ihnen eine Kränkung auf den Magen geschlagen, drücken Sie dies klar und deutlich aus. Sagen Sie, dass Sie sich verletzt fühlen. Bemühen Sie sich dabei empathisch[33] zu sein, und kommunizieren[34] Sie in *„Ich-Form"*. Je authentischer Sie Ihre Wahrnehmung verbal ausdrücken, desto mehr Menschen werden Ihre Gefühlwelt begreifen können. Besonders in Konfliktsituationen, nutzen Sie die *„Macht der Rückfragen"* (zum Beispiel: Habe ich das jetzt richtig verstanden?).

Diese Qi-Management Technik hat mehrere Vorteile in der Anwendung, vorausgesetzt natürlich, Sie haben diese wichtige Kihon geübt. Sie können in Sekundenbruchteilen wahrnehmen, was in Ihnen vorgeht und was im Außen passiert. *„Das Alles"* haben Sie zu akzeptieren, egal, wie unangenehm es ist, denn es ist für Sie *„genau so"*. Akzeptieren heißt dabei nicht unbedingt alles gut finden. Momentan ist es aber so! In der kleinen zwischenmenschlichen Alltagsschizophrenie wird tag-

---

[33] Wir verwenden diesen Begriff im Sinne von C. Rogers: Ein Gespür für das wirkliche Erleben des Anderen zu entwickeln, also einerseits bedingungsloses Einfühlen, andererseits distanzierte Selbstwahrnehmung.
[34] Mehr hierzu siehe auch Kapitel 16.2.3.

täglich jedoch genau anders herum reagiert. Typische Aussagen und Gedanken, die Sie vermutlich sehr gut kennen, sind:

- „das kann doch nicht sein, dass er das gemacht hat" oder
- „das darf doch nicht wahr sein"
- „das kann doch nicht wahr sein, dass ich den Bus verpasst habe!"

Es ist wahr!!! Es ist eben passiert. Dahinten fährt der Bus um die Ecke! Erst wenn Sie die Realität annehmen, können Sie wirkungsvoll und schnell reagieren.

Leider werden in der Praxis die beiden ersten, wichtigen Punkte meist nicht angewandt, obwohl sie nur eine kurze Reflektion erfordern. Es wird oft zu schnell und ohne Bedacht direkt reagiert.

Das Reagieren nach unserer Qi-Management Technik fällt Ihnen mit etwas Übung auch deswegen leicht, weil Sie nicht groß nach pädagogischem oder psychologischem Kalkül überlegen müssen, was Sie zum Beispiel antworten. Sie brauchen nur Ihre eigenen Empfindungen, die Sie ja haben, entsprechend der Situation dem Verursacher in *„Ich Form"* wieder zurückzugeben. [35]

16.2   Ebene 2: Das Team, die Gruppe

16.2.1   Motivation

Ob Mitarbeiter engagiert sind oder nicht, hängt im Wesentlichen von der *emotionalen Bindung* zum Unternehmen ab. Gründe für niedrige Mitarbeiterbindung sind meist hausgemacht und gehen auf Defizite in der Art der Personalführung zurück. Häufig ist das Verhalten der unmittelbaren Vorgesetzten der Grund der Unzufriedenheit.

So ist es nicht verwunderlich, dass 38 % der Mitarbeiter mit geringer emotionaler Bindung ihren Vorgesetzten sofort entlassen würden, wenn sie könnten. Während Arbeitnehmer mit hoher emotionaler Bindung dies nur zu 3 % tun würden. [36]

---

[35] Beispiele und weitere Vorteile finden Sie unter Kapitel 16.2.3 „Vorteile der Ich-Botschaft".
[36] Vgl. Gallup (2010)

Infolge von Unzufriedenheit, mangelndem Vertrauen und Enttäuschung über die Unternehmenspolitik, können bei schlechtem Betriebsklima und geringer Arbeitszufriedenheit die für den Betrieb existenziell notwendigen Höchstleistungen nicht erreicht werden. Langfristig bedeutet das eine Minderung der Arbeitsqualität, was sich letztendlich negativ auf den Unternehmenserfolg auswirkt. Zieht sich dieser Prozess der *„unengagierten Mitarbeit"*, des *„kreativitätslosen"* Dienstes nach Vorschrift und der generellen Minderleistung über längere Zeit hin, ist dann leider eine Veränderung schwer zu erreichen. *Die schlechte Situation ist zum Normalzustand geworden.*

In vielen Unternehmen wird die hier nötige professionelle Personalentwicklung immer noch als *„Firlefanz"*, als kostenintensives Extra angesehen, das auch noch Zeit kostet, die besser in die laufend anfallende Arbeit investiert werden sollten. Nach Gallup ist das geringe Engagement eindeutig auf Managementstrategien zurückzuführen, die Humanressourcen nicht pflegen, sondern sie zugunsten von kurzfristigen Gewinnen so exzessiv wie möglich auszunutzen versuchen.

Mitarbeiter mit hoher emotionaler Bindung arbeiten engagierter, produktiver, innovativer und kundenorientierter und tragen so wesentlich zum nachhaltigen Erfolg des Unternehmens bei.

Die Wissenschaftler empfehlen daher als wichtige Zielsetzung für jeden Arbeitgeber, den Mitarbeitern eine gute emotionale Verbundenheit zum Unternehmen und zur Unternehmensphilosophie zu ermöglichen. Dies setzt eine klare, ernsthaft *„vorgelebte Unternehmensphilosophie"* voraus, ein wesentlicher Baustein im Qi-Management.

Wertschöpfender, positiver Energiefluss (Qi-Fluss) im Unternehmen ist zu erreichen über eine Ausrichtung der Prozesse und der Mitarbeiter auf gemeinsame Ziele. Dies kann gelingen, wenn die Ziele bekannt, verstanden, akzeptiert und angewandt sind.

Es gilt, die persönlichen Ziele und *„motivationalen"* Beweggründe der Mitarbeiter zu erkennen und den richtigen Mitarbeiter am richtigen Arbeitsplatz einzusetzen. Es geht um die Nutzung von individuellen Fähigkeiten. Fast in jedem Team gibt es

Leader, Ruhige, Introvertierte, Denker, Planer, technisch Interessierte, Fürsorgliche, Visionäre usw. Wenn die persönlichen Ziele und Interessen für die Motivation eines Menschen so wichtig sind, stellt sich natürlich die Frage, wie man an sie herankommt. Im Grunde gibt es dafür einfache Möglichkeiten. Zum Beispiel in der Begegnung im Arbeitsalltag durch *Hinschauen* und *Hinhören*. Wobei hierfür nicht unbedingt viel erforderlich ist. Die gute Nachricht ist, dass uns Menschen unaufgefordert sehr viel über ihre Motivationsstrukturen mitteilen, und zwar nicht nur über Sprache oder Schrift, sondern auch über ihre Gestik, Mimik und Körpersprache. Die scheinbar schlechte Nachricht ist, dass Sie als Führungskraft achtsam sein müssen. Üben sie sich in Ihrer Fähigkeit, wirklich achtsam zu sein. Achtsamkeit ist auf jeden Fall gewinnbringend.[37]

Sie können beispielsweise als Führungskraft mehr Wissen über die Befindlichkeit, die Arbeitszufriedenheit und Potentiale ihrer Mitarbeiter erfahren und generell mehr Transparenz erlangen, indem Sie das bewährte Instrumentarium der anonymen Mitarbeiterbefragung einsetzen. Es sollten bei der Planung und Durchführung alle Parteien einbezogen werden, vom Betriebsrat bis zur Unternehmensleitung und natürlich die Mitarbeiter selbst. Der MAN-Konzern befragt seit einigen Jahren weltweit alle seine Mitarbeiter zu ihrer Zufriedenheit am Arbeitsplatz und zu ihrer Zufriedenheit mit ihren Chefs.[38] Um Motivationsverbesserung messen und gegebenenfalls anpassen zu können, sollte eine anonyme, standardisierte Mitarbeiterbefragung immer langfristig angelegt werden, also in bestimmten Zeitintervallen wiederholt werden.

Ein weiteres effizientes, motivationales Instrument ist es, den Mitarbeitern *die Möglichkeit* ernst genommener Verbesserungsvorschläge anzubieten. Im Sinne unseres Qi-Management bedeutet das den Stau des Qi, den Stau der ohnehin vorhandenen Verbesserungsvorschläge beim Mitarbeiter aufzulösen und das gewonnene Potential dem produktiven Gesamtfluss zuzuführen. Der Mitarbeiter sieht sich dann als Ideenlieferant, der einen bedeutsamen Anteil an der kontinuierlichen Verbesserung der Prozesse hat, dessen Meinung wertgeschätzt wird.

---

[37] Vgl. auch Teil I und weiter oben in Teil II.
[38] Vgl. Spiegel Nr. 30, 25.07.2011, S.62.

Durch die Einbindung der Mitarbeiter über das Vorschlagswesen wird das Bewusstsein für betriebliche Erfordernisse und die Problemzusammenhänge gesteigert.

Abb. 47: Stau des Qi durch Ignoranz

Frühzeitige Einbindung der Mitarbeiter in Veränderungsprozesse baut Widerstände ab, bringt Ideen aus der Basis, fördert die Bindung sowie das Verständnis und die Motivation. Eine tolle Win-Win Situation bietet sich zur Nutzung an.

Motivation durch Energienutzung!

Die Möglichkeit zur Mitgestaltung und das Gefühl der Zugehörigkeit zum Team sind grundlegende menschliche Bedürfnisse und Motivationstreiber im Arbeitsprozess. Anerkennung und die Identifikation mit der eigenen Aufgabe ist für sehr viele Beschäftigte ein Eckstein ihres Selbstverständnisses und ihrer Motivation.

Im *Fehlzeiten Report* der AOK von 2011 kommen die Wissenschaftler zu Ergebnissen, die dies belegen. Mitarbeiter, die von ihren Führungskräften gut informiert werden und Anerkennung erfahren, sind seltener krank und identifizieren sich häufiger mit ihrem Unternehmen. Nach den aktuellen Erhebungen bekommen aber 54,5 % der Mitarbeiter nur selten oder nie Lob von ihrem Vorgesetzten. 41,5% der Befragten sagten, dass ihre Meinung vom Vorgesetzten bei wichtigen Entscheidungen nicht beachtet wird.[39]

Abb. 48: Fluss des Qi steigt durch Achtsamkeit und Respekt

Sinn und Anerkennung der Arbeit bilden das Fundament der Leistungsmotivation.

Es gilt vorhandene Potentiale zu erkennen und nutzbar zu machen. Dass dies häufig in Unternehmen nicht der Fall ist, belegt eine Studie der DAK.[40]In den Mittelpunkt des Reports stellte die DAK die Gesundheit junger Arbeitnehmer bis zum

---

[39] Öffentlicher Anzeiger, 17.08.2011, S.7
[40] Vgl. DAK Gesundheitsreport (2011)

Alter von 29 Jahren. Der Gesundheitsreport zeigt ein zunächst unerwartetes Ergebnis. Rund 60 % der befragten jungen Arbeitnehmer haben das Gefühl, mehr leisten zu können als im Job verlangt wird. Junge Menschen wollen ihr persönliches Potential ausschöpfen können. In der Arbeitsorganisation und im betrieblichen Gesundheitsmanagement ist es deshalb wichtig, den Focus nicht zwangsläufig nur auf *Burn-Out durch Überforderung* zu richten, sondern auch darauf, wie sich *Unterforderung* auswirkt. *Druck und Stress entstehen auch durch langanhaltende dauerhafte Unterforderung.*

Der asiatischen Philosophie des Qi folgend, wirkt sich der Stau des Qi, hier der nicht abgerufenen Energie der Mitarbeiter, negativ auf diese und letztlich auf das Unternehmen aus. Qi-Management bedeutet, die Rahmenbedingungen so zu gestalten, dass fähige, motivierte Mitarbeiter sich und die vorhandene Energie einbringen können. Grundsätzlich sollte die Gestaltung der Arbeit weg von der Isolation, hin zur Vergrößerung des Entscheidungs- und Kontrollspielraums gehen, da dies prozessorientiertes Denken und Handeln fördert. Erst aus dem Wissen, was mit dem „*eigenen*" Produkt weiter geschieht, ergibt sich die Anregung zur kreativen Verbesserung; Energie wird geweckt.

Der Manager sollte sich nicht unbedingt als Lösungsgeber verstehen, vielmehr als Prozessgestalter und Initiator, der Denkanstöße und Möglichkeiten zur kreativen Teamarbeit gibt, aus der dann Lösungsansätze entstehen können. Das heißt „Lenkung des Qi."

Während Sinn und Anerkennung positive, anhaltende Motivationsfaktoren darstellen, sind Druck und Angst als Motivationsfaktoren kontraproduktiv.

> **Was kränkt, macht krank**
> **und löst Abwehr, Rückzug, Flucht und Verweigerungsverhalten aus.**

Wertvolle Werkzeuge, die zum einen diese negativen Auswirkungen verhindern und zum anderen eine gelungene Kommunikation fördern, sind die vier Säulen der Kommunikation.[41]

---

[41] In Anlehnung an C. Rogers

16.2.2   Die vier Säulen der Kommunikation im Team

Tragende Säulen für eine *gelungene Kommunikation* im Team sind:

- **Akzeptanz**

- **Empathie**

- **Echtheit**

- **Auf den Punkt bringen**

Versuchen Sie, diese „*vier Säulen*" zum dauerhaften Bestandteil Ihrer zwischenmenschlichen Begegnungen zu machen.

Zur *Akzeptanz* möchten wir Ihnen einen wichtigen Erfahrungssatz weitergeben.

> *All das, was Sie in sich wahrnehmen - Gedanken, Gefühle, Körperempfindungen - haben Sie genau so anzunehmen,*
> *wie das, was im Außen ist,*
> *ganz gleich wie angenehm oder unangenehm es ist,*
> *denn es ist für Sie so.*

Empathie, also einfühlendes Verstehen ist erforderlich, wenn Verhalten, Hintergründe, Absichten und Motivation der Mitarbeiter verstanden werden sollen. Empathie macht wirkungsvolles, positives Miteinander erst möglich.

Echtheit meint, im jeweiligen Kontext authentisch, sich selbst getreu zu sein und zwar, ohne sich selbst und andere unnötig zu schädigen.

Auf den Punkt bringen bedeutet, so weit wie möglich, das zu kommunizieren was man wirklich meint, beziehungsweise das Gesendete vom Kommunikationspartner zusammenfassend *auf den Punkt zu bringen*.

16.2.3   Ich-versus-Du-Botschaften

Kaum eine andere Kommunikationsweise verursacht so viel Kränkungen, Aggressionen, Rückzug- und Verweigerungsverhalten wie die „*Du-Botschaft*". Sie ist wohl die verbreitetste Unsitte mit zum Teil schwerwiegenden Folgen in der privaten wie auch der beruflichen Kommunikation.

Es scheint einfacher, kurzfristig jedenfalls bequemer, dem anderen etwas zu unterstellen, Schuld zuzuweisen, als eigene Forderungen, Wünsche oder Vorstellungen vorzutragen. Mit den *„Du-Botschaften"* werden eigene Vermutungen, Empfindungen ungeprüft dem anderen übergestülpt. Ein typisches Beispiel ist der Vorwurf: *„Du lässt mich nie ausreden, immer drängst du dich vor."*

Sie greifen den Empfänger mit der Du-Botschaft an. In dieser Konfrontationssituation wird er entweder mit Flucht oder Angriff reagieren. Mit den Killerphrasen „ *nie"* und *„immer"* provozieren Sie verhängnisvolle *„Nebenkriegsschauplätze"*, wo dann auf dem *„Schlachtfeld der Sachebene"* endlos über Dinge gestritten wird, um die es eigentlich überhaupt nicht geht. *Die Kränkung verhindert die mögliche Sachdiskussion.*

In der *Ich-Form* vorgebracht, werden Äußerungen über Gefühlslagen nicht zum verletzenden Angriff an der anderen Person. Ein positives Beispiel wäre die Information: *„Ich würde gerne meinen Beitrag ohne Unterbrechung darstellen"*, oder *„Es ärgert mich, wenn ich unterbrochen werde."* Der Unterschied ist augenscheinlich, obwohl es ja um dieselbe Situation geht.

Wenn Themen aktiv und konkret formuliert werden, erleichtert das den Informationsfluss und der Gesprächspartner kann erkennen, um was es geht. Der Sender wirkt auch glaubwürdiger, wenn er seinen Forderungen, Überzeugungen und Gefühlen, Ausdruck verleiht.

In der betrieblichen Kommunikation geht es um konkrete Entscheidungen und individuelle Persönlichkeiten. Konkrete Begründungen und persönliche Wünsche und Forderungen führen klar ausgedrückt effizienter zu positiven Ergebnissen und Zielen.

Nutzen Sie die Vorteile der „Ich-Botschaften"!

Ich-Botschaften

- beseitigen Missverständnisse und erleichtern ehrliche zwischenmenschliche Kommunikation.

- tragen zur Deeskalation bei, da sie dem Empfänger Einsichten ermöglichen sowie Nachgeben und Einlenken leichter machen.

- schaffen ein Klima der Offenheit und des Vertrauens.
- vermitteln „echte Autorität". So erlebt der Kommunikationspartner den Chef nicht allein als Vorgesetzten, sondern als Mensch, der wie alle anderen Mitarbeiter auch empfindet und persönliche Grenzen hat, und diese auch klar, ohne Schuldzuweisung benennen kann.
- machen unnötige Rechtfertigungen, Abblocken, Angreifen oder sich Zurückziehen seitens des Kommunikationspartners überflüssig.
- verhindern endlose gegenseitige Anschuldigungen.
- eröffnen die Möglichkeit, sich einzulassen und sich abzugrenzen.
- ermöglichen dem Kommunikationspartner eigene Schlussfolgerungen zu ziehen und selbstverantwortlich zu reagieren.
- kommen ohne Schuldzuweisungen und Bedrohungen aus.

Von besonderem Vorteil für den Sender ist, dass eigene (negative) Empfindungen ausgesprochen werden können.

- Empfindungen werden so kognitiv bearbeitet und haben damit ihre zerstörerische Macht im Unterbewusstsein verloren und
- es findet eine generelle Befreiung von negativen Eindrücken statt.

16.2.4   Die vier Ebenen der Kommunikation

Geht es bei der „*Ich-Botschaft*" um die Beschaffenheit einer Mitteilung, so kann wiederum in Anlehnung an Schulz von Thun gesagt werden, dass grundsätzlich jede Mitteilung vier Elemente enthält. Es werden neben dem „*Sachinhalt*" auch noch weitere Informationen, wie die „*Selbstoffenbarung*", der „*Appell*" und das „*Beziehungsverhältnis*" mitgeliefert. Es gilt, die Fähigkeit zu entwickeln, diese vier Aspekte zu erkennen und zu entschlüsseln.

Während der Sachinhalt relativ leicht objektiv betrachtet werden kann, sind Beziehungsaspekt, Selbstoffenbarung und Appell stark durch subjektive Wahrnehmung geprägt. Der Empfänger ist bei diesen drei Aspekten auf Deutung und Interpretation angewiesen. Hier wird wieder deutlich, wie wichtig es ist, eindeutig und bewusst zu kommunizieren. Je mehrdeutiger, undeutlicher und unbewusster gesendet wird, desto mehr ist der Empfänger auf Interpretationen und Vermutungen angewiesen, die falsch sein können. Der Sender kann ebenso wie der Empfänger den Schwerpunkt seiner Aufmerksamkeit völlig ungleich auf die vier Aspekte der Nachricht verteilen:

Der *Sachinhalt*

ist das, was mitgeteilt wird, gleich ob es richtig oder falsch ist.

Der *Beziehungsaspekt*

ist fast immer mit Emotionen verbunden. Entweder wird ein Gefühl ausgedrückt und/oder es werden Gefühle beim Empfänger ausgelöst. Der Beziehungsaspekt sagt uns, wie der Sender seine Beziehung zum Empfänger sieht, ist dominierend und bestimmt letztendlich die Deutung des Sachinhaltes.

Hierzu ein möglicherweise schon erlebtes kurzes Beispiel aus dem Arbeitsalltag: Ein Mitarbeiter macht dem Chef eine für das Team, sachlich und objektiv betrachtet, vorteilhafte Empfehlung. Da der Mitarbeiter dem Chef unsympathisch ist, lehnt er ab, ohne die Sachargumente hinreichend zu prüfen.

Ein weiteres Beispiel, nun aus dem häuslichen Alltag:

Schon lange hat der Mann seiner Frau nicht mehr spontan ein Geschenk gemacht. Er merkt das, freut sich nun und überrascht sie mit einem Blumenstrauß. Ihre spontane Reaktion darauf: „Was hast du angestellt!?" Wie geht der Abend wohl aus?

In beiden Fällen hat das Gefühl über die Logik gesiegt, determiniert der Beziehungsaspekt die Bedeutung des Inhaltsaspektes. Ist Ihnen schon einmal Ähnliches passiert?

Die *Selbstoffenbarung*

beinhaltet zwei Ebenen, die man sich bewusst machen sollte:

- die *Selbstdarstellung*; hier stellt der Sender sich selbst dar.

- die *Selbstenthüllung*; hier „verrät" der Sender ungewollt etwas über sich.

Die *Appellebene*

Durch den *Appell* soll beim Empfänger etwas erreicht werden. Jede Nachricht wird bewusst oder unbewusst gesendet, um etwas bei dem Empfänger zu bewirken. Sehr häufig werden beim Appell Sachebene, Selbstoffenbarung und Beziehungs-ebene funktionalisiert. Für den Empfänger ist dann nicht mehr deutlich erkennbar, um was es dem Sender tatsächlich geht. Oft ist im Appell ein Tadel, ein negatives Urteil, eine Drohung oder ein Vorwurf versteckt. Hierzu kleine Beispiele als „*Denk-anstöße*". Entwickeln Sie selbst ein Gespür für den breiten Interpretationsspiel-raum der Aussagen. Sie werden merken, dass unendlich viele Dinge gemeint sein könnten.

Sie zu ihm:

„Der Müll quillt schon über!"

„Deine Socken liegen schon wieder im Wohnzimmer herum!"

Die Abteilungsleiterin zum Mitarbeiter:

„Ich weiß nicht, ob es bei der derzeitigen Arbeitsmarktlage klug ist, nicht doch ab und an für Kollegen einzuspringen."

16.2.5   Klarheit statt Circulus vitiosus[42]

Eine klassische Störung der Kommunikation ist der sogenannte Circulus vitiosus. Häufig wird er erzeugt durch Sarkasmus oder Ironie oder die Unfähigkeit, Proble-me konkret zu benennen. Nach Watzlawick[43] ist die Natur der Beziehung durch die „Interpunktionsabläufe"[44] seitens der Kommunikationspartner bestimmt. Hier wird die Wechselseitigkeit zwischenmenschlicher Beziehungen beschrieben: „Weil du dich so verhältst, deshalb werde ich ..."

Ein Alltagsbeispiel:

Eine Ehefrau beschwert sich, ihr Mann würde sich ständig zurückziehen. Der Mann jedoch weist darauf hin, dass er sich nur zurückziehe, weil seine Frau stän-dig an ihm herumnörgele – ein Teufelskreis.

---

[42] Als **Circulus vitiosus** („schädlicher Kreislauf"), wird ein System bezeichnet, in dem mehrere Faktoren sich gegenseitig verstärken und so den Zustand immer weiter ver-schlechtern.
[43] Watzlawick, P. u. a., 12. Aufl. (2011)
[44] Interpunktion: subjektiv empfundene Position im Kommunikationskreislauf.

Ein Beispiel aus dem Beruflichen:

Der Chef, der total genervt ist vom produktiven, aber sehr chaotischen, unpünktlichen und unordentlichen Mitarbeiter, sagt zu ihm lachend: „Machen Sie ruhig so weiter, Sie haben es ja offensichtlich voll im Griff". Der Mitarbeiter macht daher genauso weiter! Der Chef regt sich noch mehr auf - Circulus vitiosus.

In diesem gestörten Kommunikationskreislauf sind alle nur Reagierende. Abhilfe schafft hier u. a. das aktive Zuhören!

16.2.6   Aktives Zuhören

Besser, als nur zu reagieren, beziehungsweise sich von tatsächlich oder vermeintlich Negativem lenken zu lassen, ist bewusst und aktiv gestaltend zu kommunizieren.

Eine Strategie, die hilft, die sachlichen Informationen in der betrieblichen Kommunikation - distanziert vom Gefühl der persönlichen Bedrohung - besser aufzunehmen, ist das aktive Zuhören. Die Gesprächsbereitschaft Ihres Partners und die Qualität der Kommunikation werden durch aktives Zuhören gefördert.

Dabei handelt es sich nicht um vermeintlich bequemes, passives Entgegennehmen von Informationen. Die Kunst liegt darin, dem Partner distanziert von den eigenen Empfindungen möglichst viel Raum zu geben und herauszuhören, was ihm am Herzen liegt, um was es wirklich geht: „die Sache auf den Punkt zu bringen". Sie sollten dem Sender zugewandt sein, eine Beziehung aufbauen. Eine Herausforderung hierbei stellen die sogenannten Projektionen dar. Aus den vielen Aspekten einer Information ergeben sich Projektionen[45], die uns auf der Gefühlsebene ansprechen und kraft- und energieraubend sind. Was eine Projektion darstellt, verdeutlicht das folgende Beispiel.

Herr Maier als Führungskraft regt sich sehr über das aggressive Verhalten eines Mitarbeiters auf, der sich gut durchzusetzen weiß. Dahinter könnte die fehlende

---

[45] Unter dem Begriff Projektion verstehen wir tieferliegende psychische, oft unbewusste Verschiebungen von Bedeutungsinhalten.

Durchsetzungskraft, die fehlende gesunde Aggression des Herrn Maier stehen. Herr Maier projiziert unbewusst seine eigenen Defizite auf den Mitarbeiter.

Es gibt kein generelles, *richtiges Rezept* zur Auflösung von Projektionen. Hilfreich ist aber, sich die Frage zu stellen: Was wünsche ich mir oder was fehlt mir persönlich in diesem Bereich? Möglicherweise würde Herr Maier erkennen, dass sein Mitarbeiter das hat, was er gerne hätte. Der nächste Schritt wäre dann die Klärung ob und wie er an sich arbeiten will. Und dann natürlich die faire Behandlung seines Mitarbeiters.

Albert Mehrabian[46] hat in wissenschaftlichen Experimenten herausgefunden, dass nur etwa 7 % einer Aussage vom Inhalt selbst bestimmt wird. Der gesamte Rest 93 % wird über Körper (55 %) und Stimme (38 %) transportiert. Es lohnt sich also gut hinzuhören und genauer zu beobachten. Achten Sie auf Körperhaltung und Stimme, nicht nur auf den Sachinhalt.

Durch eine mitfühlende, empathische Grundhaltung können Sie zeigen, dass Sie den Sprecher ernst nehmen, und signalisieren ihm Wertschätzung. Sie erfahren mehr. Eine echte win-win Situation!

Unsere Tipps für das aktive Zuhören

- Direktes *Zurückschlagen* vermeiden, sondern konzentriert zuhören. So erfahren Sie mehr über den Sender und haben Zeit zur „*Verarbeitung*".

- Versuchen Sie, die Gefühlslage und Stimmung zum Thema herauszufinden.

- Reagieren Sie nicht vordergründig auf bestimmte Reizworte, sondern versuchen herauszufinden, was der Sender „*genau jetzt*" meint.

- Insbesondere bei emotionsgeladenen Themen sollten Sie versuchen, den Kerngedanken aus dem Gehörten für sich herauszufiltern.

- Geben Sie die Aussagen des Senders zusammengefasst wieder.

---

[46] Mehrabian, A. (1967)

- In offenen oder zum Weiterdenken anregenden Fragen am Kern der Aussage des Senders bleiben.

- Pausen zulassen, nicht gleich an das nächste Gegenargument denken.

- Versuchen Sie, nicht sofort auf Äußerungen zu reagieren, die Sie persönlich treffen, sondern stellen Sie Verständnisfragen, um welche *Fakten* es geht.

Wenn Sie es schaffen, Ihre eigenen Standpunkte zu vertreten, ohne den Empfänger anzugreifen, erleichtern Sie ihm die Informationsaufnahme und geben ihm den Mut, konstruktive Kritik zu üben. Versuchen Sie es!

Aktives Zuhören ermöglicht die Aufnahme komplexer, auch unangenehmer Inhalte, reduziert die Angst und das Konfliktpotential und fördert Engagement und Motivation.

16.2.7 Konfliktbearbeitung

Wirkungen von Veränderungen und die Angst im Arbeitsprozess

Das Qi ist immer in Bewegung und *alles* ist damit in permanenter Veränderung. Es ist wichtig zu erkennen, dass es sich hierbei um etwas völlig Normales handelt. Veränderungen sind nicht zwangsläufig negativ, sondern können im Gegenteil überwiegend sehr positive Entwicklungen bedeuten.

Sollen organisatorische Veränderungen im Unternehmen vollzogen werden, so hat das meist etwas mit Umstellungen von Machtstrukturen, mit Änderungen des Gewohnten zu tun. Hierbei kommt es sehr häufig zu Konflikten und Widerständen, häufig aufgrund der Angst vor dem *unbekannten Neuen.* Diesen Widerstand zu verdrängen oder *niederzumachen* wäre fatal. Besser ist es nach unseren Erfahrungen, Widerstand als ein Warnsignal, analog des Schmerzes im menschlichen Organismus, zu sehen.

Wie kann man sicherstellen, dass Veränderungen nicht als etwas per se Negatives, sondern als ganz normale Entwicklungen und etwas Positives wahrgenommen werden? Wir haben einige Anregungen für Sie zusammengestellt.

Ansätze zum generellen Umgang mit Widerständen, besonders bei organisatorischen Veränderungen:

- Checkliste anlegen, in der beispielsweise die drei Kernfragen beantwortet werden:

  o In welcher Form zeigt sich der Widerstand?

  o Was ist der Inhalt des Widerstandes?

  o Wann tritt wo, wie, von wem Widerstand auf?

- Problembewusstsein schaffen, zum Beispiel durch rechtzeitiges Einbeziehen der Mitarbeiter.

- Lösungsansätze der Problemlage eventuell durch Coaching erarbeiten und die besten Lösungen zügig praktisch umsetzen.

- Identifikation mit dem Änderungsprozess herstellen. So ist es eher möglich im Klima der Akzeptanz vorhandene Energie positiv umzusetzen.

- Rechtzeitige Information über Ursachen und Ziele des Wandels sicherstellen. Mitarbeiter in vertrauensvolle, offene Gruppenbeziehungen einbinden, führt eher zur Zielidentifikation. Mitarbeiter können ihre Ressourcen besser nutzen.

- Betroffene zu Beteiligten machen.

- Personen, die vom Wandel negativ betroffen werden, soweit wie möglich schützen (Erfahrene durch Weiterbildungen im Unternehmen binden).

- Unterstützer des Wandels belohnen.

- Nach Bedarf Supervision, Coaching, Systemanalyse durchführen.

Fast immer steht hinter dem Widerstand Angst!

Angstreaktionen sind über Jahrtausende angelegt im Stammhirn. Angst ist meist klassisch konditioniert d. h., zunächst können wir nicht anders reagieren. Zwei kleine Beispiele hierzu:

Stellen Sie sich bitte kurz und intensiv ein früheres, angstbesetztes Erlebnis vor. Augenblicklich werden Sie sich unwohl fühlen, vielleicht sogar körperliche Reaktionen wahrnehmen, wie z. B. Magenbeschwerden, Muskelverkrampfungen, auch wenn Sie dies nicht wollen. Sie sind aber aufgrund ihrer Erfahrungen klassisch konditioniert.

Unmittelbar nach einem Verkehrsunfall haben Sie verständlicherweise noch Angst, Auto zu fahren. Ein besonders *schlauer* Freund sagt ihnen tröstend „Du brauchst keine Angst zu haben!". Der Rat wird wenig nutzen, denn *sie haben Angst*, sie ist aufgrund der negativen Erfahrungen da!

Was können die Ursachen der Angst sein, die zum Widerstand gegen Veränderungen führen? Dies sind beispielsweise die Angst vor dem Arbeitsplatzverlust, vor einer „*Disqualifizierung*", davor, der neuen Aufgabe nicht gewachsen zu sein, Privilegien und Statussymbole zu verlieren, oder vor einer Veränderung der vertrauten, formalen und informellen Beziehungsmuster. Widerstand aufgrund von Angst tritt oft maskiert auf, als Aggression, Dominanz, Drohgebärde, Rückzug, oder Vermeidung.

Was kann Angst im Arbeitsprozess bewirken?

- Die verdrängte Angst blockiert und führt zu Verkrampfungen auf der emotionalen, kognitiven, körperlichen und der Verhaltensebene. Häufig nehmen die Menschen nur die körperlichen Beschwerden wahr, ohne sie mit ihrer Angst in Verbindung zu bringen. Die Angst wird überspielt durch Koketterie, Imponiergehabe.

- Die Angst wird kompensiert über destruktives Verhalten wie Intrigen, „krank machen" und „*Mit-arbeiter*" werden zu „*Gegen-arbeitern*".

- Die Unterdrückungsmechanismen erfordern Energie auf Kosten kognitiver, psychischer, körperlicher und sozialer Kapazitäten.

- Statt sich einzubringen wird geschwiegen, um ja keine Fehler zu machen.

- Gefühlsbotschaften werden „getarnt gesendet" als Ironie, übertriebene Sachlichkeit, barscher Ton, Schweigen.

- Oberflächliche Überangepasstheit gegenüber Autoritäten auf Kosten kreativer, eigenverantwortlicher Mitarbeit.[47]

- Im Prozess der Generalisierung[48], werden auch andere Fähigkeiten überlagert, blockiert.

- Angstbesetztes wird zwanghaft vermieden, *Vermeidungsverhalten*.

- Kommunikation unter Angst wirkt einseitig, verzerrt und ist für alle Beteiligten unbefriedigend, destruktiv und kostspielig.

Wenn Mitarbeiter häufig Angst haben, sich bedroht fühlen, zu sehr unter Stress stehen, sind sie mental blockiert. Sie verfügen dann kaum noch über eine Aufnahme- und Lernfähigkeit, flüchten stattdessen in Widerstände und *„schotten sich ab"*. Das Sachproblem tritt in den Hintergrund und kann nicht sinnvoll bearbeitet werden, da die intensiven Gefühle, die Beschäftigung mit sich selbst, die Mitarbeiter voll in Anspruch nehmen und sehr viel Energie verbrauchen[49].

Um keine Missverständnisse aufkommen zu lassen: nicht alle Störungen in der Arbeitswelt haben etwas mit Angst zu tun. Und nicht alle Probleme und Störungen können und sollen vollkommen ausgeräumt werden. Ihre Maxime der Störungsbeseitigung sollte sein:

> **Nicht so umfangreich und so genau wie *möglich*, sondern genau so viel, wie quantitativ und qualitativ *erforderlich* ist.**

Hier bietet die TZI (Themenzentrierte Interaktion) interessante Ansätze.

---

[47] Vgl. Milgram-Experiment: hier wurde nachgewiesen, dass oberflächliche Überangepasstheit, Gehorsam bis zur Zerstörung der Gesundheit Anderer gehen kann.

[48] Angst ist meist klassisch konditioniert und hat die Tendenz zur Generalisierung, d. h.: sie überträgt sich auf andere Bereiche.

[49] vgl. hierzu auch Kapitel 16.1.2 „Das Sensitivitätszentrum".

Themenzentrierte Interaktion (TZI)

TZI wurde Mitte der 1950er Jahre in den USA von Psychologen und Therapeuten konzipiert und später in Europa und Indien weiterentwickelt. Sie entstand vor dem theoretischen Hintergrund der Psychoanalyse. Die TZI ist ein professionelles Handlungskonzept und zielt auf effektives Lernen und Arbeiten ab - in allen Situationen und Handlungsfeldern, in denen es auf Kommunikation entscheidend ankommt. Es geht um die Berücksichtigung einer gemeinsamen Aufgabe, eines Themas, wobei die Wechselwirkungen zwischen der Situation des Einzelnen, der Situation der übrigen Beteiligten und der Umweltfaktoren methodisch einfließen. Die TZI geht dabei von zwei Prämissen aus:

Störungen haben Vorrang

- Beachten Sie alle Hindernisse auf Ihrem Weg zum Ziel, die eigenen und die von anderen.

- Ohne ihre Auflösung wird Erfolg und Wachstum erschwert oder gar verhindert.

Seien Sie Ihr eigener Chairman.

- Seien Sie sich bewusst, dass Sie mündig und verantwortlich sind.

- Nehmen Sie jede Situation als Angebot für eine Entscheidung an.

Störfaktoren - bekämpfen oder nutzen

Kommunikationsstörungen als solche wahrzunehmen, erfordert Aufmerksamkeit und Übung. Der Aufwand zahlt sich jedoch in mehrfacher Hinsicht aus. Das Resultat ist dabei nicht unbedingt eine radikale Beseitigung der Störung. Tatsächlich lassen sich Spannungszustände durchaus kreativ nutzen und produktiv umsetzen. Das Wort Störung ist im Allgemeinen deutschen Sprachgebrauch negativ konditioniert. Im Grunde wird dabei aber lediglich eine Irritation bestehender Zustände beschrieben. Wer sagt, dass dies per se negative Folgen haben muss? Viele Menschen empfinden bei Übergängen von Bestehendem und Gewohntem zu Neuem und Ungewohntem zunächst einmal Unsicherheit und ein Gefühl von Ordnungslosigkeit. Dieses Chaos wird in der Regel als etwas ausgesprochen Negatives aufgefasst. Zu

Unrecht, wie wir finden. Klüger wäre es, wie viele Wissenschaftler auch, von *produktivem Chaos* zu sprechen. Jede Veränderung ist eine Chance zur Verbesserung.

> **Was sich nicht verändert, kann nicht besser werden.**

> **Nicht Konflikte sind schädlich und destruktiv,**
> **sondern der unterlassene oder falsche Umgang mit ihnen.**

Stehen von Anfang an emotionale Störfaktoren zwischen den Verhandelnden, ist eine optimale sachliche Lösung häufig nicht mehr möglich. Der Gesprächspartner wird als Gegner empfunden. Richtig zuhören fällt schwer, weil man sich zu schnell darauf konzentriert *Munition für den Gegenangriff'* zurechtzulegen. Tendenziell wird häufiger ein Kampf ausgetragen, als ein konstruktives Gespräch geführt. Wie kommt man aus diesem Dilemma heraus? Zunächst sollten Sie diese *normalen Reaktionsmuster* besser verstehen, denen auch Sie unterliegen und sich dann mit den persönlichen Grundtechniken, Ihren privaten Kihons vertraut machen. Die Beherrschung der trainierten Techniken, die helfen, sich in einer existentiellen Notlage selbst zu verteidigen, sorgt angesichts einer tatsächlichen Bedrohung für innere Ruhe, Selbstvertrauen und Gelassenheit. Im Arbeitsalltag genügen bei ausreichender Übung einige Sekunden, um sich bewusst zu machen, dass die *aggressiven Anderen* vielleicht allein durch Ihre eigenen falschen oder unbegründeten Vermutungen gefährdend wirken.

Wenn der Sinn des Kämpfens nach fernöstlicher Philosophie darin besteht, nicht zu kämpfen, sondern sich mit dem Feind in Gestalt der eigenen Person zu beschäftigen, sich also klar zu machen: „Welche Eigenanteile werden wodurch berührt?", ist man nicht mehr auf den äußeren Kampf festgelegt. Wenn Sie ein Gespräch, ein Meeting nicht als Kampf angehen, werden Sie für sich und das Team bessere Resultate erreichen. Lassen Sie uns diese Gedanken etwas vertiefen. Je mehr ich mit mir im Reinen bin, umso weniger werde ich zur Zielscheibe der Aggressionen anderer, weil ich ihnen keine Angriffsfläche biete und mich nicht so einfach in einen Schlagabtausch verwickeln lasse. Ich kann freier über Denk- und Handlungsalternativen verfügen.

Es ist einleuchtend, dass es besonders in *Konfliktsituationen* klüger ist, in sich zu ruhen und gelassen agieren zu können. Wenn Sie aggressiv, feindlich oder trotzig mit Rückzug oder Angriff reagieren, wird sich die Stimmung aller Kommunikationspartner verschlechtern. Damit Sie auch in kritischen Situationen innere Stärke und Gelassenheit praktizieren können, empfiehlt es sich, bestimmte Techniken und Verhaltensweisen zum festen Bestandteil der eigenen Persönlichkeit zu machen.[50]

Hier ist besonders von Ihrer Seite Selbstdisziplin gefordert. Trotz oder gerade wegen der Störung in der Kommunikation sollten die Argumente und Wünsche vom Verhandlungspartner aufgenommen werden und darauf empathisch, akzeptierend, aber auch echt und zielorientiert eingegangen werden. Sind Schutz- oder Vorwände aus Trotz oder Angst aufgebaut, können diese *emotionalen Mauern*, die in sich unsachlich motiviert sind, nicht mit Hilfe von sachlichen Argumenten beseitigt werden. Wenn Sie in eine solche Situation kommen, ist es sinnvoll sich mit dem Widerstand (Angst, Enttäuschung) Ihres Gesprächspartners auseinandersetzten, bevor Sie wieder auf die Sachebene zurückkommen, da Sie sonst Energie verschwenden. Gerade in der betrieblichen Verhandlungsführung ist die Schwierigkeit und die Gefährlichkeit bekannt, wenn um jeden Preis Recht behalten werden muss, um zu gewinnen auf Kosten eines Verlierers. Überlegenheit ist eine schlechte Voraussetzung für ein gutes erfolgreiches Ergebnis.

Kreative, kooperative Verhandlungsführung im Konfliktgespräch ist sogar bei Fakten gesicherten, Sachzwang gegebenen, feststehenden Vorgaben *partnerzentriert* möglich. Wird eine Meinung A und eine Meinung B vertreten, kann davon ausgegangen werden: je glänzender der Sieg von A ausfällt, desto größer wird der offene oder latente Widerstand von B sein. B wird Gelegenheiten suchen sich zu rächen und gegebenenfalls auch Mittel finden. Die Motivation des Verlierers, die Beschlüsse seines *„Bezwingers"* umzusetzen, ist sehr gering. Oft wird das Selbstwertgefühl eines Menschen, durch einen schlechten Kommunikationsstil verletzt und als Resultat wird dann durch den Verlierer eine enorme *„Konfliktenergie"* frei-

---

[50] Siehe hierzu auch Teil II, beispielsweise Qi-Gong-Übungen.

gesetzt. Es kommt zu Konkurrenzkämpfen und dabei gehen meist auch faktisch wichtige Informationen verloren.

Günstig und gewinnbringend ist es, wenn A und B sich gegenseitig respektieren. Die unterschiedlichen Ansichten gilt es zunächst, zu akzeptieren. Die positiven Aspekte der gegenteiligen Meinung sollten anerkennend ausgesprochen werden. Wichtig ist auch, gemeinsame Motive und Ziele herauszukristallisieren und auszusprechen. Mit dieser Art der Zusammenarbeit kann dann nach einer gemeinsamen Lösung C gesucht werden. So kann eine win-win Situation entstehen. Das Selbstwertgefühl wird nicht angegriffen und jeder kann sein Wissen, seine konstruktiven Ideen einbringen. Mit der gemeinsam entwickelten Lösung können sich alle identifizieren. Eine günstige Voraussetzung zur praktischen Umsetzung des Erarbeiteten ist entstanden.

Ein Kennzeichen des *kooperativen, erfolgreichen Führungsstils* ist es, verschiedene neue und abweichende Ideen und Gedanken der Mitarbeiter kurzfristig und produktiv zu nutzen. Häufig erfährt die Unternehmensleitung erst von Problemen im Unternehmen, wenn sie kaum oder nur noch schwer zu beheben sind. Mitarbeiter aber erkennen früh, wenn es an ihrem Arbeitsplatz nicht mehr recht funktioniert und hier sollten die Vorgesetzten ein *offenes Ohr* haben. Das heißt, sie sollten zu kritischem Mitdenken, zur offenen Äußerung, zu eigenem Engagement, zur Darstellung konträrer Konzepte auffordern.

Wenn im Gegensatz dazu „*immer das Recht des Stärkeren gilt*" (des Vorgesetzten) und die Mitarbeiter nur auszuführen haben, wenn Kritik nicht erlaubt ist, so wird sich der Konflikt zusätzlich auf andere Bereiche übertragen. Die Folgen sind erfahrungsgemäß wesentlich problematischer und oft erkennt man die eigentliche Ursache nicht mehr. Viele „*scheinbare Sachkonflikte*" sind real verborgene Gefühls- und Beziehungskonflikte. Die ebenfalls „*scheinbare und sachliche Lösung*" beseitigt die Spannungen dann natürlich nicht, sondern verlagert sie auf *Nebenkriegsschauplätze*. Hier wird Energie verschwendet. Energie die eigentlich ja vorhanden ist, denn selbst Aggression, Widerstand, jedes negative Wirken ist Energie. Es geht im Qi-Management um die Richtungslenkung und Dosierung der Energie.

Der Meister im Judo[51] geht diesen Weg „Do", indem er „Mokuso" zulässt, das heißt, er lässt seine Gedanken „schwimmen". Im Zustand ruhevoller Wachheit werden die Einwirkungen von außen absorbiert, als Impulse aufgenommen und effektiv eingesetzt. Dem entspricht auch die Kraftlenkung in die gewünschte Richtung im Äußeren, im physischen Bereich. Es geht um die Fähigkeit konstruktive Kritik als Impuls aufzunehmen oder aber diese Impulse selbst zu geben. Dabei ist Wachheit, Achtsamkeit und innere Ruhe das Erfolgsgeheimnis. Es lohnt sich permanent hieran zu arbeiten. Darüber hinaus geben wir im Folgenden weitere praktische Anregungen.

Tipps, wenn Sie konstruktive Kritik äußern.

- Das „setting" sollte stimmen: geeigneten Ort und Zeitpunkt wählen.

- Es sollte genügend Zeit eingeplant sein.

- Prüfen, welches die eigenen emotionalen Anteile sind: Wo stehe ich als Mensch?

- Sich selbst fragen: Wie kann der Gesprächspartner das, was ich von ihm will, am leichtesten verkraften und annehmen?

- Einen Bezug herstellen: Was hat die Kritik mit Ihnen selbst zu tun?

- Achtsam sein, um das Selbstwertgefühl des Kommunikationspartners nicht unnötig zu attackieren. *Der Kritisierte sollte das Gesicht nicht verlieren.*

- Empathisch vorgehen und prüfen, in welchem Gemütszustand sich der Gesprächspartner befindet.

- Von Beginn an Missstimmungen usw. wahrnehmen und adäquat mitteilen und somit Ärger nicht aufstauen. Damit entlasten Sie sich und die Kritik ist leichter zu vermitteln.

- Exakt einzelne Kritikpunkte anführen, dabei themen- bzw. sachorientiert bleiben. Nicht mit Pauschalkritik angreifen. Der Kommunikationspartner

---

[51] Vgl. auch Kapitel 7, Teil I.

wird sich sonst ungerecht behandelt vorkommen, sich verteidigen und abblocken.

- Möglichst nicht in emotionsgeladener Atmosphäre kritisieren. Die sachlichen Argumente sind hierbei dem Empfänger meistens nicht zugänglich.

- Über momentane Sachinhalte der Kritik auf positive oder negative Konsequenzen sachlich hinweisen, nicht drohend oder reglementierend.

- Motive, Absichten erklären lassen, nicht in die Enge treiben. So können dem Kritisierten Ursache und Wirkung seines Handelns deutlich werden und Wiederholungsfehler werden vermieden.

- Den Kritisierten in Lösungsstrategien mit einbeziehen, somit kann konstruktiv mitgearbeitet werden. Dem Kritisierten ist es möglich sich einzubringen und mit dem zu Erarbeitenden zu identifizieren, statt sich beleidigt zurückzuziehen oder zu blocken.

Tipps, wenn Sie Kritik erhalten.

- Üben Sie sich darin, den Kritisierenden ausreden zu lassen. Offene und ehrliche Kritik kann vor allem bei Selbst- und Fremdwahrnehmung hilfreich sein.

- Nehmen Sie die Inhalte auf und ernst, vielleicht erfahren Sie etwas Interessantes. Nicht sofort reagieren, zurückschlagen, rechtfertigen.

- Lassen Sie die Inhalte wirken, erfassen Sie die physiologische Reaktion. Schützen Sie sich durch bewusste Distanz. Dann können sie aus ihrer inneren Erkenntnis Gelassenheit gewinnen, angemessen und sicher reagieren.

- Nicht auf *einem* Standpunkt beharren. *Ein Punkt ist nulldimensional.*

- Verständnisfragen stellen. So reden Sie nicht aneinander vorbei und gewinnen Selbstsicherheit.

Wie eingangs erwähnt, sind Gefühle immer vorhanden. Genauso wie auftretende Konflikte fragen sie nicht nach Erlaubnis und bestimmen wesentlich das Geschehen im alltäglichen Arbeitsprozess. Wird damit nicht adäquat umgegangen, können Unkonzentriertheit, Zerstreutheit, Ablehnung und Angst infolge emotionaler Dominanz positive Arbeitsergebnisse gefährden. Derartiges Verhalten geht zu Lasten der Leistungs- und Wettbewerbsfähigkeit des Unternehmens und der Gesundheit der Mitarbeiter.

Das ist *teuer*, für *Unternehmen* und für die *Mitarbeiter*, die häufig mit dem Verlust ihres Arbeitsplatzes, oder auch mit ihrer Gesundheit bezahlen. In diesem Kontext taucht immer wieder ein Thema auf, das sowohl volkswirtschaftlich als auch für den Einzelnen dramatische Konsequenzen hat: die Arbeitsunfähigkeit.

Exkurs zur Arbeitsunfähigkeit

Eigentlich müsste Arbeitsunfähigkeit neu definiert werden, denn sie hat nicht notwendigerweise etwas mit Krankheit oder festgelegtem gesundheitlichem Wohlbefinden zu tun. Kentner, vom Institut für Arbeits- und Sozialhygiene, kommt hier zu ähnlichen Ergebnissen wie die Gallup-Studie. Die wichtigsten Faktoren im Zusammenhang mit Arbeitsunfähigkeit sind:

- Innere Einstellung zur Arbeit

- Führungsverhalten von Vorgesetzten

- Identifikation mit der Arbeit und dem Betrieb

- Arbeitszufriedenheit

- Motivation

- Mobbing

- die innere Kündigung.

All diese Faktoren sind im Wesentlichen bestimmt, durch die *Qualität der Kommunikation und der Konfliktbearbeitung.*

Wir haben Merkmale der Konfliktbearbeitung im Team zusammengestellt. In der folgenden Tabelle ist die destruktive Herangehensweise, der empfehlenswerten Konstruktiven gegenübergestellt. Die Merkmale sind den vier Ebenen des menschlichen Seins zugeordnet.

Merkmale der Konfliktbearbeitung im Kontext der vier Ebenen des menschlichen Seins[52]

	Negative, destruktive Herangehensweise	Positive, konstruktive Herangehensweise
Mentale Ebene	• Konflikte sind nur negativ und sollten vermieden werden	• Konflikte sind Bestandteil menschlicher Interaktion, auch im Arbeitsprozess
	• Über Konflikte zu reden wühlt nur noch mehr auf	• Wenn Konflikte existieren, wirken sie unkontrolliert und verborgen noch schlimmer
	• Konflikte zu behandeln bringt nichts als neuen Ärger	• Konflikte sind Indikator für Klärungs- und Handlungsbedarf
	• Konflikte bringen Unordnung und Chaos	• Jedes Chaos, jeder Umbruch bietet Chancen für ein besseres System
Emotional-psychische Ebene	• Ängste, Befürchtungen, Frustrationen	• Neugierde und Bereitschaft
	• Verdrängte und getarnte „emotional negative" Inhalte	• Erkennen und Akzeptieren von emotionalen Störfaktoren
	• Blockaden, Aversionen	• Stressmanagement
Körperlich-vegetative Ebene	• Konflikte meiden, weil sie körperliches Unwohlsein erzeugen	• Körperliche Reaktionen frühzeitig erkennen und als Handlungsinitiator nutzen
Verhaltens Ebene	• Krise als Bedrohung	• Krise als Herausforderung
	• Resignativer Zugang	• Perspektivenwechsel
	• Destruktive Vorgehensweise (Flucht, Kampf, Sarkasmus)	• Akzeptanz, gemeinsames Ziel, neue konstruktive Lösungen

---

Achtung! Warnhinweis!
Humor gefährdet Ihre Probleme!!!

---

[52] In Anlehnung an Zülsdorf Consult, Strukturelle Konflikte (19.10.2011)

16.2.8   Rückmeldung

Generell ist die Rückmeldung eine spezielle Art der Rückkopplung in einem kybernetischen System, eine Steuerungsgesetzmäßigkeit. *Sie bezieht sich auf das System und wirkt gleichzeitig auf dieses.* Was bedeutet das praktisch für Sie?

In der Kommunikation vollzieht sich der Wechsel von Wahrnehmungen, Aktionen und gegenseitigen Beeinflussung ständig und schnell. Durch die eigene Reaktion des Empfängers wird bei ihm ein *„verändertes Bild der Situation"* erzeugt. Das wirkt über die Art der Rückmeldung wiederum auf den ursprünglichen Sender und beeinflusst dessen Einstellung zu sich selbst. Letztendlich ist unsere gesamte Entwicklung, ob, wie und wann und was wir annehmen oder ändern, wesentlich bestimmt von der jeweiligen Rückmeldung, die wir erhalten. Von höchster Bedeutung ist das *„wie"*, wie erfolgt die Rückmeldung? Sicher kennen Sie den uralten Spruch *„der Ton macht die Musik"*?
Kurz gesagt: *„Rückmeldung steuert die Motivation"*.

Eine große Gefahr bergen die indirekten Rückmeldungen, wie Schweigen, Räuspern, Abwenden, eine Geste oder Ironie. Diese *versteckten* Rückmeldungen sind von Vermutungen abhängig. Grundsätzlich hat jedes Verhalten in zwischenmenschlichen Begegnungen einen Mitteilungscharakter. Die automatischen Wertungen und Einschätzungen sind Interpretationen und müssen nicht immer den *reinen* Fakten entsprechen. Ausgewogene Selbst- und Fremdwahrnehmung ist ohne kritische Rückmeldung nicht möglich. Leider scheinen viele Menschen eine gewisse Selbstaufwertung im Abgeben von negativer Kritik zu sehen. Wertschätzende Kritik und Anerkennung wird eher selten zum Ausdruck gebracht, dabei können wir alle eine ehrlich gemeinte positiv aufbauende Kritik als *Rückmeldung* immer wieder sehr gut gebrauchen.

- Rückmeldung ist eine Möglichkeit, die Selbst- und Fremdwahrnehmung zu überprüfen und somit die Informationskapazität zu erweitern.

- Rückmeldung hilft herauszufinden, wo der Kommunikationspartner steht, und ermöglicht es, ihn eben „dort abzuholen" wo er tatsächlich ist.

Die Offenheit, das Selbstverständnis zu erweitern und die Fähigkeit, persönliche Standpunkte kritischer Reflexion aussetzten zu können, als Grundhaltung auch von Führungskräften, fördert die Bereitschaft, Rückmeldungen zu geben und zu empfangen. Die empathische Zuwendung zum Gesprächspartner bietet Sicherheit und schafft das nötige Klima vorurteilsfrei zu kommunizieren. Dadurch wird der Widerstand gegen Verhaltensänderungen und die Angst vor der Bearbeitung tatsächlicher Hintergründe verringert. Es wird möglich, die eigene Situation zu reflektieren und immer wieder neue, zukunftsorientierte Aktivitäten auszuprobieren.

Lassen Sie ehrliche Rückmeldungen zu, erfahren Sie mehr über Ihre Wirkung auf andere. Sie erfahren etwas über die Wirkung ihrer verbalen und nonverbalen Verhaltensweisen, die Ihnen möglicherweise gar nicht bewusst waren. Nutzen Sie diese Chance!

Wir konnten immer wieder feststellen, dass infolge von Tratsch und Intrigen am Arbeitsplatz die Leistungsfähigkeit von Unternehmen signifikant reduziert wurde, da die Energie quasi fehlgeleitet wurde. Denn das Gegenteil von offener ehrlicher Rückmeldung sind Tratsch und Intrigen. Unter dem Siegel strengster Verschwiegenheit werden Nachrichten verbreitet, die Unsicherheit bringen, Misstrauen säen und Ängste schüren. Vorschub leisten hier Führungskräfte, wenn sie bestimmte Personen deutlich bevorzugen, oder allgemein Informationsdefizite aufkommen lassen, die zu wilden Spekulationen, Unsicherheiten und Ängsten führen. Eine besondere Form der Rückmeldung ist die Metakommunikation.

16.2.9   Metakommunikation

Wenn die Kommunikation *festgefahren* ist, sich im Kreise dreht, endlos gestritten wird, zum Beispiel auf der Sachebene, kann die Metakommunikation[53] weiterhelfen. Sie dient der Kommunikationsklärung und ist ein wichtiger Kern der Konfliktsteuerungsstrategie im Bereich von Kommunikationsstörungen. Hier verlässt man das *Kommunikationsschlachtfeld*, geht mental eine Ebene höher und gewinnt Distanz. Versuchen Sie einmal, in Konfliktsituationen diese Fragen zu durchdenken:

---

[53] *Meta*; griechisch für: nach, dahinter

- Was machen wir gerade hier?

- Um was geht es eigentlich?

- Was steckt dahinter?

Hilfreich kann auch sein, darüber zu reden, „*wie*" man miteinander redet.

16.3 Ebene 3: Das Unternehmen, das System

Unsere Ausführungen zum Handwerkszeug auf der individuellen und Team-ebene sind in modifizierter Form grundsätzlich auch auf die Unternehmensebene übertragbar. Aufgrund der deutlich größeren Anzahl und der zunehmenden räumlichen und fachlichen Distanz der Beteiligten, verändern und erweitern sich die Einflussfaktoren und Herausforderungen an ein Gesamtkonzept. Insbesondere die Art und Häufigkeit des persönlichen Kontaktes verändert sich teilweise deutlich, was die Wirkung von Werkzeugen aus der Teamarbeit einschränkt.

Dem Themengebiet Unternehmenskommunikation haben sich zahlreiche Forscher zugewandt und viele Veröffentlichungen sind verfügbar. Wir runden daher unsere Ausführungen zur Kommunikation mit einigen wichtigen Aspekten aus der Sicht des Qi-Management ab und verweisen ansonsten auf die einschlägige Fachliteratur. Eine vertiefte Diskussion würde den Rahmen dieses Buches sprengen.

Die Unternehmenskommunikation umfasst zielgruppenorientiert die interne Kommunikation und die externe Kommunikation. Sie steht konzeptionell neben Public Relations (PR), der Öffentlichkeitsarbeit, die zum Teil synonym verstanden werden.

Der ganzheitlichen Sichtweise unseres Qi-Management entspricht der moderne weitergefasste Ansatz der *integrierten Kommunikation*. Diese bezeichnet den Prozess der umfassenden, vernetzten, strategischen und damit zielgerichteten Kommunikation. Die Vision oder Philosophie des Unternehmens „*als Zielvorgabe*" ist hierbei, wie im Meta-Modell des Qi-Management stets von zentraler Bedeutung.

Integrierte Kommunikation verbindet methodisch die Analyse, Planung, Organisation und Kontrolle der gesamten internen und externen Kommunikation von Unternehmen, Organisationen oder Personen. Das übergeordnete Ziel ist dabei, eine vernetzte und über die Ebenen hinweg abgestimmte Unternehmenskommunikation zu gewährleisten.

Die Herausforderung in der Praxis ist es, aus der Vielfalt der verfügbaren Instrumente und Maßnahmen der internen und externen Kommunikation ein in sich geschlossenes und widerspruchsfreies Kommunikationssystem zu erstellen. Oft reduziert sich die Diskussion hierbei leider auf technische Fragestellungen und die organisatorische Optimierung von Prozessen. Aus unserer Sicht ist es aber sehr wichtig etwas zu pflegen, was wir als Kommunikationskultur und Kommunikationsethik bezeichnen.

Kommunikationsethik ist beispielsweise in den Pflegeberufen von hoher Bedeutung, insbesondere dort wo Mitarbeiter mit der *Sterbeproblematik* konfrontiert werden. Hier haben sich ethische Richtlinien für humanes Miteinander-Reden und faires Diskutieren in emotional hochbelasteten Situationen bewährt, kombiniert mit entsprechenden präventiven Trainings, die sich häufig auf das oben angeführte Handwerkszeug (Individuum, Team) stützen. Erfolgreiche Unternehmen sind ähnliche Schritte gegangen und wir können empfehlen, diesem Weg zu folgen.

Integrierte Kommunikation im Sinne des Qi-Management sollte in drei Schritten erfolgen.

1. Planung der Gesamtkommunikation als System über alle vier Ebenen des Qi-Management.

2. Zielorientierte Auswahl der Kommunikationsinstrumente.

3. Festlegung der laufenden Koordination dieser „Bausteine".

Die Herausforderung dabei ist es, tatsächlich oder scheinbar miteinander konkurrierende Ziele in Einklang zu bringen und das Gesamtkonzept dann verständlich zu kommunizieren. Mitarbeiter sollten wissen, warum sie mit bestimmten Informationen versorgt werden, und welche Bedeutung abgehende Informationen für den Kollegen *im Nachbargebäude* haben.

Kommunizierte Ziele sollten so festgelegt werden, dass sie über festgelegte Parameter vergleichbar, messbar und für die jeweilige Zielgruppe verständlich sind. Ein Anlagenführer braucht andere Informationen als ein Teamleiter in der Reparaturwerkstatt und dieser wiederum andere als der Vertriebsmanager. Nach unseren Erfahrungen muss die Gesamtverantwortung für eine integrierte Kommunikation daher in der Geschäftsleitung verankert werden. Nur so kann sichergestellt werden, dass diese so wesentliche und komplexe Unternehmensaufgabe über alle Ebenen auch ernst genommen wird.

In der heutigen Informationsgesellschaft sind neuartige Organisationsformen zu beobachten, die mitunter als grenzenlose Unternehmen bezeichnet werden. Grenzenlos deshalb, weil aufgrund der zunehmenden Durchdringung mit Informationstechniken und Internet flexible, problembezogen konfigurierte Organisationsstrukturen entstehen können. Deren rechtliche, fachliche oder hierarchische Grenzen sind aufgrund der leistungsfähigen Vernetzung mit Dritten oft schwer zu erkennen. Diese *Gebilde* arbeiten wie ein Unternehmen mit verschiedenen Fachabteilungen. Sofern die vertraglichen Regelungen es zulassen, können sie sich ständig vergrößern und ihre Struktur zielorientiert verändern. Unternehmen können so Leistungen anbieten, die sie alleine nicht wirtschaftlich an den Markt bringen können. Es wird möglich mit Kunden, Lieferanten, Märkten, Ressourcen oder Partnern zusammenarbeiten, die zuvor gar nicht oder nur mit unsinnigen Kosten und Risiken „zugänglich" waren, also jenseits der traditionellen Unternehmensgrenzen lagen.

16.4 Ebene 4: Die Supply Chain, der Systemverbund

„Als Supply Chain Management bezeichnet man den Aufbau und die Verwaltung integrierter Logistikketten (Material- und Informationsflüsse), der Supply Chains, über den gesamten Wertschöpfungsprozess, ausgehend von der Rohstoffgewinnung über die Veredelungsstufen bis hin zum Endverbraucher."[54] Unterstellt man

---

[54] (URL 33)

einmal, dass sich die richtigen Partner gefunden haben, ist die Qualität der Integration der Informationsverarbeitung zwischen den Partnern eine ganz wesentliche Einflussgröße für den Gesamterfolg. Insbesondere dann, wenn die beteiligten Unternehmen mit unterschiedlichen Softwarelösungen arbeiten, sind Schnittstellen bzw. im Sinne des Qi-Management *„Nahtstellen"* zu schaffen, die einen reibungslosen Informationsfluss gewährleisten.

Eine nicht technische Komponente der Kommunikation in einer Supply Chain ist das Vertrauen zwischen den Partnern. Nur wenn die beteiligten Unternehmen relativ offen über ihre eigenen Fähigkeiten miteinander kommunizieren, kann ein Optimum für die gesamte SC erreicht werden. Wenn temporäre Störungen den Partnern nicht mitgeteilt werden, werden diese falsche Schlüsse ziehen und ihre eigenen Aktivitäten falsch ausrichten. Ein klassisches Beispiel ist der sogenannte *Bullwhipeffekt*[55]. Schlecht informierten Zulieferer entscheiden sich aufgrund der Fehlinterpretation unvollständiger Informationen für unwirtschaftliche Produktionsplanungen und alle Unternehmen einer Supply Chain haben dadurch Nachteile.

Eine SC funktioniert ähnlich wie das, was man modern als grenzloses Unternehmen bezeichnet. Die Partner schließen sich über verschiedene Wertschöpfungsstufen hinweg zusammen, um aus verschiedenen Rohstoffen bzw. Dienstleistungen letztlich ein Endprodukt zu produzieren.
„Zu den wesentlichen Kennzeichen grenzloser Unternehmen zählen Modularisierung und Prozessorientierung sowie Standortverteilung und Vernetzung"[56].

Ein modernes Beispiel sind internetbasierte Geschäftsstrukturen im Geschäfts- oder Endkundenbereich. Der Kunde erhält über das Modul *„Portal"* Zugang zu Leistungsanbietern, die er online ansprechen kann. Welche Unternehmen letztlich bei der Erbringung der Leistung zusammenarbeiten, erfährt der Kunde nicht immer. Oft interessiert es ihn aber auch nicht. Das alles funktioniert, wenn die ent-

---

[55] In den 90er Jahren wurde beobachtet, dass sich in einer Supply Chain für Babywindeln, die Bestände der beteiligten Unternehmen ohne einen objektiv sinnvollen Anlass erhöhten, denn die Anzahl der Babys hatte sich nicht merkbar verändert. Die Ursache lag in der Fehlinterpretation von zusätzlichen Bestellungen der Großhändler. Diese waren oft durch Werbeaktionen begründet, sollten aber keinen dauerhaft steigenden Bedarf signalisieren. Nur ist das den Partnerunternehmen nicht mitgeteilt worden.
[56] (URL 34)

sprechenden Informations- und Kommunikationssysteme zur Verfügung stehen und die Prozesse miteinander abgestimmt sind. Ein höchst erfolgreiches Beispiel ist Markafoni.[57] Dass Markafoni die Produkte bei Adidas, Puma und anderen Markenherstellern einkauft ist offensichtlich, mit welchen Partnern aber beispielsweise die Funktionen Transport, Lagerung und Kommissionierung abwickelt, bzw. was mit eigenem Personal erledigt wird, bleibt der Gestaltungsspielraum von Markafoni.

Neu sind also die Integration von Prozessorientierung und Modularisierung im Sinn von organisatorischen Einheiten, die für die ganzheitliche Abwicklung eines (Teil-)Prozesses verantwortlich sind (Marakafoni), sowie die Möglichkeit der unternehmensübergreifenden Prozessorientierung, bei der sich die Module verschiedener Unternehmen mit einfachen Nahtstellen verknüpfen lassen.

Zwingende Voraussetzung sind Informations- und Kommunikationstechniken, wie das Internet, welche die technische Vernetzung der prozess- bzw. funktionsorientierten Module zunehmend unabhängig von ihrem jeweiligen geografischen, rechtlichen oder organisatorischen Standort erlauben[58]. Die persönliche Kommunikation zwischen den Mitarbeitern unterschiedlicher Unternehmen gestaltet sich bei geographischer Trennung natürlich schwierig. Hier sollten die Beteiligten darauf achten, dass sie nicht der „E-Mailerittis" verfallen, sondern insbesondere dann, wenn Gefühle im Spiel sind, lieber einmal zum Telefonhörer greifen um Missverständnisse auszuräumen. Besser noch wäre es dann, gerade die kostenlosen Möglichkeiten des Internets zu nutzen und die Videotelefonie[59] anzuwenden.

Wie an unserem praktischen Fallbeispiel VMI gezeigt[60], arbeiten auf der anderen Seite der Nahtstelle trotz aller DV-Standards Menschen, die Entscheidungskompetenzen haben und immer - ob bewusst oder unbewusst - in ihrer Entscheidung wesentlich von Gefühlen beeinflusst werden.[61]

---

[57] Siehe auch Kapitel 6.2, Teil I.
[58] Siehe auch (URL34)
[59] Bekanntestes Beispiel: Skype.
[60] Siehe Teil I.
[61] Siehe Teil II.

Schließen wir hiermit unseren Handwerkskoffer. Damit die Werkzeuge eine sinnvolle Anwendung finden, sollten Sie Ihr persönliches Set zusammenstellen, Ihre individuelle Kata. Wählen Sie aus! Was passt zu Ihnen und Ihrem beruflichen und privaten Leben? Üben Sie die Ihnen wichtigen Kihon. Das Einüben ist vergleichbar mit dem Training als Vorbereitung auf Wettkämpfe oder wichtige Vorträge. Es kann von Vorteil sein, von Zeit zu Zeit Fachleute als Berater oder Trainer zu suchen, die nicht im System eingebunden sind. Aus einer unabhängigen Position heraus können diese ihre Erfahrungen bei der Anwendung der Werkzeuge einbringen, Analogieschlüsse ziehen und Sie auf erfolgreiche Ideen aus *„anderen Bereichen"* aufmerksam machen.

Ihnen selbst wünschen wir viel Erfolg bei der Anwendung unserer Anregungen und haben sie Geduld mit sich selbst,

der Weg ist das Ziel!

Quellenverzeichnis Teil III

Bücher

Badura, Bernhard u. a. (2009): Fehlzeiten-Report 2008, Betriebliches Gesundheitsmanagement. Springer Verlag ,Berlin, Heidelberg

Brückner, Michael (2009): Die besten Zitate aus Wirtschaft und Management.
Humboldt Verlag, Hannover

Präventionsbericht der Verbände der Krankenkassen (2010), Berlin

Schulz von Thun, Friedemann (2006): Praxisberatung in Gruppen. Beltz Verlag,
Weinheim, Basel, Berlin

Schulz von Thun, Friedemann (2002): Miteinander reden: Kommunikationspsycho-
logie für Führungskräfte. Rowohlt, Reinbeck bei Hamburg

Watzlawick, Paul u.a. (2011): Menschliche Kommunikation Formen, Störungen,
Paradoxien. 12. Auflage, Huber Verlag, Bern

Abschlussarbeiten

Kappler Ralf (2007), Chi Management. (Hochschule Pforzheim)

Stiehlau, Thomas (2008) Chi Management - Die Bedeutung ganzheitlicher Betrach-
tungsweise für das logistische Prozessmanagement. (Hochschule Pforzheim)

Internet

URL 29: gallup-studie 2010-2013: Engagement Index.
http://www.gallup.com/strategicconsulting/158162/gallup-engagement-
index.aspx

URL 30: Beschäftigte wischen Telekom-Führung eins aus. (19.04.2011), Ftd.de /

URL 31: VW ändert Vergütungsmodell für Vorstände. (27.04.2011) Handels-
blatt.com

URL 32: Deutscher Bundestag. (27.04.2011)

URL 33: Gabler Verlag (Herausgeber), Gabler Wirtschaftslexikon, Stichwort: Supply Chain Management (SCM).
http://wirtschaftslexikon.gabler.de/Archiv/56470/supply-chain-management-scm-v8.html

URL 34: Gabler Verlag (Herausgeber), Gabler Wirtschaftslexikon, Stichwort: grenzenlose Unternehmung.
http://wirtschaftslexikon.gabler.de/Archiv/127682/grenzenlose-unternehmung-v7.html

Zeitschriften

Baker, Stuart u.a.: „Der Sieg über die Gene". (09.08.2010), in: Der Spiegel Nr. 32

Der Spiegel, „Wege aus der Burnout-Falle". (25.7.2011), Nr. 30, S.60

Groysberg, Boris u. Slind, Michael: „Die Stolperfalle für Konzerne". Ausgabe 01.11. (2012), in: Harvard Business Manager

Mehrabian, Albert: "Decoding of inconsistent communications" in The Journal of Counselling Psychology. (1967) Nr. 3, S. 248 ff.

Vorträge

Zülsdorf Consult, Strukturelle Konflikte. (19.10.2011), Speyer, Deutsche Hochschule für Verwaltungswissenschaften,

Abbildungsverzeichnis

J.K.A. Gottschalck, A. Heinz-Trossen, *Qi-Management – Die Kata der Manager*,   249
DOI 10.1007/978-3-642-41304-9, © Springer-Verlag Berlin Heidelberg 2014

Teil II

Die Autoren

Prof. Dr.-Ing. Jürgen K.A. Gottschalck

war fünf Jahre als Organisationsberater bei den Michelin Reifenwerken und im Anschluss daran fast zehn Jahre bei der KPMG Deutsche Treuhand AG tätig. Im Consulting leitete er als Prokurist des Bereichs Produktion und Logistik für anspruchsvolle Reorganisationsprojekte. Sein Schwerpunkt stellte das Change Management im Rahmen der Einführung von Lean Production dar. Als Mitglied der Führungsgruppe im Geschäftsbereich Audit war er in den letzten Jahren bei KPMG mitverantwortlich für den Aufbau und die Geschäftstätigkeiten eines Sonderbereiches, der sich auf die Aufdeckung und Vermeidung von Wirtschaftskriminalität spezialisierte. Fachlich waren seine Schwerpunkte hierbei u.a. die Entwicklung von Methoden der Prozessanalyse und des Risikomanagements. Er ist seit 2002 Inhaber des Lehrstuhls für logistisches Prozessmanagement der Hochschule Pforzheim. Der mehrfache Kampfkunst-Weltmeister forscht seit mehreren Jahren und geht dabei der generellen Fragestellung nach, was man aus den Kampfkünsten und der asiatischen Philosophie für die persönliche und berufliche Entwicklung lernen kann. Er vermittelt seine Erfahrungen und Beobachtungen in Trainingskursen und innerhalb der Vorlesungen der Hochschule Pforzheim.

Dr. Alfons Heinz-Trossen

hat Maschinenbau, Erziehungswissenschaft, Sozialwesen und Psychologie studiert und konnte umfangreiche Erfahrungen in sehr unterschiedlichen beruflichen Bereichen sammeln. Nach der Arbeit in einer elektrotechnischen Spezialfabrik und im Jugendamt, war er als Leiter einer Abteilung des Gesundheitsamtes in Wiesbaden tätig. Seit 1995 ist er Psychotherapeut in eigener Praxis, doziert an Hochschulen und arbeitet als Coach (Mittel- und Großbetriebe) in den Bereichen: Change-Management Schulungen für Manager; Entwicklung und Umsetzung von firmenspezifischem Kommunikations- und Stressmanagement mit der Vorgabe, den Krankenbestand der Mitarbeiter signifikant zu reduzieren; Team- Fall- und Projektsupervision; Entwicklung und Umsetzung eines ganzheitlich orientierten Konzeptes zur optimalen Ressourcenausschöpfung; Motivationstrainings für Führungskräfte; Schulungen zur Mitarbeiterführung; Krisenintervention; Betriebliche Konfliktlösungsstrategie; Stressmanagement im Arbeitsalltag. Aus den Erfahrungen jahrzehntelanger Zusammenarbeit mit Unternehmen, kristallisieren sich für Ihn immer wieder zentrale Kernpunkte heraus, die verantwortlich, für nachhaltigen Erfolg sind. Immer wieder wurde von Seminarteilnehmern nachgefragt, ob es zu diesen Themen adäquate Veröffentlichungen gäbe. So ist die Idee entstanden dieses Buch zu schreiben. Letztlich waren hier die Erfahrungen durch die Auseinandersetzung mit asiatischen Kampfkünsten im Kontext des Coachings ausschlaggebend. Seit 1963 übt er aktiv Judo und teilweise Karate, seit 1978 Tai Chi und Qi Gong aus. Er war mehrfacher Landesmeister und Mitglied der A-Jugend-Nationalmannschaft des Deutschen Judo Bundes, ist Judo Trainer und Tai Chi Lehrer.

Sachverzeichnis

The manufacturer's authorised representative in the EU is Springer
Nature Customer Service Centre GmbH, Europaplatz 3, 69115 Heidelberg,
Germany. If you have any concerns regarding our products, please
contact ProductSafety@springernature.com

Printed and bound by CPI Group (UK) Ltd, Croydon, CR0 4YY

27/04/2026

02097638-0001